JN239264

幼児・児童を対象とした早期英語教育におけるリタラシー指導

21世紀型リタラシー獲得を目指した
英語プログラムの理論と検証

アレン玉井 光江

学文社

まえがき

　21 世紀は VUCA 時代（変動的，不確実，複雑で曖昧性の高い時代），AI 時代と呼ばれ，私たちは先行きが見通せない困難な時代に生きており，想定外の出来事が次々と起こる世界に直面しています。この時代を生き抜くためには，高度な情報収集力が求められ，グローバル化が急速に進む中で，英語を駆使して情報を得る力がますます重要となっています。

　小学校における英語教育の導入に関しては，多くの議論が交わされてきました。その結果，他国と比較すると，日本の公立小学校における英語教育の導入は，時期の遅れ，授業回数の少なさ，実施形態などの点で遅れていると言わざるを得ません。しかし一方で，早期から高度な英語教育を受けている子どもたちも増えています。すでに存在する格差が，英語学習の機会に不均衡を生み，それがさらに格差を拡大させるという「English Divide（英語格差）」が進行しています。

　私は，半世紀近くにわたり幼児・児童英語教育に携わり，英語を外国語として学ぶ子どもたちにとって，早い段階から音を大切にしたリタラシー教育が重要であると信じ，その研究と実践を続けてきました。音の世界に住む子どもたちを，いかに意味のある文字の世界へ導くかを探求してきたのです。そしてその実践を，格差の広がる社会において，多くの児童が通う公教育の場で行ってきました。

　本書に収められた研究は，すべて実際の幼稚園・小学校で長期間にわたり収集されたデータに基づいており，多くの幼稚園・小学校の管理職，担任教諭，教育委員会の理解，そして何よりも幼児・児童の協力があってこそ成り立ちました。心より感謝申し上げるとともに，本書を通じて，これからを生き抜く子どもたちにとって，英語が第二言語として息づく手助けとなり，その恩返しができることを願っています。

2025 年 1 月

著　者

目　　次

まえがき　i

序　章 …………………………………………………………………… 1

1章　児童を対象とした英語教育の変遷─他国と日本 ……………… 5

2章　アルファベットの文字知識とその学習に影響を与える
　　　要因について ……………………………………………………… 16

研究 2.1　アルファベットの文字知識とそれに影響を与える要因について：
　　　　　「学習意欲」「家庭環境」および「ローマ字学習」　20
研究 2.2　アルファベットの文字知識の変化と音韻・音素意識との関係　30
2章のまとめ　39

3章　音韻・音素意識とその学習に影響を与える要因について …… 41

研究 3.1　幼児の英語音韻・音素意識の発達について　45
研究 3.2　児童と中学生の英語の音韻・音素意識の発達について　56
研究 3.3　Development of English Phonological Awareness Among Young
　　　　　Japanese Learners of English　68
研究 3.4　Cross-Linguistic Transfer of Phonological Awareness from Japanese to
　　　　　English　91
3章のまとめ　108

4章　リーディング能力を予測する要因としてのアルファベット
　　　の文字知識と音韻・音素意識 ……………………………………… 111

研究 4.1　Descriptive Study of Phonological Awareness and Reading Development
　　　　　in Elementary School Children　116

目　次　iii

　　研究 4.2　Phonological Awareness, Letter Knowledge, and Word Knowledge among
　　　　　　Young Japanese Learners of English　143
　　研究 4.3　音を大切にしたリタラシープログラムでの縦断研究　158
　　4 章のまとめ　178

5 章　音を大切にしたリタラシープログラムの効果検証 ⋯⋯⋯⋯ 182

　　研究 5.1　比較研究 1（2014-2015）　192
　　研究 5.2　比較研究 2（2015-2016）　205
　　研究 5.3　指導時間の増加によるプログラムの効果検証　217
　　5 章のまとめ　226

6 章　自己評価からみた児童のリタラシー発達 ⋯⋯⋯⋯⋯⋯⋯ 229

　　研究 6.1　リタラシーの基礎スキルに関する児童の自己評価について（1）
　　　　　　リッカート尺度による自己評価　234
　　研究 6.2　リタラシーの基礎スキルに関する児童の自己評価について（2）
　　　　　　リッカート尺度と Can-Do 評価尺度による自己評価の比較　245
　　研究 6.3　リタラシーの基礎スキルに関する児童の自己評価について（3）
　　　　　　リッカート尺度と Can-Do 評価尺度による自己評価　260
　　6 章のまとめ　270

終　章 ⋯⋯⋯⋯⋯⋯⋯⋯⋯⋯⋯⋯⋯⋯⋯⋯⋯⋯⋯⋯⋯⋯⋯⋯⋯⋯⋯ 272

References　276
APPENDIXES　284

序　章

Wherever human beings exist they have a language, and in every instance a language that exists basically as spoken and heard, in the world of sound.

「人類が存在するときには言葉が存在する。そしてその言語は基本的には話し聞く言語（音声言語）であり，音の世界に属する。」(Siertsema, 1955 cited in Ong, 2012. p.7) −①

Writing, commitment of the word to space, enlarges the potentiality of language almost beyond measure, restructures thought. … (But) abstractly sequential, classificatory, explanatory examination of phenomena or of stated truths is impossible without writing and reading. "

「書くことにより音声言語を空間に留めることができ，そうすることにより測り知れないぐらい言語の潜在的な可能性が広がる。… 述べられた真実や現象を抽象的に順序つけ，分類し，説明し，分析することは，書いたり読んだりすることなしには不可能である。」(Ong, 2012. pp.7-8) −②

　人類が話し言葉を手にしたのは 5 万年，そして書き言葉は 5 千年と言われ[1]，話しことばは自然に獲得できるが，書き言葉は人工的で「自然」には身につかない。したがって引用文 ① が示すように言語は音声言語が基本であり，我々はそれから切り離されることはない。現在 6000-7000 ともいわれている言語のうち書き言語を持たない言語は多く存在するが，（手話以外）音声を持たない[2]言語はない。そこで音声言語は「primary system（一次的システム）」，また書き言葉は「secondary modeling system」と呼ばれる[3]。

　それでは書き言葉は私たちに何をもたらしたのであろうか。書き言葉は話し言葉を単に書き出したものではない。引用文 ② が示すように，多くの場合，私たちは書いたり読んだりする時，話す時とは違う言語経験をする。文字に書く作業を通して自分の考え・思いを再確認し，自分自身との深いコミュニケー

ションを経験する。

この書き言語の特殊性を踏まえ Ong（2012）は，「More than any other single invention, writing has transformed human consciousness.（他のどのような発明にもまして，書くことは人間の意識を作り変えてしまった）」(p.77) と評する。書くことは技術であり，それにより人類の意識構造は大きく変わった。

筆者は以上のような考え方に共鳴し，読み書き能力（リタラシー）[4] は現代に生きる人々にとって不可欠のものであり，生きる力を与えるもの（empowerment）と考えている。またそれは母語である日本語だけではなく，21 世紀において世界共通語となった英語についても同様のことが言えると考えている。この力は，日本人の幼児・児童がこれからグローバルシティズン（世界市民）として生きていくうえで欠かせない力となってくるであろう。

本書ではこのような信念に基づき 25 年間続けてきた「音を大切にした英語のリタラシー教育」についての一連の研究，またそれに基づいて開発したプログラムを紹介することを目的としている。

第 1 章では早期外国語教育の意義について考え，他国の早期外国語教育の動向を概観する。次に日本での小学校英語教育の変遷についてまとめ，特に読み書き教育の目標とその指導の難しさについて述べる。

第 2 章ではリタラシーの基礎能力であり，リーディング能力の発達につながるアルファベットに関する知識（ここでは文字とその名前に関する知識）についての研究を 2 つ紹介する。それらは，国立の小学校に通っていた児童を対象とした研究だが，1 つは実態調査，もう 1 つは指導効果の検証も含めて調査した。

第 3 章では幼児・児童が持つ音韻・音素意識および音素意識について調査した 4 つの研究を紹介する。本書の重要な章の 1 つである。2 つの研究は，私立幼稚園に通っていた幼児を対象に，彼らの英語の音韻・音素意識，日本語の音韻意識，そして知能の関係を調べたものである。他の 2 つは，公立小学校に通っていた児童および中学 1 年生を対象に音韻・音素意識とそれに影響を与える

要因を調査した研究である。

　第4章も重要な章であるが，アルファベットの知識（2章）と音韻・音素意識（3章）というリタラシーの基礎知識・技能と語彙知識およびリーディング能力の関係について3つの研究を紹介する。

　第5章では，理論や実践研究に基づき開発したリタラシープログラムの効果を検証した3つの研究を紹介する。2つの研究は，外国語が週1回実施されていた2020年以前の大規模な比較実験研究である。3番目の研究では，新課程により授業が週2回になり，その倍増した授業数の変化がどのように児童のリタラシー向上に影響したのかを検証している。

　最後の第6章では，児童は自分のリタラシーの向上についてどのように評価しているのかを検証した3つの研究を紹介する。具体的にはリッカート尺度やCan-Do評価尺度を使った自己評価項目を作成し，児童に自分のリタラシーについて評価をしてもらい，実際に測定した能力と比較し，自己評価の正確性を検証した。

　日本の公立小学校における英語教育では，音声による指導が望ましいと考えられ，長い間，読むこと・書くことの指導については研究も実践もあまりされてこなかった。そのため，本書で紹介しているように長期に渡り，多くの幼児・児童からのデータを収集した研究は少ない。そのようななか，筆者は1990年代から横断的また縦断的にデータを収集し，日本人の幼児・児童の英語の読み書き能力の実態や指導前後の変化などについて研究を続けてきた。これらの研究は全て実際の小学校で長期にわたり収集されたデータに基づくものであり，研究のために疑似的に作られた環境からのデータ，または研究のために短期間だけ行われた研究ではない。これらの研究が実現できたのは多くの学校の管理職，学級担任，教育委員会のご理解，そして何よりも幼児・児童の協力があったからであり，改めて研究の重要性を感じる。

　中学校でも新課程が導入され，小学校での外国語教育を受けた生徒を想定し，より高度な英語教育が展開されるようになった。小学校段階では600〜700の

単語が導入されているが，児童はそれらを読んで，書けるわけではない。しかし，中学校現場では，最初の段階から多くの単語の読み書きができるように指導しなければならず，小中連携の観点からも，小学校でどの程度読み書き指導を行うべきか，大きな課題になっている。このような状況下において，少しでも早期英語におけるリタラシー教育を改善すべく，本書が役に立つことを心から祈っている。

注
1) Ong, 2012., 中島・外池, 2000, また Fry's Planet Word Vol.1 より。
2)「今日実際に話されているおよそ 3 千の言語のうち，文字を持っている言語はたったの 78 である」(Ong, 2012 に引用されている Edmonson, 1971)，「6500 以上の世界言語のうち 400 言語のみ書記言語を持つ」(文字のある言語と文字のない言語 | 英検 Jr. | 公益財団法人 日本英語検定協会 (eiken.or.jp)
3) Ong, 2012 に引用されている Lotman, J. (1977). *The Structure of the Artistic Text*. Ann Arbor, Mich: Univ. of Michigan Press.
4) 読み書き能力という意味で，本書では英語音に近い「リタラシー」を使うことにした。

1章 児童を対象とした英語教育の変遷
―他国と日本

　今日，早期外国語教育，特に早期英語教育は多くの国々で実践されおり，そ
れ以降の中等・高等英語教育に大きな影響を及ぼしている (Cameron, 2003)。
日本でも 2020 年度より本格的な小学校英語が始まり，多くの課題が指摘され
るようになってきた。本書で取り扱うリタラシー指導も課題の 1 つである。

　本章ではまずは早期外国語教育の変遷について他国の動きを見たのちに，日
本でそれがどのように始まり，変遷していったのかを概観する。次に日本での
早期英語教育，なかでもリタラシー教育についてどのような指導が望まれるの
かについて考えていく。

　早期外国語教育を本格的に推進させる契機になったのは，ユネスコが主催し
たハンブルグでの 2 つの国際会議であると言われている (垣田，1983)。その会
議では下記のように早期外国語教育の重要性が指摘された。

> Learning another language is no longer regarded as a privilege and a
> luxury available only for selected groups of children who go to school
> beyond the period of compulsory education. Instead, it is widely held
> today that foreign language learning should be part of the education of
> every child even if he receives only the minimum of compulsory school-
> ing. (Stern, 1967. p. vii)
>
> （外国語を学ぶことは，もはや義務教育期間を超えて学校に通う選ばれた一部の
> 子どもたちだけに与えられる特権や贅沢なものとは見なされなくなっている。
> むしろ今日では，たとえ最低限の義務教育しか受けられないとしても，外国語

学習はすべての子どもの教育の一部であるべきだという考え方が広く浸透している。)

早期外国語教育の利点

　早期外国語教育の利点について，Madrid (2001) は Stern (1963) を参考にしながら次のような4つの観点をまとめている。

　① 教育的見地からの利点

　教育課程に外国語教育を配置することで，児童の全体的な学業にプラスの効果がもたらされる。幼稚園や小学校で外国語学習を始めた子どもが，その後の段階でより良い学業成果を得ることがわかっている。外国語学習はエリートの子どもたちだけでなく全ての子どもたちに与えられるべき教育経験である。

　② 社会的見地からの利点

　多文化・多言語社会では，外国語を学習することで文化の異なる集団への理解，共感を持つことができる。また，単一言語集団では外国人に対する思いが嫌悪感につながることもあるため，外国語を学習することで他言語を話す人々に対して偏見をなくし，彼らへの理解を育むことができる。外国語学習を通して地球市民として生きていくために必要な異文化理解能力を得ることができる。

　③ 認知的見地からの利点

　外国語を学習する際，子どもはことばを分析せず全体的に把握していく力を持つ。また言語を模倣していく力に富み，外国語やそれを話す人に好奇心を持ち，間違えることを恐れない。これらの子どもの特質は外国語を学習する上で極めて有利に働く。ただし大人と比べると，子どもはまだ物事を分析的に把握できない。

　④ 神経学的見地からの利点

　レネバーグが説いた臨界期仮説によると思春期を越えると自然な言語習得が難しくなるとされている。第一言語習得に関するこの仮説を第二言語習得にも応用し，思春期以前に外国語を導入すべきだと考え，脳の柔軟性が高い子ども

のほうが外国語学習には向いていると主張する人も多い。

他国での早期外国語教育（1）――ヨーロッパでの早期外国語教育

　1960, 1970 年代，早期外国語教育はヨーロッパ，北米などで盛んに行われていた。その後早期外国語教育を実施する最適な時期を探る研究が始まり，特に学校教育における外国語教育の導入時期について研究が行われた。そのなかでも長期間，大規模な実験が行われた Pilot Scheme と呼ばれる研究は有名である。英国・ウェールズにおいて 8 歳からフランス語を学んだ英語を母語とする子どもたちと，11 歳から学んだ子どもたちのフランス語能力（外国語）が比較された。その結果，8 歳から始めたグループはわずかにリスニングの力が優れていただけで，早期外国語教育の効果は少ないと報告された (Burstall, 1975)。同様にスペインでも 8 歳から英語の学習を始めたグループと 11 歳から始めたグループを継続的に比較した結果，8 歳で学習を始めたからといって効果があったわけではないと報告された (Muñoz, 2006)。このように学校の授業を通して外国語を学習する場合，単に早く始めれば良いわけではないことがわかる。

　Pilot Scheme により一時は衰退化したように思えた早期外国語教育であったが，ヨーロッパでは 2002 年バルセロナで開催された欧州理事会 (European Council) において，各国の子どもたちは少なくとも 2 つの外国語を学習しなければならないと要請された。木戸 (2019) によれば 2014 年 EU では，初等教育段階の生徒の 83.8 ％がすでに 1 つの外国語を学習しており，2005 年の 67.3 ％と比べ 10 年間で 16.5 ％増加している。英語を外国語として選択している子どもの数が一番多く，英語を学習する生徒の割合は増加の一途をたどっている。特に顕著なのは低学年児童にみられる変化であり，EU では，2014 年に小学校の中・高学年で英語を学習した生徒が 2005 年よりも 18.5 ％増加している。

　このような早期英語教育の世界的な広がりは小学校以降の英語教育に大きな影響を与えているので，早期英語教育の意義を十分に理解すべきだと Cameron (2003) は説く。彼女は特に早期に学習を始めたがために，中等教育において 1

つのクラスの中で異なる言語スキルや知識レベルを持つ学習者が混在すること
で起こる混乱を予測していた。また，そのために中等以降の英語教育において
学習動機を維持または回復できない学習者がいることも指摘している。

他国での早期外国語教育 (2)──中国・韓国での早期英語教育

　次にアジアにおける早期外国語教育の流れを押さえておきたい。しかし，ア
ジアでは英語を公用語として用いる国もあり，各国で早期外国語としての英語
教育の状況は異なっている。ここでは日本との比較を考え，漢字文化圏に属す
る韓国，中国の早期外国語教育について見ていきたい。

　中国では「全日制十年制中小学英語教育学大綱」(1978 年) において，条件の
整う重点学校では小学校 3 年から，そうでない場合には初級中学 1 年から英語
教育を開始するとされた。しかし，実態からかけ離れた目標設置に非難が集ま
り，とくに小学校段階からの英語教育は多くの地域で実施には至らなかった。
その後，教育部は 2001 年の新課程実施期より初等英語教育をカリキュラムに
正式に入れることを決定し，一部地域から段階的に導入して 2004 年までに全
国で実施できるように指導した。小学校英語の導入により子どもたちが英語学
習に楽しくまた積極的に取り組み，親や社会からも評判が良いとの成果が報告
されている。また課題としては，各国の早期外国語教育に共通したものである
が，① 優秀な指導者の確保，② 中等教育との連携，さらに ③ 多すぎる検定教
科書の数が挙げられる。(文部科学省，2002 の資料)

　一方，韓国における早期英語教育については，その始まりは 1981 年まで遡る。
1981 年より 4 年生以上の児童を対象に「特別活動」として英語活動が始まった。
その後，1988 年，学校別に自由な学習活動を行うことができる「裁量の時間」
を利用しながら，小学校 5, 6 年生を対象に英語活動が実施された。韓国では
1994 年に世界貿易機構 (WTO) に加盟したことをきっかけに世界化政策の一環
として小学校における英語教育の必修化が具体化され，2 年間の試験期間の後
1997 年より公立小学校では 3 年生以上の児童を対象に英語は正規の必修科目

として導入された。導入当初，教科書はいくつかの出版社から出されたが，その後検定教科書ができ，現在ではレベルごとに数種類の教科書が出版されている。また，導入当初は 3 年以上週 2 時間とされていた授業数は，2001 年度より 3・4 年生は週 1 回と授業数が減らされたが，2009 年度より再び中学年は週 2 回，高学年は週 3 回になっている。

日本の公立小学校における英語教育

日本の公立小学校における早期外国語教育の流れをまとめると，大きく 4 つの段階に分けることができる。最初に 1992 年から始まった実験校での試みであり，そして第 2 段階の「総合的な学習の時間」内の国際理解教育の一環としての「英語活動」の実施，さらに 3 段階目の高学年を対象とした必修科目としての「外国語活動」の設置，そして最後に現行学習指導要領により新設された高学年生対象の「外国語」と中学年生対象の「外国語活動」の導入である。

研究開発学校での試み（1992 年〜）

私立小学校では明治初期に英語を教えていたところがあったが，公立小学校に実験的に英語が導入されたのは 1992 年度（平成 4 年）であり，「英語学習を含む国際理解教育」を課題とした研究が大阪市立真田山小学校と味原小学校で始まった。それ以前は，クラブ活動や特別活動を含め，国際理解教育の一環として英語活動および英会話活動などに取り組んでいた地域や小学校があったが，千葉県の「国際理解教育」はその草分け的な存在である。千葉県では 1972 年，県内の 15 の小学校に「英語教室」を開設し，「小学校において聞くこと・話すことの英語活動を指導することにより，英語に慣れさせ，実用的な英語教育の基礎を養う」ことを目的に取り組みが始まった。

1996 年（平成 8 年）には全ての都道府県で少なくとも 1 校が研究校として指定され，公立小学校での英語活動の実験は続けられ，2002 年度（平成 14 年）より新設された「総合的な学習の時間」の枠内で国際理解教育の一環として外国

語会話などの実施が可能になった。

総合的な学習の時間内の英語活動 (2002 年〜)

　文部科学省は当初「総合的な学習の時間では，国際理解，情報，環境，福祉，健康などの横断的・総合的な課題，子どもの興味・関心に基づく課題，地域や学校の特色に応じた課題などについて，学校の実態に応じた学習活動を行うものとする」と指導していたため，当然のごとく各地域，また各小学校での試みにばらつきがうまれた。さらに全国で行われていた文部科学省の指定による研究開発学校，また内閣府管轄の「構造改革特別区」(特区) においては独自の英語教育が展開されていた。2006 年度 (平成 18 年) の調査では英語活動に取り組んでいた公立小学校は全国で 95.8 ％にまで増えたが，実質年間時数は 4 〜 11 時間が最も多く，全国平均では年間 10 〜 15 時間程度であった。その一方上記の研究学校や特区では，英語を「教科」として教え，年間 35 時間から 72 時間程度英語指導に時間をかけていた学校も存在した。

高学年を対象とした外国語活動 (2011 年〜)

　外国語専門部会は，上記のように各校での取り組みがばらついていた状態をこれ以上放置できないと判断し，教育の機会均等の確保や中学校との円滑な接続という観点から 2006 年 (平成 18 年) 3 月に全国の小学校高学年に週 1 コマ程度の「外国語活動」の時間を確保することを提案した。「外国語活動」の目標は「外国語を通じて，言語や文化について体験的に理解を深め，積極的にコミュニケーションを図ろうとする態度の育成を図り，外国語の音声や基本的な表現に慣れ親しませながら，コミュニケーション能力の素地を養う」であった。学習指導要領に書かれている「指導計画の作成と内容の取り扱い」に従い，2008 年度 (平成 20 年) には副読本『英語ノート』の試作版が作成された。学習指導要領の実施にむけ，文部科学省は 2 年間の移行期間を設け，導入の準備を整えた。外国語活動については，各学校 2 名の教員が中核教員として選ばれ，一定の研修を受け，外国語活動を積極的に推進するように指導された。また，

文部科学省は前述した『英語ノート』の若干の改定も行い，『Hi, Friends』を出版した。専門家の中には条件整備が整っていないとして，外国語活動導入に反対した学者（大津・鳥飼，2002 等）もいたが，実際のところ外国語活動は割りとスムーズに導入された感がある（ベネッセ教育研究開発センター，2011）。

高学年を対象とした外国語および中学年を対象とした外国語活動（2020 年〜）

文部科学省はグローバル化が急速に進む現代において外国語によるコミュニケーション能力の育成が重要な教育課題であると認識し，小・中・高等学校で一貫した外国語教育を実施することとし，2020 年 4 月より全国 19,218（文部科学省，令和 2 年学校基本調査より）の公立小学校において，中学年では週 1 時間の「外国語活動」，そして高学年には週 2 時間の「外国語」を導入した。現行の学習指導要領は 2017 年に公布されており，2018 年，および 2019 年の移行期間中は，文部科学省が作成した新教材『Let's Try！』（中学年用）と『We Can！』（高学年用）が使用されたが，先行実施した小学校は全国の 3 〜 4 割程度にとどまった（文部科学省，2018 年調査）。

『小学校学習指導要領解説　外国語活動・外国語編』(2018) によると「外国語活動」の目標は，「外国語によるコミュニケーションにおける見方・考え方を働かせ，外国語による聞くこと，話すことの言語活動を通して，コミュニケーションを図る素地となる資質・能力を育成することを目指す」である。また「外国語」の目標は，「外国語によるコミュニケーションにおける見方・考え方を働かせ，外国語による聞くこと，読むこと，話すこと，書くことの言語活動を通して，コミュニケーションを図る基礎となる資質・能力を育成することを目指す」である。小学校から高校まで共通している目標は，「外国語によるコミュニケーションにおける見方・考え方」を働かせコミュニケーションを図る力を育てることである。この「外国語によるコミュニケーションにおける見方・考えた方」については「外国語で表現し伝え合うため，外国語やその背景にある文化を，社会や世界，他者との関わりに着目して捉え，コミュニケーション

を行う目的や場面，状況等に応じて，情報を整理しながら考えなどを形成し，再構築すること」と説明している。

外国語活動および外国語の導入により，日本の子どもたちは小学校段階で合計 210 授業時数（実質 157 時間 30 分）の外国語指導を受けることになった。教科としての外国語学習の開始年齢，また実際の授業数を他国と比べると日本の児童の置かれている外国語学習環境は，残念であるが，不十分であると言わざるを得ない。その授業数の少なさが最も影響しているのがリタラシー教育であると考える。

公立小学校におけるリタラシー教育

公立小学校へ英語活動が導入されて以来，現場では英語の「読み」「書き」指導は避けられ，音声中心の指導が続けられていた。2001 年度（平成 13 年）に文部科学省から出された『小学校の英語活動実践の手引き』では「小学校での英語において，日本語とは音声，文字，文法，語順などが異なる英語をすべて同時に導入することは，子どもの学習にとって大きな負担になり，英語嫌いを生み出す大きな要因となる。したがって，小学校段階では，音声と文字とを切り離して，音声を中心にした指導を心がけることが大切である」(p.5) と明らかに文字指導をするべきではないと書かれている。英文ではさらにそのメッセージが次のように明確に表現されている。"Consequently, at the elementary school stage, it is important to separate spoken and written English and focus instruction only on spoken English." (p.126)　このように英語のリタラシー指導が敬遠される理由は (1) 中学校英語の前倒しになる，(2) 子どもたちの負担になる，(3) 指導法がわからないというものであろう。

しかし，文部科学省の 2005 年度（平成 17 年）の調査より，英語活動を実施した公立小学校のうち 19.7 ％の 2 年生，32.3 ％の 4 年生，42.3 ％の 6 年生が学校ですでに「文字に触れる活動」を受けていたことがわかった。現場では，高学年になればなるほど文字に対して興味を示す子どもたちの要求を無視することはできなかったのであろう。小学校の教員と小学生の子どもを持つ保護者を対

象にベネッセ教育研究開発センターが行った大規模なアンケート調査（沓澤, 2007）よると，英語活動に関して，教員と保護者の意識が最も食い違っていたのは「読み」「書き」の指導についてであった。「小学校英語に望むこと」という項目で保護者は「英語の文字や文章を読むこと」について 67.5 ％が望み，「英語の文字や文章を書くこと」についても 61.3 ％の親が望んでいた。つまり小学校段階からリタラシー教育を含む英語活動を望む親が 6 割以上いることになる。その一方，教員調査で「小学校英語で重要なこと」という項目で「英語の文字や文章を読むこと」については 32.7 ％の教師が重要であると答え，「英語の文字や文章を書くこと」については，わずか 17.5 ％の教師しかその重要性を感じていないという結果がでた。

　母語では，音声言語を主としたメッセージのやり取りは 8，9 歳を境に文字言語を媒介としたものに変わり（Cameron, 2001），学校でのアカデミックな活動の中でも文字言語の重要性が急増する。教科教育も一段と進む高学年になると学習ストラテジーを獲得した子どもたちは新しい知識を定着させるために文字を活用する。そのような状況で，特に高学年の児童に対して英語の時間だけ文字を導入しないのは大変不自然であり，さらには子どもたちの学習意欲を低下させる要因にもなりかねない。

　前述したように教科となった小学校高学年児童を対象とした外国語では「……外国語による聞くこと，読むこと，話すこと，書くことの言語活動を通して……」と 4 技能を含むコミュニケーション能力の育成を目標とし，初めて「読むこと・書くこと」について正式に教えることが可能になった。その目標は次のようなものである。

（ア）　活字体で書かれた文字を識別し，その読み方を発音することができるようにする。
（イ）　音声で十分に慣れ親しんだ簡単な語句や基本的な表現の意味が分かるようにする。

これによるとアルファベットの文字を字形として認識し，さらにその名称（名前）を発音できることが（ア）の目標である。この目標における「読み方」とは音ではなく，文字の名称の読み方を指していることに留意したい。（イ）の目標については，学習指導要領では次のように説明されている。

　……中学年の外国語活動の「聞くこと」，「話すこと」の学習活動を通して，音声で十分に慣れ親しんだ簡単な語句や基本的な表現の意味が分かるようにすることを示している。日常生活に関する身近で簡単な事柄について，掲示，パンフレットなどから自分が必要とする情報を得たり，絵本などに書かれている簡単な語句や基本的な表現を識別したりするなど，言語外情報を伴って示された語句や表現を推測して読むようにすることを示している。

　アの目標で示したように，英語の文字には，名称と音がある。児童が語句や表現の意味が分かるようになるためには，当然のことながらその語句や表現を発音する必要があり，文字の音の読み方は，そのための手掛かりとなる。したがって，ここで示されている目標に関して指導する際には，児童の学習の段階に応じて，語の中で用いられる場合の文字が示す音の読み方を指導することとする　　　　　　　　　　　（2017 年告示学習指導要領，p.78）

　つまり，（イ）の目標には語句や基本的な表現を読む（音読できて意味がわかる）力を身につけることが前提となっているが，そのためには文字と音との関係を知り，その知識を使って英語を音読できる力と，言語外情報などを伴って書かれている言葉を推測して読む力を身に付けることが要求されている。明記されていないが，文字の音についての学習が目標の中に含まれいることは重要なことであるが，同時に学習指導要領では「単語の綴りを教えることは中学校で行う」と明確にわけている。

　一方，「書くこと」についてはつぎのような目標が設定されている。

（ア）　大文字，小文字を活字体で書くことができるようにする。また，語順を意識しながら音声で十分に慣れ親しんだ簡単な語句や基本的な表現を書き写すことができるようにする。

（イ）　自分のことや身近で簡単な事柄について，例文を参考に，音声で十分

に慣れ親しんだ簡単な語句や基本的な表現を用いて書くことができるようにする。

　（ア）の最初の目的は「大文字，小文字を活字体で書くことができ」である。これは読むことの目標（ア）と対応するものだと考えられる。さらに（ア）の目標では「音声で慣れ親しんだ語句や表現を書き写すことができる」と書かれている。次に（イ）の目標「例文を参考に語句や基本的な表現を書くことができる」についてであるが，ここでは「写す」ではなく「書く」とされている。つまり，学習者は意識して単語を書いていることが想定されている。

　第一言語でのリーディング学習は通常音声言語が発達した後に始まる。音声言語が十分に発達していない時に文字を教えるのは大変難しい。世界中どこでも子どもたちが学校へ通い始めるのは，6〜7歳であるが，これも学校の主要目的である「読み」「書き」を教えるために必要な音声言語の発達を待つからであろう。
　一方外国語学習環境においては，学習者はまだ十分に音声言語を獲得していない状況で，また大変貧弱な語彙力とともに読み書きの学習を始めなければならない。音声言語がない状態での学習となると，当然大きなハンディを負って始めることになる。さらに，英語はアルファベットを使う言語の中でも音と文字との関係が複雑であり，例外の多い言語，つまり Deep Language である。多くの母語話者も英語の読み書きについては苦労している。しかしこのような条件だからこそ，筆者は音声を大切にした体系的で明示的なリタラシー指導が必要だと考え，研究を続けてきた。
　本書では長年にわたり筆者が研究を続けてきた日本人の幼児・児童を対象にした一連の研究を紹介する。本書を通して彼らがどのようにリタラシーの基礎的な能力であるアルファベットの文字知識や音韻・音素意識，また語彙力やリーディング能力を獲得していったのかを報告する。また音声を大切にしたリタラシー教育がいかに重要であるかについて主張したいと考えている。

2章 アルファベットの文字知識とその学習に影響を与える要因について

　本章ではリーディング能力の育成に大きな影響を及ぼすアルファベットの文字知識について考察する。小学生を対象に行った2つの実態調査を紹介しながら，児童がどのようにアルファベットの字形とその名前を学習するのかについて考察する。

　研究2.1（2005年）では小学5，6年生（302名）のアルファベット26文字についての知識を測り，その知識に影響するであろうと考えられた家庭での学習環境やローマ字の学習などについてアンケートで調査した。次の研究2.2（2005年～2007年）では小学5年生（130名）を対象に2年間にわたりアルファベットの指導と英語の音韻・音素意識を高める指導を実施し，縦断的にデータを収集し，分析した。

初期リーディングにおける文字知識の重要性

　Chall（1967）はアメリカ，イギリス，スコットランドなど英語圏の子どもたちのリーディング能力の発達を研究し，子どもたちの初期のリーディング能力の成長にはアルファベットの文字に関する知識（文字の字形，名前，音に関する知識）が大きく影響していると報告している。2000年にも同様の研究結果がアメリカのNational Reading Panel（全米調査委員会）から出された。アメリカ議会は小学校の中学年までを対象に彼らの読み能力を伸ばすにはどのような有効な方法があるのかを探ることを目的に14名の専門家を招集し，このPanelを設置した。研究者たちはそれまでに発表された優れた研究論文に対してメタ分析を行いリーディング能力の発達に影響するのは，音韻・音素意識（次章で詳しく解説），話しことば（oral language），フォニックス（phonics），語彙（vocabulary），

流暢さ（fluency），テキスト解釈（text comprehension）と報告している（National Reading Panel, 2000）。さらにこれらの要因に関連して文字知識（本書ではアルファベットの字形とその名前がわかる力）も重要であると報告している（Ehri et al., 2001）。つまり，文字の形が理解でき，その名前がわかり，また名前を聞いて文字が書ける子どもは，のちに高い Reading 能力を示すということである。さらに National Reading Panel では調査対象にならなかった 0 歳から 5 歳児のリタラシー発達に関する研究をした全米の調査委員会（National Early Literacy Panel）も，リーディング能力の発達にはアルファベットの文字に関する知識（「文字と名前」と「文字と音」の関係を認識し，使える力）と音素意識という 2 つの能力が重要な役割を果たすと報告している（National Early Literacy Panel, 2008）。

Adams（1995）はこのような文字知識がリーディング能力を予測する理由として次の 3 つをあげている。

● （小学校入学前の子どもについて）ある程度の速さと正確さでアルファベットの文字の名前が言える子どもは，そうでない子どもと比べ，文字の音や単語のスペルに関してより深い理解力を有する。

● （小学校に通う児童について）文字の字形と名前が十分にわかっている子どもは単語を見る際，一つひとつの文字に分解しないで全体的に文字の配列を把握し，処理することができる。一方，文字認識がたりない子どもは，単語の中の一つひとつの文字の確認に時間がかかり，単語全体を捉えることができず，何を意味しているのか考える余裕もなく，単語を記憶するところまで到達できない。

● アルファベットの字形と名前が認識できる子どもは，文字の音についての理解も早い。これは多くの文字の名前がその文字の音と関連しているからである。つまり B/b を /biː/ と読み，認識できる子どもは B/b で表される /b/ という音に気づき，習得するのである。

最後の点は，単語および文章を解読するときに直接文字認識が役に立ってい

るだけではなく，文字認識ができることが音韻に対する敏感性（phonological sensitivity）を育てているという指摘である。Wagner et al. (1994) は幼稚園生と小学校1年生のアルファベットの文字知識が1, 2年後の彼らの音韻に対する敏感性に影響を与えていたことを報告している。Burgess & Lonigan (1998) も同様に文字知識が1年後の子どもたちの音韻の敏感性を育てていると報告している。また，子どもたちはアルファベットを習得するときに文字を学習しているだけではなく，同時に音素意識を伸ばしているとも指摘されている（Treiman, Tincoff, & Richmond-Weltry, 1997）。

外国語学習者にとっての文字知識

アルファベットに関する知識を深めることが重要であることは第2言語学習者にとっても同様である。文字学習についてはその字形（shape），名前（name），そして音（sound）を学習することを意味するが，この章ではそのうちアルファベットの字形と名前の学習，つまり文字知識の獲得について考察する。

まずは字形の学習について考えてみる。英語を読むためには，まずは26のアルファベット文字を理解しなければならない，そのためには各文字を弁別する力が必要となる。例えば大文字のHを認識するには，2つの垂直な線と1つの水平線そしてそれらが2つの点で交わっているという特徴を弁別する必要がある。Gibson & Levin (1975) は12種類の弁別特徴により大文字を全て弁別できるとしている。

英語圏では文字知識と後に発達するリーディング能力の関係が研究されているが，Bond & Dykstra (1967) も小学校入学時の児童の文字知識と1年終了時のリーディング力との関連を調査した。その結果，これら2つには中程度の相関関係が見られ，アルファベット知識がこの時期の児童のリーディング力を最もよく予測する変数であると報告している。つまり，これらの研究は文字知識が高い児童は，のちにより高いリーディング能力を持つことを示唆している。

また Adams (1995) も強調しているように，アルファベットの字形と名前の認識は正確かつ速く行われることが重要である。Smith & Kleiman (1976) は単

語に関する認知モデルを示し，単語の一部の弁別特徴を見るだけで語に含まれる文字全体を認知するような自動化された力を獲得することの重要性を指摘している。語を構成する文字の分析をせず，一目見ただけでその単語が何であるかを理解できる力は，読解には欠かせない力となる。文字の理解が遅いと単語全体の理解も遅れ，あまりにゆっくり読むと文の意味が理解できない。LaBerge & Samuels（1974）も，読解において文字群を自動的に処理すること，つまり文字を速く正確に認識することは極めて重要なリタラシーの基礎的な力であると主張している。

　外国語学習者にとっても字形をしっかり理解することは重要である。日本語と英語の書記体は大きく異なるが，漢字など複雑な字形を学習している日本の児童にとっては字形の学習自体はさほど難しくはないと考えられる。しかし，小文字になると弁別特徴が少なくなり，わかりづらくなること，さらに日本語とは異なり字の高さに意味があることなどから，混同が起こりやすい。

　またアルファベットの文字の名前を英語の音でしっかり理解し，発音することも外国語学習者にとって大切な学習事項である。前述したように英語圏の子どもたちはアルファベットの学習から，文字の字形と名前を学ぶだけではなく，文字の名前に含まれる音韻構造に対する気づきも高めていると報告されている。彼らは，文字学習を通して音素に対する敏感性，または音素意識をも伸ばしている（Wagner et al., 1994; Treiman, Tincoff, & Richmond-Weltry, 1997; Burgess & Lonigan, 1998; Treiman, 2006）。

　アルファベット26文字の学習を通して子音15音，二重母音，長母音・短母音合わせて9つの母音，2つの半母音を発音することになる。通常44音（Gimson, 1980）あるといわれる英語音の6割弱，子音にいたっては7割弱の音に触れ，発声することになる。日本人児童によく見られるGとZの混同，BとVの混同は字形がわからないのではなく，/ʤ/と/z/または/b/と/v/の音の聞き分けが難しいことが原因である。

　英語を母語とする子どもに関する研究から，文字知識の習得が重要であることがわかった。では，日本人の小学生はどの程度の文字知識を身につけているのであろうか。次に，それに関する2つの研究を見ていく。

| 研究 **2.1** | アルファベットの文字知識とそれに影響を与える要因について：「学習意欲」「家庭環境」および「ローマ字学習」 |

　本研究は，英語を外国語として学習を始めた児童を対象に (1) 彼らの文字知識がどのようなもので，(2) それに影響を与えているものは何かを探ることを目的とした。なかでも小学校では中学年でローマ字が導入されているので，ローマ字学習が英語のアルファベットの知識にどのように影響しているかを調査した。

研究方法

研究参加者：参加者は関東圏の国立大学付属の A 小学校に通う 5 年生 151 名（男子：77 名，女子：74 名）と 6 年生 151 名（男子：77 名，女子：74 名）の合計 302 名である。この学校では英語教育がまだ開始されていなかったが，内 181 名が学校以外で英語を学習していた。テストを受けた段階で全ての被験者は 4 年次において担当教員より，授業時間数の違いはあるが，ローマ字の授業を最低 3 時間は受けていた。

文字知識と単語認識を測るテスト（Appendix-1）

　文字知識を測定するために下記のような項目を用意した。どちらもリスニングを中心にしたものであるため CD を作成した。必要な指示は日本語で，またアルファベットおよび音声に関する出題は北米のネイティブスピーカーの声で録音された。テストは下記ようにおおきく 4 つのパートに分かれている。

（1）アルファベットを 1 文字単位で聞き取るテスト（合計 25 項目）

　アルファベットの大文字 5 つをランダムに選択し，問題用紙にはそれらがグループごとにまとめて書かれている。全体で 5 グループ用意したので，アルファベット 26 文字中 25 文字の認識が測定された（削除された文字は C）。CD か

ら聞こえるアルファベットと問題用紙に書かれているアルファベット文字をマッチングさせるが，参加者は CD から流れてくるアルファベットの順番を解答用紙に書きこむように指示された。

（2）アルファベットを複数で聞き取るテスト（合計 11 項目）

問題用紙には一組の対応するアルファベット（例：PO と LO）が書かれており，CD から流れてくるアルファベットを聞き，そのどちらかを選択し（例えばLO），正解を線で結んでいく。セクション A の問題と同様，アルファベットの名前を聞いてそれと文字を合わせるのだが，児童は 1 文字ではなく，2 文字または 3 文字（例：COB と COD）を聞き，適切な文字群を選んだ

（3）アルファベットの書きテスト（合計 14 項目）

児童は，音声を聞き，該当する文字（群）を解答用紙に書いた。一文字から3 文字の書き取りになっているが，統計処理をする際，正解を 2 点とし，大きさや形が少し違うものには部分点である 1 点をつけることにした。

（4）単語のスペルを問うテスト（6 項目）

これは音声を伴わないテスト項目であるが，描かれている絵を見てそれに合う正しいスペルを 3 つの中から選ぶ問題である。

学習者の学習動機や学習環境を知るためのアンケート（Appendix-2）

最初のセクションでは英語の学習歴について質問した。参加者は学習方法，学習開始時期，学習期間について答えた。次のセクションでは英語の学習動機について具体的に尋ねた。その項目は①「アルファベットは全部読めるようになりたい」，②「英語の本や新聞が読めるとかっこいいと思う」，③「外国人と町であったら話してみたい」，④「日本語の歌の中にも英語が入っているとかっこいいと思う」，⑤「英語の歌を歌ってみたい」という 5 項目であり，参加者はそれぞれ「とてもそう思う」「まあそう思う」「あまりそう思わない」「ぜんぜんそう思わない」の 4 件法のリッカート尺度で評価した。

次のセクションでは家庭の教育意識について調査した。ここでは次のような7 項目を用意した：①「おうちの人に博物館や美術館に連れて行ってもらう」，

②「おうちの人と一緒に図書館に行く」，③「おうちの人は本を読んでいる」，
④「テレビでニュース番組を見る」，⑤「小さいころに，絵本を読んでもらった」，
⑥「おうちに，本（漫画や雑誌以外）がたくさんある」，そして⑦「おうちの人と，
勉強の話をする」。参加者は「よくある」「ときどきある」「あまりない」「ぜん
ぜんない」の4件法のリッカート尺度で評価した。また家庭でのコンピューター
の使用についても，自分が使えるコンピューターがあるか，さらにコンピュー
ターでやってみたいことについて尋ねた。

　最後にアルファベット知識に関連する活動として考えられるローマ字学習に
ついて，参加者に自己評価をさせるセクションを用意した。参加者は「あなた
はローマ字を書けますか」という問いに対して① 全部書ける，② だいたい書け
る，③ あまり書けない，④ ほとんど書けないという4段階で自己評価した。

手順：研究の目的や趣旨を文書と口頭で校長および担任教員に説明をし，研
究協力の同意を得た。個人情報を取り除いた形でデータを記録，また分析した。
研究補助員の指示でテストをクラス単位で実施した。アルファベット認識に関
するテストに関しては，被験者たちは基本的にはCDの中での指示に従ったの
で時間配分など同じ条件で行うことができた。

結果と考察

　表 2.1 ではテストの記述統計を全体と4つの下位テストに分けて報告してい
る。最終的な参加者は全てのテストとアンケートを受けた5年生144名（男子

表 2.1　文字知識と単語認識テストの記述統計

	人数	平均値	標準偏差	信頼度（α）
A：　1文字読み	280	21.52	6.43	.97
B：　複数文字読み	280	10.10	1.66	.78
C：　文字書き	280	26.97	1.97	.59
D：　単語スペル	280	5.51	0.95	.65
全体	280	64.10	8.55	.94

73名，女子71名）と6年生136名（男子67名，女子69名），合計280名である。テストの信頼度は，$\alpha = .94$であり，十分な数値であった。

テストの項目からの分析（困難度）

　次に各テストを項目別に検証していく。最も正解率が高かったのはB（95％）で，反対に低かったのはE, F, L, X（81％）であった。全体的にできがよく，正解率が85％に達しなかったのはA, D, E, F, L, M, O, Q, S, V, Xの11字であったが，そのうちL, Q, V, Xはローマ字では学習しない文字であった。

　複数文字の認識テストでは，参加者は2〜3文字を聞き正しい文字のかたまりを選ぶというものであったが，比較しているのは1文字のみであるため，聞いた順番に従いアルファベット文字の下にその番号を書くという1文字認識テストより簡単だったようで，多くの項目の正答率が90％を超えていた。一番正答率が低かったのはMSOの聞き取りで，NSOを選んだ参加者が22％いた。

　アルファベットの書き取りテストでは，Rの正解率が低いのみで他の項目は高い正解率を示した。一文字読みや複数文字読みよりも正解率が高く，高学年のアルファベット大文字習得においては読む力と書く力には差がないことが示

表2.2　各テストの項目正解率

A：一文字読み（％）				B：複数字読み（％）	C：文字書き（％）				単語読み（％）	
A	82	N	86	H(X) 95	A	99	O	99	pig	96
B	95	O	83	R(J) 86	J	95	B	99	dog	93
D	82	P	88	(A)F 92	R	72			cat	95
E	81	Q	84	(G)W 93	O	95			book	93
F	81	R	85	(U)V 92	W	95			pen	94
G	85	S	84	(CO)B 89	K	99			cow	76
H	93	T	94	(W)A(L) 97	L	87				
I	88	U	88	T(VY) 98	M	88				
J	86	V	82	M(SO) 78	N	94				
K	94	W	87	(BG)R 93	H	96				
L	81	X	81	(J)F(L) 93	K	97				
M	84	Y	85		A	98				
		Z	94							

唆された。また J については日本語からの干渉ではないかと考えられるが「J」ではなく「し」と解答した参加者が数名存在した。最後のセクションの正しい単語のスペルを選ぶ項目では，cow 以外は高い正解率を示し，この程度の身近な単語であれば特別な指導を受けなくても，語全体を認識している可能性があることを示唆している。被験者は cow 以外の英単語を音として知っており，その音を頼りにローマ字知識を使って類推した可能性も高い。cow という単語を英語で知らなかったために 3 つの選択肢に解答が分散したようである。また pen の問題では enp に誤答が多く見られたが，これは絵から「鉛筆」を想起し，その音から enp を選んだものと考えられる。

文字知識に影響を及ぼす要因について

　文字知識とアンケートでとった家庭環境と英語学習動機のデータを比較し，その相関を表 2.3 に報告する。「動機」は英語の学習動機を尋ねた 5 項目の合計点であり，「環境」は家庭での学習環境についてたずねた 7 項目の合計点である。また，「ローマ字」は 4 段階で評価したローマ字学習に対する自信を示す数値との相関をみた。

　表 2.3 からわかるようにアルファベットの知識では 1 文字読みができれば，複数文字読みもできる（$r = .49$）。しかし単語のスペルが認識できる力には 1 文字または複数文字を読む力より（$r = .21$, $r = .36$），文字を書く力（$r = .45$）がより強く相関していた。その相関の強さは $r^2 = .21$ であり，アルファベットを

表 2.3　文字知識と学習動機，家庭環境，およびローマ字学習の相関

	1文字読み	複数字読み	文字書き	単語認識	動機	環境	ローマ字
1文字読み	1.00						
複数文字読み	.492**	1.00					
文字書き	.237**	.385**	1.00				
単語認識	.207**	.362**	.453**	1.00			
動機	.032	.015	.060	.161*	1.00		
環境	.032	-.027	-.071	.026	.213**	1.00	
ローマ字	.232**	.282**	.332**	.367**	.096	.002	1.00

（** 相関係数は 1 % 水準，また * は 5 % 水準で有意である。）

書く力は単語のスペルを認識する力の分散の 21 ％を説明したことになる。

　今回の研究ではアルファベットの認識力には英語学習に対する動機 (r = .015 ～ .161)，また家庭における学習環境もあまり影響していないという結果 (r = .026 ～ .213) が得られた。しかしローマ字学習に対する自己評価はアルファベットのテストとは統計的に有意な相関係数 (r = .232 ～ .367) を示し，特に単語認識に関しては r = .367 と相関係数を示し，単語のスペルを認識する力の分散の 13 ％を説明した (r^2 = .13)。

　次にアルファベット知識に影響する要因としてアンケートでたずねた英語の学習動機に関する 2 項目とローマ字に関する自己評価に絞り分析を行った。

文字知識とアルファベット学習への意欲

　最初に「アルファベットは全部読めるようになりたい」という項目について，「とてもそう思う」「まあそう思う」「あまりそう思わない」「全然そう思わない」という程度を表すレベルを独立変数としてグループに分け，それぞれのテストの点数を従属変数として分析した。それぞれのグループが正規分布していなかったので，ノンパラメトリック分析の Kruskal-Wallis 検定を使用した。**表 2.4** に記述統計を示しているが，それぞれ中央値と括弧の中に四分位範囲を示している。

　Kruskal-Wallis 検定の結果，総得点では統計的に有意の差があった (H(3) = 10.112, p = .018)。有意差がどこにあるのかを調べるためにペアごと比較をした

表 2.4　文字知識と文字学習への意欲

	全然そう思わない	あまりそう思わない	まあそう思う	とてもそう思う
	N = 13	N = 8	N = 41	N = 213
全体	70(1.5)	69(5.75)	68(4.5)	70(2)
一文字読み	25(0)	25(4)	25(0)	25(0)
複数文字読み	11(1)	11(0)	11(0)	11(1)
文字書き	24(4)	22(5)	26(4)	26(3)
単語読み	5(5)	3(3)	6(1)	6(1)

ところ「まあそう思う」と「とてもそう思う」の間に有意の差があった（$p =$ .019）。それぞれの下位テストで Kruskal-Wallis 検定を行ったところ，全ての下位テストで4つの段階には統計的な差は見つからなかった（一文字読み：$H(3)$ = 7.584, p = .055, 複数文字：$H(3)$ = 2.372, p = .498, 文字書き：$H(3)$ = 6.518, p = .089, 単語読み：$H(3)$ = 4.132, p = .248）。

アルファベット学習への動機はとても強い動機でない限り，文字知識の獲得に対してさほど影響がないことが示唆された。

文字知識と英語を読むことに対する憧れ

次に「英語の本や新聞が読めるとかっこいいと思う」という項目を「とてもそう思う」「まあそう思う」「あまりそう思わない」「全然そう思わない」の4つの段階にわけて分析した。それぞれのグループが正規分布していなかったので，ノンパラメトリック分析の Kruskal-Wallis 検定を使用した。**表 2.5** に記述統計を示しているが，それぞれ中央値と括弧の中に四分位範囲を示している。

Kruskal-Wallis 検定の結果，「英語の本や新聞が読めるとかっこいい」という憧れの段階でグループ間で，文字知識に統計的な有意差があり（$H(3)$ = 11.670, p = .009），ペアごと比較をした結果，統計的に有意の差は「あまりそう思わない」グループと「とてもそう思う」グループ間にあった。それぞれのサブセクションで分析を続けた結果，一文字読みセクションの4段階には統計的な違いが見つかった（$H(3)$ = 8.803, p = .032），しかしペアごと比較をしたところどのグループ間にも有意差はなかった。単語読みについても全体で統計的な差はあ

表 2.5　文字認識と英語の本や新聞を読むことへの憧れ

	全然そう思わない	あまりそう思わない	まあそう思う	とてもそう思う
	$N = 10$	$N = 26$	$N = 72$	$N = 171$
全体	69(7)	68(5)	70(3)	70(2)
一文字読み	25(0)	25(0)	25(0)	25(0)
複数文字読み	11(1)	11(0)	11(0)	11(1)
文字書き	28(3)	28(2)	28(2)	28(0)
単語読み	6(1)	6(1)	6(0)	6(0)

ったが（H(3) = 9.391，*p* = .025），ペアごと比較ではどのグループ間にも有意な
差はなかった。複数文字読み，また文字を書くセクションにおいてはグループ
間に統計的な有意差はなかった（複数文字：H(3) = 7.367，*p* = .061，文字書き：
H(3) = 5.337，*p* = .149）。

　Kruskal-Wallis 検定の結果，また各グループの中央値，四分位範囲を見ても，
英語の本や新聞が読めるという憧れは，とても強い憧れでないかぎり文字知識
の獲得に対して大きく影響していないことが示唆された。

文字知識とローマ字習得の自己評価

　最後にローマ字習得に関する自己評価「あなたはローマ字を書けますか？」
という項目について，「とてもそう思う」「まあそう思う」「あまりそう思わない」
「全然そう思わない」をそれぞれ選んだグループで比較した。それぞれのグルー
プが正規分布していなかったので，ノンパラメトリック分析の Kruskal-Wallis
検定を使用した。**表 2.6** にその結果を示しているが，それぞれ中央値と括弧の
中に四分位範囲を示している。

　文字知識テストの総合点を「ローマ字が書ける」という自己評価の段階でグ
ループ分けをして比べた Kruskal-Wallis 検定の結果では，統計的な有意差があ
った（H(3) = 19.262，*p* < .001）。ペアごと比較をした結果，統計的に有意の差は
①「ほとんど書けない」と「ぜんぶ書ける」（*p* = .027），②「あまり書けない」
と「ぜんぶ書ける」（*p* = .023），そして ③「だいたい書ける」と「ぜんぶ書ける」
（*p* = .038）の間に見つかった。

表 2.6　アルファベットの知識とローマ字習得の自己評価

	ほとんど書けない	あまり書けない	だいたい書ける	ぜんぶ書ける
	N = 5	*N* = 20	*N* = 89	*N* = 156
全体	60(20.5)	68.5(6)	70(3)	70(2)
一文字読み	25(0)	25 (0)	25(0)	25(0)
複数文字読み	11(1)	11 (0)	11(0)	11(1)
文字書き	28(3)	28 (2)	28(2)	28(0)
単語読み	6(1)	6 (1)	6(0)	6(0)

28

続けて下位テストで検定を続けたところ，1 文字を認識するテストでは統計的な差は見つかったが，ペアごと比較では有意差はなかった (H(3) = 9.383, p = .025)。複数文字では全体で有意差があり (H(3) = 17.202, p = .001)，ペアごと比較では「ほとんど書けない」と「だいたい書ける」(p = .024)，また「ほとんど書けない」と「ぜんぶ書ける」(p = .005) に有意差があった。文字を書くテストにおいては，全体で統計的な差は見つかったが，ペアごと比較では有意差はなかった (H(3) = 11.127, p = .011)。最後に単語のスペルを認識するテストでも有意差があり (H(3) = 16.364, p = .001)，ペアごと比較では「あまり書けない」と「ぜんぶ書ける」(p = .005) に有意差があった。

ローマ字習得に対し全然自信がない子どもの点数は他のグループと比べかなり低く，また反対に自信がある児童とそうでない児童との間には全スコア，また複数文字および単語認識の下位テストでも統計的な差が見られた。これはローマ字が書けるという自信が，文字知識の獲得に影響していることを示唆している。

結　論

本研究では，英語を学習する日本人高学年児童のアルファベット知識について調査した。文字の名前を聞いて文字が認識できるかを問うセクションでは，25 文字全部について正解率が 80 ％以上であった。正解率が 85 ％以下の比較的定着が悪かったは A, D, E, F, L, M, O, Q, S, V, X の 11 字であったが，そのうち L, Q, V, X の 4 文字はローマ字として学習しない文字であった。

下位テストどうしの相関関係から，単語認識に関係する文字知識として，「文字を書く力」が最も強く関連していた。次に「ローマ字を書く自信」，そして「複数文字の認識」であった。1 文字の認識にとどまらず，複数の文字を速く正しく認識し，また書ける力が単語を認識する力に影響していることが示唆された。

アルファベットの文字知識に影響を与えるものとして「アルファベット学習への意欲」「英語を読むことへの憧れ」「ローマ字を書く自信」という 3 つの質

問項目にしぼり分析した。その結果,「意欲」と「憧れ」については各グループの中央値,および四分位範囲,また Kruskall-Wallis の検定結果から,かなり強い「意欲」や「憧れ」でなければ,アルファベットの大文字知識の獲得には影響しないと考えられた。

　一方,ローマ字学習と文字知識の関係においては,統計的に有意な相関係数を示し,特に単語認識に関しては高い相関係数を示し,単語のスペルを認識する力の分散の 13% を説明した。ローマ字学習に自信がある児童は自信がない児童と比べ,文字の読み書きと単語認識がよくできていた。現在,小学校 3 年の国語科で児童は訓令式のアルファベットを学習するが,今回の研究ではローマ字学習とアルファベットの文字知識に関連性が見られ,ローマ字学習がアルファベット学習に良い影響を与えることがわかった。日本語とはまったく異なる書記体であるローマ字を学習したことが,英語の文字学習への準備となり,理解を促進させていたことが示唆されている。

研究 2.2	アルファベットの文字知識の変化と音韻・音素意識との関係

　本研究では児童のアルファベットの文字知識について調査し，指導によってどのように文字知識が変化するのかを調査した。また彼らの英語の音韻・音素意識についても調査した。2年間の縦断研究であるが，具体的には，① 指導による高学年児童の文字知識の変化，② 文字知識と単語力の関係，そして ③ 文字知識と音韻・音素意識の関係を調べることを目的としている。

研究方法

研究参加者：参加者は関東圏にある国立大学付属の A 小学校の小学生 151 名（男子：77 名，女子：74 名）であり，研究開始当時は 5 年生であった。最終的な参加者数は，実施された全ての文字知識テストと音韻・音素意識テストを受けた 130 名（男子：65 名，女子：65 名）である。この学校では，本研究が始まった 2005 年度の 4 月より英語教育が開始され，外部講師らによって授業の立案，実施が行われた。研究参加児童のクラスでは，5 年の 1 学期には音声を中心とした授業が行われ，徐々に文字指導が導入された。全ての参加者は 4 年次において担当教員より，時間数の違いはあるが，ローマ字の授業を最低 3 時間は受けていた。

アルファベット知識を測るテスト（Appendix-1）

　本研究で使用したアルファベットの知識を問うテストは研究 2.1 と同様のものである。テストは 4 つのパートに分かれており，① 文字の名前を聞いて文字を選び，その番号を書くセクション，② 複数文字を聞いて正しい文字群を選ぶセクション，③ 名前を聞いて文字を書くセクション，そして ④ 単語の正しい

スペルを選ぶセクションである。ポストテストにあたる2回目のアルファベットテスト（5年終了時）では，プレテストで天井効果が見られたので，アルファベット文字を書く12項目と単語のスペルを問う3項目を追加した。

音韻・音素意識を測るテスト

　音韻・音素意識を測るために，Kirtley et al. (1989) がイギリスの子どもたちを対象に行った研究で使った Open Oddity Test と End Oddity Test という2種類のテストを使用した（詳細は3章で説明）。参加者はある一定の条件のもと1つだけ違う音が含まれる単語を選ぶという形式のテストを受けた。

手順：研究の目的や趣旨を文書と口頭で校長および担任教員に説明をし，研究協力の同意を得て，4回のテストを実施した。テスト結果については，個人情報を取り除いた形でデータを記録し，分析した。テストはクラス単位で行われ，学級担任と研究補助員が実施に関する指示を出し，監督した。テストに関する具体的な指示はCDに録音されていたので，時間配分など同じ条件で実施できた。アルファベットの1回目のテストを2005年6月28日と6月30日，そして2回目のテストを2006年2月28日と3月1日に実施した。音韻・音素意識テストは2006年1月31日に1回目，また2回目を1年後の2月22日（参加者は6年生に進級）に実施し，どちらも同じテストを使用した。

アルファベットの知識を深める指導

　参加者は筆者が考案したリタラシープログラムを受けた。毎回の授業で最後の10分程度，下記のような目標を定め，アルファベットの知識を伸ばすリタラシー活動を行った。研究指導員と学級担任による Team Teaching で指導が行われた。

＊5年生（2005年度）の目標〜アルファベットの大文字に関する知識の定着を中心に次のような指導を行った。

（1）世界の言語や文字に関心を持たせる。（2学期）

（2）アルファベットの大文字とその名前を一致させる。（2学期）

（3）アルファベットの大文字の名前を聞いて文字を認識し，文字を見て名前を言い，名前を聞いて文字が書けるように指導する。（3学期）

＊6年（2006年度）の目標～アルファベットの小文字に関する知識の定着と音韻・音素意識の向上を目指し，次のような指導を行った。

（1）アルファベットの小文字の名前を聞いて文字を認識し，文字を見て名前を言い，名前を聞いて文字が書けるように指導する。（1学期）。

（2）アルファベットの文字とその音（子音）を理解する。英単語の最初の子音を聞いて，どのような音なのかが理解できるように指導する。（2，3学期）

（3）Onset-Rime 認識（3章で詳しく説明）ができるように指導する。（3学期）

音韻・音素意識を高めるための指導

参加者は，6年の2，3学期に12回のレッスンを通して音韻・音素意識を高める指導を受けた。具体的には最初の6回は頭子音を意識させながら英語の単語を聞かせ，x と母音字を除いた20字に対応する子音を学習した。次の6回はライム（5つの短母音と学習した子音を合わせたライム）を意識させながら単語の中の音に対する意識を高め，文字が表す音について学習した。

結果と考察

ここでは文字知識の変化に注目し，① 指導によってどのような変化が起きたのか，② 単語を認識する力とアルファベットの文字知識がどのように関連しているのか，また ③ アルファベットの知識が音韻・音素意識にどのように関わっているのかについて，分析した結果を報告する。

指導による文字知識の変化

参加者はアルファベットの指導が始まる前に1回目の文字知識のテストを受け，半年間，授業で大文字の指導を受けた後に2回目のテストを受けた。その

結果を**表 2.7** に報告している。

　平均点を見ると全ての下位テストで 2 回目の得点のほうが高い。アルファベットを指導する前（1 回目）と半年後（2 回目）の違いを下位テストで比較した。それぞれデータの分布を Shapiro-Wilk 検定とヒストグラムで見たところ正規分布していないことが判明した。そこで Wilcoxon 符号付順位検定で指導前後に統計的に有意差があるかを検証した。**表 2.8** が示すように，指導の前後で全ての下位テストに統計的に有意な差があった。この結果を一般化はしないが，アルファベットの文字指導をすることで，この研究の参加者は文字知識を向上させたことになる。

表 2.7　2 回の文字知識テストの記述統計

	人数	平均値	中央値	標準偏差	四分位範囲	歪度	尖度
文字知識テスト（1 回目）							
1 文字認識	130	20.35	25	7.05	8	-1.44	.803
複数文字認識	130	9.68	11	2.06	2	-2.11	4.85
書き取り	130	25.60	26	2.93	4	-1.88	4.57
単語スペル	130	5.26	6	1.20	1	-1.84	3.40
文字知識テスト（2 回目）							
1 文字認識	130	24.14	25	2.67	0	-3.57	13.39
複数文字認識	130	10.64	11	.90	0	-3.20	10.82
書き取り	130	26.64	28	2.18	2	-2.03	4.85
単語スペル	130	5.58	6	.92	1	-2.97	10.15
書き取り（追加）	130	21.47	22	3.30	4	-2.07	5.21
単語スペル（追加）	130	2.50	3	.67	3	-1.16	.76

表 2.8　半年のアルファベット指導の効果について

	Z 値	有意確率	効果量 r
1 文字認識	5.667	$p < .001$	$r = .50$ (medium)
複数文字認識	5.521	$p < .001$	$r = .49$ (medium)
書き取り	3.963	$p < .001$	$r = .35$ (medium)
単語スペル	3.203	$p < .001$	$r = .28$ (small)

文字知識と単語認識の関係について

　さらに単語を認識する力に文字知識がどのように影響するのかを見るため，下位テストと単語テストの関係を探ることにした。**表2.9** では，2回目のアルファベットテストの中で単語のスペルに関する問題（第1回目，2回目に共通の6問と2回目に追加された3問の合計9問）とそれぞれの下位テストをスペアマンの相関で分析した結果をのせている。「1字」とは，1文字ずつ名前を聞き，相当する文字を探すテストであり，「複数」は，複数のアルファベットの名前を聞いて正しいものを選ぶというテスト。「書き取り」とはCDから流れるアルファベットを聞き，それを書き出すものであった。1st は，アルファベット1回目のテスト結果であり，2nd はアルファベット2回目のテスト結果である。前述したように1回目のテストはアルファベット指導をする前，1学期の終わりに実施し，2回目は21回のアルファベット指導を含む授業が行われた後の学年度末に実施した。21回の授業のうちおおよそ10分程度がアルファベット指導に当てられていたので，参加者は合計210分程度のアルファベット指導を授業中に受けたことになる。

　まずは，同時期に測定された単語とアルファベットテスト（2nd 表記のもの）から，文字を書き取る力（$r_s = .399$）の相関係数が一番高く，関連していることがわかる。一方アルファベットを聞いて理解する力である1文字レベルの認識とは全く関連がなく（$r_s = -.009$），複数文字の理解とは弱い相関があった（$r_s = .294$）。

　次に時間的な経過から，2回目の単語知識を予測する能力として1回目の下位テスト（1st 表記のもの）との相関係数を調べた。その結果，やはり文字を書き取る力が一番強い相関係数を示し（$r_s = .348$），複数の文字とは弱い相関（$r_s = .216$），また1文字の認識については全く関係していなかった（$r_s = .004$）。どちらの分析からも単語を認識するには文字を書く力が関係しており，その力を育てる必

表2.9　文字知識と単語のスペルの理解力との相関

	1字(1st)	1字(2nd)	複数(1st)	複数(2nd)	書き取り(1st)	書き取り(2nd)
単語	.004	-.009	.216*	.294**	.348**	.399**

2章　アルファベットの文字知識とその学習に影響を与える要因について　35

要があることが示唆された。

文字知識と音韻・音素意識との関係について

　参加者は指導を受けて半年後の5年次3学期に1回目の音韻・音素意識を測定するテストを受け，1年後の小学校6年生の学年度末に同一テストを再び受けた。彼らは，6年の2，3学期に音韻・音素意識を高める指導を受けたので1回目のテストの時には指導を受ける前，2回目のテストの時には12回の指導を受けた後になる。**表2.10**にその結果を報告している。12回の指導の結果，それぞれ平均値，中央値ともに上がっており，Wilcoxon符号付順位検定で指導前後に統計的に有意差があるかを検証した。その結果Open判別テストにおいては，指導前後に統計的に有意の差があり（$Z = 5.107$, $p < .001$），効果量は中程度（$r = .45$）であった。End判別テストにおいても，指導前後に統計的に有意の差があり（$Z = 5.559$, $p < .001$），効果量は中程度（$r = .49$）であった。これらより指導により音韻・音素意識が向上したことが示唆されている。

　文字知識と音韻・音素意識の関係については，英語圏では文字を学習することで音韻に対する敏感性，または音素意識を高めるという研究報告がされている（Wagner et al., 1994; Burgess & Lonigan, 1998; Treiman, Tincoff, & Richmond-Weltry, 1997）。参加者のデータをもとに日本人児童においても同様の関係を見つけることができるのかを探ることにした。5年の最初と最後に測定した文字知識を測るテストと6年の最後に測定した音韻・音素意識を測るテストの結果を構造方程式モデリング（Structural Equation Model）を使って検証した。

表2.10　音韻・音素意識テストの記述統計

	人数	平均値	中央値	標準偏差	四分位範囲	歪度	尖度
音韻認識テスト（1回目）							
Open識別テスト	130	17.62	19	4.71	5	-1.22	.59
End識別テスト	130	18.35	19	4.06	4	-1.22	1.67
音韻認識テスト（2回目）							
Open判別テスト	130	19.41	20	3.49	2	-2.32	5.78
End判別テスト	130	20.55	21.5	3.57	3	-2.03	4.52

図2.1 が示すように5年の6月に測定した【アルファベット知識1】は，半年後に測定した【アルファベット知識2】を予測し，その力が6年の最後に測定した【音韻意識】を予測するという仮説を立て，データを入れて検証した。それぞれの構成要素に対する個々のテストの因子負荷量は枠の右上に表示している。【アルファベット知識1】では複数文字の負荷量が一番大きく（.45）であり，次に書き取り（.43）そして一文字認識の負荷量はかなり低いもの（.18）であった。同様に【アルファベット知識2】でも複数文字認識の負荷量が一番大きく（.33），次に書き取り（.30），一文字認識に関してはほとんど負荷量がなかった（.04）。【音韻意識】では単語の母音もしくは尾子音を聞き分ける End 判別の負荷量が高く（.71），単語の頭子音もしくは母音を聞き分ける Open 判別の負荷量は（.44）であった。

このモデルのカイ二乗値は 22.291 で，自由度は 18 であった（p = 0.219）。これは，観測行列と推定行列が統計的に異なっておらず，データがモデルに適合していることを意味している。S と Σ の行列要素間の平均二乗差の平方根で計算されるもう1つのモデル適合指数，Root-Mean-Square Error of Approximation (RMSEA) は 0.043 で，これも良好なモデル適合を示している。モデル比

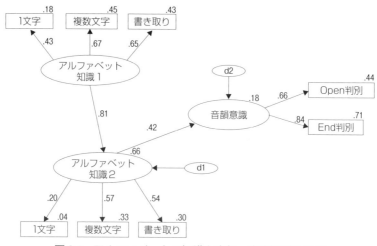

図2.1　アルファベットの知識と音韻・音素意識の関係

較の指標 Goodness Fit Index は .959 また Comparative Fit Index は .97 であった。これらの指標は全て，モデルのデータへの適合が許容範囲から良好であることを示している。

標準化回帰係数は【アルファベット知識 1】から【アルファベット知識 2】は .81 であり，【アルファベット知識 2】の分散の 66 ％が説明され，さらに【アルファベット知識 2】から【音韻意識】の標準化回帰係数は .42 で英語の音韻・音素意識の分散の 18 ％がモデルで説明された。

この結果から，2 つの時点で測定されたアルファベットの知識が直接的，また間接的に音韻・音素意識に影響していることが判明した。これは，アルファベットの文字学習を通して子どもたちが音韻・音素意識を伸ばしていると報告している英語圏の研究と同様のことが，日本で英語学習をしている児童にもおこっていることを示唆している。

結　論

本研究は，リーディング能力を育てるための必須条件であるアルファベットの文字知識について分析，考察したものである。国立の小学校に通う 5 年生の児童を対象に 2 年間にわたり，アルファベットの知識や音韻・音素意識を育てる指導を実施した。それぞれ 4 つの異なる時点で収集したデータの分析から以下のような結果を得た。

① 　アルファベット大文字指導の前後に行ったテスト結果からそこには統計的に有意な差があり，参加者の文字知識が向上していたことが判明した。したがって，指導の効果はあったといえる。

② 　単語認識テストとアルファベットの下位テストを比較した結果より，「（名前を聞いて）文字を書く力」は単語知識と関連し，またその力を予測していたが，「（名前を聞いて）文字がわかる力」は単語知識と関連せず，またその力を予測するものでもなかった。

③ 　参加児童の音韻・音素意識を指導の前後で比べたところ，統計的に有意

の差があり，児童は指導により音韻・音素意識を伸ばしていたと考えられる。

④　構造方程式モデリング分析より，アルファベット学習が音韻・音素意識の発達に影響するという仮説の妥当性が証明された。その結果，大文字の知識がある児童ほど，より高い音韻・音素意識をもつ可能性が示唆された。

　これらの研究結果を一般化することは避けるべきではあるが，今回行った指導が参加者のスキルを向上させたことは事実である。文字知識および音韻・音素意識を向上させる指導を行った結果，児童はそれらの力を伸ばしたということは，これらは指導または訓練が可能なスキルであることを意味する。それならばより効果的な指導法を求めて研究を続ける必要があると考える。

　また英語圏の研究結果と同様に，児童はアルファベットの学習を通して音韻・音素意識を伸ばしていたことがわかった。これは，アルファベットの名前に含まれる音素について意識的に指導をすれば，さらに効果があがる可能性を示唆している。

2章のまとめ

　小学生の文字知識について実態を把握するため2つの研究を実施し，次のようなことがわかった。

1. アルファベットを学習し始めた高学年生は，大文字に関しては，約半年で正解率が約85％に至るスキルを得た。正解率が少し低くなる文字の中にローマ字にはない4文字（L, Q, V, X）が含まれていた。（研究2.1）
2. 単語を認識する力には「（名前を聞いて）文字を認識する力」ではなく「（名前を聞いて）文字を書く力」がより強く関係しており，「書く力」は単語認識力の発達に影響していた。（研究2.1と研究2.2）
3. 文字知識に影響すると思われる「英語学習動機」「家庭の学習動機」および「ローマ字を書くことの自信」について相関を調べたところ，「動機」と「環境」はほとんど文字知識の獲得には関係しておらず，「ローマ字書きの自信」のみ関係していた。（研究2.1）
4. さらに文字知識に影響すると思われる「アルファベット学習への意欲」「英語を読むことへの憧れ」「ローマを書くことへの自信」という3つの質問項目にしぼり分析した結果，「意欲」と「憧れ」についてはかなり強い「意欲」や「憧れ」がない限り文字知識の習得には影響していなかったが，ローマ字学習は影響をしていた。（研究2.1）
5. 2年間，文字知識と音韻・音素意識を伸ばす授業を受けた児童は，文字知識および音韻・音素意識を向上させていた。（研究2.2）
6. アルファベットの文字学習が音韻・音素意識の発達に影響を与えていることがわかった。（研究2.2）

　本章の研究ではアルファベットの知識を「一つの文字を理解する力」「複数

以上の文字を理解する力」「文字を書く力」と3つに分けて測定した。2つの研究より「文字を書く力」が単語を認識する力と関連，またその力を予測していたことがわかった。授業では文字の認識のみでなく，名前を聞いて文字を書く，しかも速く正しく反応できるという自動化したスキルを育てる必要がある。

　また，研究2.2のデータから，アルファベットの学習が音韻・音素意識の発達に影響していることがわかった。文字を学習しながら，音韻に対する敏感性を育んでいるとする英語圏の研究と同様の結果であった。授業ではアルファベットを教えるときに英語の音素に気を付けながら指導すると，その効果はさらに上がると考えられる。

3章 音韻・音素意識とその学習に影響を与える要因について

　本章では日本の幼児・児童が持つ音韻意識および音素意識について調査した4つの研究を紹介する。最初の研究 3.1（1999～2002年）では週1回20分の英語の授業を保育の時間中に受けていた5歳児の幼児（200名）と1年生（22名）を対象に，どのような英語の音韻・音素意識を持っているのかを調べた。

　研究 3.2（2003年）では，研究対象者の年齢を小学校6年生（131名）と中学生（94名）にあげて研究 3.1 同様に参加者の英語に対する音韻・音素意識について調査した。音韻・音素意識についてさらに研究するため，研究 3.3（2005年，英文）では，6つの小学校の1年生から6年生，1,621名を対象に調査した。この研究では参加児童の英語音韻・音素意識およびその発達に影響を及ぼす可能性のある年齢，学校外での学習経験，および性別についても調査した。

　最後の研究 3.4（1999～2002年，英文）は，再び幼児を対象にして英語の音韻・音素意識の構成要素を解明しようとした。研究対象者は研究 3.1 の幼児 200名と小学生 22名である。研究 3.1 で調査した彼らの英語の音韻・音素意識に加え，日本語の音韻意識を測定し，その関係を構造方程式モデリング（Structural Equation Modeling）で解明しようと試みた。さらに，これら 222名の参加者のうち 115名の幼児と 22名の1年生は知能を測る日本語版の Wechsler Preschool and Primary Scale of Intelligence（WPPSI）の4つのサブテストを受けた。英語の音韻・音素意識の発達に知能と日本語の音韻意識が影響するというモデルを構造方程式モデリング（Structural Equation Modeling）で検証した。

　年齢の若い学習者にとっては音素という概念を第二言語において発達させることは容易ではない。しかし，本章でも提唱しているように幼児・児童は自分のもっている能力，つまり日本語の音韻意識を効果的に使い，英語の音を理解

しているようである。幼児期から，歌，チャンツ，storytellingなどを通して英語の音に対する興味や関心を育て，英語の音に意識を向け，音韻・音素意識を育てることが，英語でのリタラシー発達の重要な鍵になる。

音韻意識（Phonological Awareness）と音素意識（Phonemic Awareness）

　英語圏では多くの研究から音韻には3つの単位が関わっていると言われている。それらは音節（syllable），オンセット―ライム（onset-rime）そして音素（phoneme）である。それぞれの研究でこれらについては詳しく説明するが，ここではPhonological Awareness（音韻認識，音韻意識と言われるが，ここでは音韻意識とする）とPhonemic Awareness（音素認識，または音素意識と言われるが，ここでは音素意識とする）について述べる。

　音韻意識は「the ability to recognize that a spoken word consists of a sequence of individual sounds（話しことばは一つひとつの音がつながることによって成り立っていると理解できる力）」（Ball & Blackman, 1991, p51）とか，「the ability to reflect explicitly on the sound structure of spoken words（話しことばの音の構造について明示的に考える力）」（Hatcher, Hulme, & Ellis, 1994, p. 41）などと定義されている。一方，音素意識に関しては，「the ability to notice, think about, and work with the individual sound in spoken words（「話し言葉に含まれる個々の音に気づき，考え，扱う能力）」（Armbruster et al., 2001, p.2）とか，「the ability to manipulate phoneme-size units in speech, especially the skill of segmenting and blending phonemes（話ことばを音素レベルで操作できる，特に音素での分節や混合ができる力）」（Ehri, 2006, p.650）と定義される。英語もしくはアルファベットを使用する言語は基本的には1つの音素に対して1つの文字が対応するしくみになっているので（窪薗＆本間，2002）モーラ，音節よりもさらに小さな音の単位である音素に気付く力が必要となる。音素を認識する力がある子どもは，これらの力がほとんどない，あるいは全くない子どもよりも，読みや綴りをより簡単に学ぶ可能性があると言われている。

音韻意識と音素意識はよく混同されるが、この2つの用語には互換性はない。音素意識は音韻意識の下位範疇にあり、音素意識が関わるのは単語の中の個々の音素の識別と、それらの操作である。一方音韻意識は単語、音節、オンセットやライムなど、話し言葉のより大きな部分に関わり、それらを識別し、操作する力を意味する。また、ライミング、アリタレーション、イントネーションなど、音声の他の側面の認識も含まれる（Armbruster et al., 2001）。またこの違いについて Snow et al. (1998) は下記のように説明している。

> The term phonological awareness refers to a general appreciation of the sounds of speech as distinct from their meaning. When that insight includes an understanding that words can be divided into a sequence of phonemes, this finer-grained sensitivity is termed phonemic awareness. (p. 51)
>
> （音韻意識は言葉の持つ「意味」ではなく、言葉の「音」に対する全般的な認識を指す。その認識が「言葉はそれぞれ連続している個別の音素に分けることができる」という理解を含んだとき、このきめ細やかな感度のことを音素意識と呼ぶ。）

　また、音素意識とフォニックスがよく混同されるが、音素意識はあくまでも話し言葉の音の構造、つまり音素がどのように組み合わさって単語を構成しているのかを理解する力である。一方フォニックスとは、音素と書記素（文字）の間に予測可能な関係があることを教える方法である。フォニックス指導の目標は、子どもたちが alphabetic principle と呼ばれる「書かれた文字と話された音の間には体系的で予測可能な関係があるという原則」を学び、使えるようにすることである。彼らがこのフォニックスの恩恵を受けるには、音素意識を有していることが必要である。

日本語と英語の音節内構造の違い

　日本人の幼児・児童の英語の音韻・音素意識を向上させるためには、まず彼らが身につけている日本語の音韻意識について理解する必要がある。研究 3.1

で詳しく述べるが、モーラとは日本語の基本的な音の単位であり、音の長さ「拍」である。音節よりも小さな単位と言われている（窪薗＆本間，2002）。例えば「あり」は「あ」と「り」の2つのモーラで構成されており、この場合は音節で数えても2音節と変わらない。しかし、「きって」は音節で区切ると2音節になるが、モーラでは「き」「っ」（促音）「て」と3つのモーラになる。

また、日本語は促音や撥音のような特殊モーラを除くと全て子音と母音で1モーラが形成されているので、ほとんどの音節が母音で終わる開音節である。一方、英語では子音で終わる閉音節が多いが、Stanback (1992) は、よく使用される 17,602 単語のうち 46 ％が閉音節であると報告している。これらの開音節優勢の日本語と閉音節も多い英語との違いが音節内部構造を聞き分けるときに影響するのではないかと考えられる。

1音節の内部構造を考えると下の**図 3.1** のように音節の中心音である母音の前で分けるか、後でわけるかという2つの方法が考えられる。日本人が pen や cat のように閉音節の英語単語を聞く際、音節内部を pe/n や ca/t のように最初の子音と母音を一緒にし、終わりの子音と分けて（子音＋母音／子音、この分節を body-coda と呼ぶ）聞いていると予想される。一方閉音節に慣れている英語圏の人たちは音節内の音を最初の子音と残りの母音とそれに続く子音（群）に分けて（子音／母音＋子音、この分節を onset-rime と呼ぶ）聞いている。英語を母語とする子どもは4歳になるまでには単語を onset-rime（頭子音―ライム）に分節できるようになると言われている（MacKay, 1972）。

本章では日本語を母語とする幼児、児童がどのように英語のことばの音構造を理解していくのかを探っていく。

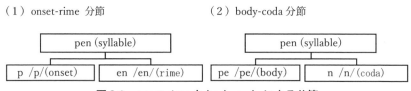

図 3.1　onset-rime と body-coda による分節

研究
3.1

幼児の英語音韻・音素意識の発達について

　英語圏では，幼児，児童の phonological awareness と reading development の間には強い関係があると報告されている（まとめとして Wagner & Torgesen, 1987，または Stahl, & Murray, 1994 を参照）。また日本人を対象とした日本語の研究においても，これら2つの因子には強い相関関係があることが報告されている（天野，1986）。この phonological awareness は，「an awareness of sounds in spoken（not written）words that is revealed by such abilities as rhyming, matching initial consonants, and counting the number of phonemes in spoken words」(Stahl & Murray, 1994) と定義され，あくまでも話されている言葉の中での音の働きに気付く能力を指す。McBride-Chang (1995) は phonological awareness は一般的な知能，ことばによる短期記憶，および音声に対する感覚という3つの能力から構成されていると仮定した。

　アルファベットを使用する言語において，音韻・音素意識の発達という観点から，言葉を分節していく場合3つのレベルが考えられる。1つは音節レベル，次に onset-rime のレベル，最後に音素レベルでの分節である。音節とは母音もしくは母音の性格をもつ子音を中心とする音のまとまりであり，英語話者であれば直感的に理解できる単位であり，日本語話者にとっても最も基本的な音の単位である。

　Onset-Rime の分節は音節の内部構造を頭子音と韻に分けるものであるが，例えば pig の場合，始めの /p/ が頭子音で /ɪg/ が韻となる。この場合韻が同じ言葉，例えば pig, fig のような言葉を脚韻という。英語の文化はこの音節の内部構造をうまく使い，頭韻文化と脚韻文化を作りあげている。例えば頭韻（alliteration）を使った諺として So many men, so many minds. Money makes the mare to go. などがあり，脚韻にいたっては英語圏の伝承童謡であるマザー

グース，また詩に多く見られる。例えば下の Mother Goose の中にも，wall-fall, men-again といった脚韻が踏まれている。

Humpty Dumpty sat on a wall.

Humpty Dumpty had a great fall.

All the king's horses and all the king's men,

Couldn't put Humpty together again.

　最後に音素レベルの分節には，それぞれの単語がいくつの音で成り立っているのかを認識できる力が必要である。例えば ship は 3 つの音 /ʃ/ /ɪ/ /p/ から成り立っていることが理解でき，それが操作できる力が必要で，それを音素意識 (Phonemic Awareness) と呼ぶ。

音韻・音素意識の発達に関する 2 つの仮説

　Cisero & Royer (1995) は Treiman & Zukowski (1991) を引用しながら，音韻・音素意識の発達に関して次のような 2 つの仮説を提唱した。1 つは，developmental-independence 仮説と呼ばれ，音韻・音素意識に関わるタスクを遂行する認知能力は，それらのタスクを経験した量により成熟していくと考えられ，それぞれのタスクで要求される認知力 (syllable awareness, onset-rime awareness, phonemic awareness) は独立して発達していき，そこに相互関係はないとしている。

> The developmental–independence hypothesis suggests that the cognitive abilities involved in completing rime, onset and phonemic awareness tasks should mature at rates corresponding to the amount of task-relevant experience children receive. (p. 277)

　一方，developmental progression 仮説では音韻・音素意識は簡単なレベル (音節レベル) の分節から始まり，難しいレベル (音素レベル) の分節へと発達すると考えられている。したがって子どもたちが音素レベルの分節ができるため

には，onset-rime レベルの分節が十分にできることが前提となる。

... the developmental progression hypothesis which suggests that phono-
logical awareness development begins with the simplest form of aware-
ness and progresses toward more complex forms. (p. 277)

Cisero & Royer (1995) は，これらの仮説の妥当性を問うために 2 つの研究
を行った。1 つの研究には，22 人のスペイン語が母語で英語の知識がまだ十分
でない小学校 1 年生が参加した。参加児童は ① 脚韻識別テスト（onset-rime レ
ベルの測定），② 頭子音識別テスト（onset-rime レベルの測定），そして ③ 最終
子音識別テスト（音素レベルの測定）という 3 種類の英語のテストを受けた。そ
の結果，一番成績が良かったのは ① 脚韻識別テスト，次に ② 頭子音識別テス
ト，そして ③ 最終子音識別テストであった。その結果，彼らは develomental
progression 仮説を支持した。

彼らはさらにもう 1 つの実験で，スペイン語話者で英語のバイリンガルプロ
グラムに在籍する幼稚園児と小学校 1 年生の 21 人に 12 月と 5 月の 2 回テスト
を受けてもらった。子どもたちは実験 1 と同様に ① 脚韻識別テスト，② 頭子
音識別テスト，そして ③ 最終子音識別テストを受けた。幼稚園生は母語のみ
でテストを受けたが，1 年生は両言語でテストを受けた。結果として最初の実
験と同様に，① 脚韻識別テスト，② 頭子音識別テスト，そして ③ 最終子音識
別テストの順番で成績がよかった。また，5 カ月の変化として ② 頭子音識別，
そして ③ 最終子音識別は伸びたが，① 脚韻識別は最初から成績が高いためそ
れ以上の伸びはなかったと報告している。

彼らは 2 つの研究から developmental-independence 仮説より developmen-
tal progression 仮説を支持している。

日本語と英語の音韻構造

プラーグ学派の Trubetzkoy は人間の言語を「音節言語」と「モーラ言語」

に大別し，英語は前者，日本語を後者に分類した。窪園・本間 (2002) はこれに対し「モーラと音節は相補的な関係にあり，同一体系の中で両者は補完的な役割を果たす」(p. 56) と説いた。彼らは，音声的レベル—発話のリズムを定義するレベル—では確かに日本語はモーラ言語であり，英語はそうでないが，音韻的レベル—音韻規則における役割レベル—においては英語でもモーラ単位が必要であるとした。

音節は母音もしくは母音の性格をもつ子音を中心にまとまっている音のかたまりを指し，一方モーラは一般的には音節より小さな音の長さの単位と定義される。日本語は音声的，および音韻的な長さの単位として，また発話の分節単位としてモーラを使用する (窪園・太田，2001)。音節から独立した音韻単位としてモーラが想定できるのは (1) 長母音 (例：オーストラリアの「−」にあたる部分)，(2) 撥音 (例：しんぶんの「ん」)，(3) 促音 (例：きっての「っ」) である。したがって「しんぶん」は 2 音節であるが 4 モーラ，「きって」は 2 音節だが 3 モーラ，「おかあさん」は 3 音節だが 5 モーラとなる。

また両言語においてこのような音声的レベルでの音の取り扱いは，文化の中に浸透しており，母語話者は言葉遊びを通して身につけていく。英語話者にとっては音節という単位が直感的に理解できる単位であり，それを中心に音節の内部構造を onset (頭子音) と rime/rhyme (韻) に分けて楽しむ言葉遊びが多い。ライムが一番よく使われているのは童謡や詩の中であるが，言葉遊びの中にもその要素が含まれている。Op 遊びと呼ばれる言葉遊びでは実際の文の中に /ɔp/という音連続を挿入する。この遊びはまず音節で音を分節し，さらに単語を頭子音と韻に分ける。その頭子音と韻の間に /ɔp/ という音を入れる。そうすると　例えば　My name is Ben.　は /mɔpaɪ nɔpeɪm ɔpɪz bɔpen/ と発音されることになる。また Spoonerism と呼ばれる最初の音節の頭子音どうしを入れ替える遊びもある。例えば Is the Dean busy? は　Is the bean dizzy? と滑稽な文になる (窪園・本間，2002, p. 44)。

これに対し日本語での言葉遊びは音節の内部構造を使ったものではなく，一定のモーラ数をそろえるものが多く，短歌，俳句，川柳などはその例である。

また子どもの遊びである「しりとり」もモーラを基本単位としており，童謡などの歌も基本的には1モーラに1音符がついている。子どもの遊びの1つにジャンケンで勝った人が歩をすすめる「グリコ」と呼ばれるものがあるが，パーで勝った場合は「パ・イ・ナ・ツ・プ・ル」と6歩進み，促音に1拍与えられている。このような言葉遊びを通して母語話者は無意識のうちに音韻意識を獲得していくのであろう。

　本研究ではCisero & Royer (1995) が提唱している The developmental-independence hypothesis と The developmental progression hypothesis を参考に，第二言語における音韻意識の発達について探ることを目的としている。

　音韻意識 (Phonological Awareness) に関しては前述したように読み能力との関連について報告している第一言語習得の研究は多いが，第二言語における音韻意識の発達となると研究は少ない。さらに日本語の音韻意識が英語の音韻意識とどのような関係にあるのかを探る研究は始まったばかりである。

研究方法

参加者：東京都内の大学付属の私立幼稚園に通う年長児200名 (男児94名，女児106名) と22名の小学1年生 (男子6名，女子16名) がこの研究に参加した。幼児は全員週1回25分の英語の授業を筆者から受けていた。授業は筆者と幼稚園教諭とのチーム・ティーチングであり，カリキュラムは幼児の生活に合わせて，歌をうたったり，物語を語ったり，絵本を読み聞かせたり，また簡単なアルファベット文字の学習も行った。参加者のうち28％の子どもは，幼稚園の保育または小学校の授業が終わった後に週1回バイリンガルの先生から少人数クラスで英語を学習していた。

手順：1999年から2002年までの4年間にわたり，毎年5月中旬から6月中旬にかけて，週1回25分の幼稚園の保育時間における英語活動の時間を使ってテストを実施した。研究の趣旨や目的を園長および英語活動に関わった幼稚園

教諭に文書を示しながら説明し，研究協力への同意をいただいた。その際参加者の個人情報を厳守し，個人が特定されない形でデータが処理されることも伝えた。テスト実施には本研究者（筆者）と幼稚園教諭，および研究アシスタントと大学生が補助でついた。

英語の音韻・音素意識を測定するタスク（Appendix-3）

英語の音韻・音素意識を測るために以下の3つのテストが用意された。

（1）音素結合テスト

参加者は音素で発音された音を合わせてどちらの英単語を表しているのかを選択する。実際のテストでは，実験者（筆者）は参加者にカエルのマペットをみせながら「このカエルさんはまだ子どもで言葉がよく話せないので，何をいっているのかみんなであててね。」と指示を出した。その後，実験者は単語の音素を個別に読み，参加者は音素をつないで単語を考え，それを表す単語の絵を選んだ。例えば /t//e//n/ といい，10 という数字が書かれている絵と鍵の絵をみせて，「今の音を合わせると key と ten どちらになるかな？」と質問し，子どもたちは解答用紙にある数字の 10 と鍵の絵のどちらかに丸をつけた。

（2）ライムテスト

参加者は実験者が持っている絵と同じ終わり方をしている単語を表す絵を選ぶように指示された。例えば実験者が持っているカード が pan，用意された2つの単語は van と hill で，それを表す絵をホワイトボードにはり，「先生の持っている絵 pan と同じような終わり方をする単語は，van（バンの絵を指す）か hill（岡の絵を指す），どちらかな？選んで丸をしてください」と指示を出し，参加者は解答用紙の適切な絵に丸を付けた。

（3）頭子音テスト

実験者は3つの絵を用意し，その中から1つだけ最初の音が違うものを選ぶように指示を出した。例えば，ホワイトボードに bed, bag, mop の絵をはり，それぞれの絵を指しながら bed, bag, mop と言い，参加者は解答用紙にかかれている3つの絵の中から，初めの音が異なる絵を選び，そこに×印をつけた。

3章　音韻・音素意識とその学習に影響を与える要因について　51

結果と考察

　まずは，3つのテスト結果の記述統計を**表3.1**にまとめた。全体的に項目数が少ないこともあり，全体24項目で信頼度係数が$\alpha = .67$であった。平均点からみると，参加者にとって頭子音テストが一番簡単であり，次にライム，そして一番難しいのが音素結合のテストであった。

表3.1　音素結合，ライムおよび頭子音テストの記述統計

テスト名	人数	項目数	平均	中央値	標準偏差	四分位範囲	尖度	歪度	信頼係数
音素結合	222	8	5.31	5	1.47	2	－ .24	-.32	.24
ライム	222	8	6.15	6.5	1.67	2	－ .96	.52	.59
頭子音	222	8	6.23	7	1.77	3	-1.12	.80	.66
全体	222	24	17.69	18	3.49	5	－ .54	-.08	.67

　また，それぞれの質問項目の困難度を**表3.2**から**表3.4**にまとめている。それぞれのテスト項目の不正解項目には，参加者の音韻・音素意識を多方面から測定するという目的でそれぞれ特定の条件を含む単語を選択した。例えば音素結合テスト1の問題ではtenとkeyの2つの単語には共有されている音素は1つもないが，項目5のbellの不正解答bagは同じ頭子音をもつ。結果は，音素結合テストにおいて最も正解率が低かったのはlake-cake（.49）であり，ライム（/eɪ//k/）が同じなので，頭子音のみが異なるペアだった。また次に正解率

表3.2　音素結合テストにおける項目の困難度

	正解—不正解（distractor）	distractorの条件	困難度（正解率）
1	ten – key	全ての音素が違う	.86
2	cup – cat	頭子音が同じ	.62
3	desk – lamp	全ての音素が違う	.67
4	pig – dog	尾子音が同じ	.71
5	bell – bag	頭子音が同じ	.58
6	lake – cake	ライムが同じ	.49
7	goat – ghost	モーラが同じ	.64
8	drum – dress	頭子音群が同じ	.73
		平均	.66

が低いのは頭子音が共通である bell-bag (.58) と cup-cat (.62) であった。

次にライムテストでは平均困難度から見て，子音結合テストより簡単だったことがわかる。一番正解率が低かった項目 7 の問題では半数にちかい子どもたちが gold-ghost がライムだと考えていた (.57)。gold – cold の /ould/ というライムの共通性より gold – ghost の頭子音と母音のつながり /gou/ の共通性に注意が向いていたと推察する。次に正解率が低かったのは項目 5 で，児童は men-pen ではなく men-red をライムだと誤っていた (.70)。この 2 項目はどちらとも母音が同じであることが共通している。

表 3.3　ライムテストにおける項目の困難度

	正解 — 不正解 (distractor)		distractor の条件	困難度
1	man – van,	man – hill	全ての音素が違う	.83
2	hot – pot,	hot – bike	全ての音素が違う	.91
3	sing – wing,	sing – bag	全ての音素が違う	.85
4	tree – pea,	tree – van	全ての音素が違う	.75
5	men – pen,	men – red	母音が同じ	.70
6	rat – hat,	rat – map	母音が同じ	.75
7	gold – cold,	gold – ghost	頭子音と母音が同じ	.57
8	ball – wall,	ball – bat	頭子音が同じ	.80
			平均	.77

最後に頭子音テストでは，ライムテスト同様全体的に高い正答率を示した。最も正解率が低いのは 項目 8 の wall-wing-mail (.64) であった。これは 2 つの単語の頭子音が同じで，誤答選択肢と 1 つの正解選択肢の尾子音 (coda) が同じという組み合わせであった。次に正解率が低かったのは項目 6 の nut–net–cat (.69) であり，これは全ての単語の尾子音 (coda) が同じだったため，それに引きずられて頭子音の違いが認識できなかったのではないかと考えた。

それぞれのテストは Shapiro-Wilk 検定の結果，正規性が認められなかったので，これらのテストの結果を従属変数，そしてテストの種類を独立変数として Friedman 検定を実施した。その結果，3 つのテストには統計的に違いがあることが判明した ($\chi^2 = 56.750$, $df = 2$, $p < .001$)。その後のペアワイズ検定の結果，音素結合テスト（平均ランク 1.63）とライムテスト（平均ランク 2.14）の間に

表 3.4 頭子音テストにおける項目の困難度

	正解—不正解 (distractor)		distractor の条件	困難度
1	bed, bag	mop	全て異なる	.90
2	dog, desk	rain	全て異なる	.83
3	hat, ham	map	同じ母音	.86
4	goat, ghost	tree	全て異なる	.81
5	shop, sheep	cup	全て尾子音が同じ	.77
6	nut, net	cat	全て尾子音が同じ	.69
7	city, sun	pen	1つの正解と尾子音が同じ	.73
8	wall, wing	mail	1つの正解と尾子音が同じ	.64
			平均	.78

は統計的な有意差があり，音素結合テストと頭子音テスト（平均ランク 2.24）の間にも統計的な有意差があったが，ライムテストと頭子音テストの間には統計的な差はなかった．3つのテストのスコアの箱ひげ図を図 3.2 にのせている．

さらにそれぞれの相関を見るためにスペアマンの順位相関係数を見たところ，音素結合とライムの相関は $r_s = .265$，音素結合と頭子音は $r_s = .154$ そしてライムと頭子音は $r_s = .348$ であった．一番相関係数が高かったのは，ライムと頭子音であった．

信頼係数が低かったので「希薄化の修正 (correction for attenuation)」を行っ

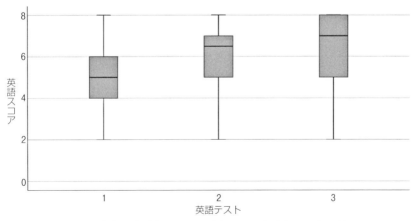

図 3.2　音素結合 (1)，ライム (2)，頭子音 (3) テストの結果

たところ，音素結合とライムの相関は $r_s = .70$，音素結合と頭子音は $r_s = .39$ そしてライムと頭子音は $r_s = .62$ であった。一番相関係数が高かったのは音素結合とライムであった。

表 3.5　それぞれのテストの相関表

	音素結合	ライム	頭子音
音素結合	1.00	.27(.70)	.15(.39)
ライム		1.00	.35(.62)
頭子音			1.00

（　）は希薄化の修正がされた係数

考　察

　以上のことから，日本の5，6歳児の英語学習者は，頭子音テストのスコアが一番高く，次にライムテスト，そして音素結合テストの順番であった。一番成績が良い頭子音と2番目のライムテストの間には統計的に有意差がなかったが，頭子音テストと音素結合テスト，またライムテストと音素結合テストの間には統計的な有意差がみとめられた。音素結合テストは，筆者が発する1音素ずつを合わせて単語を理解するというものであったが，この結果より参加幼児・児童が音素の操作にはまだ慣れていないことがうかがえる。これは，Cisero & Royer (1995) が行った実験結果と呼応し，日本の5，6歳児も英語の音を認識する際，音節内部構造の理解として onset-rime での分節能力の発達が音素認識の発達に先駆けることを示唆し，developmental progression 仮説を支持するものとなった。しかし，Cisero と Royer の研究ではライムの聞き分けが頭子音の聞き分けより得点が高いが，本研究ではその反対であった。統計的な有意差はなかったものの，この違いについては Kim (2007) が言うようにインド・ヨーロッパ言語では onset-rime の分節が特徴的であることが原因かもしれない。日本語には onset-rime という音韻単位は存在しないが，スペイン語には存在し，そのライム認識が言語間転移したのではないかと考える。

　相関係数を見ると頭子音とライムの間には中程度の相関係数が見られた。こ

れは CVC 単語（子音 + 母音 + 子音単語，例 dog）において，頭子音が理解できているということはライムも理解できており，反対にライムが理解できるということは頭子音を理解しているということを示している。また，希薄化の修正を行ったところ最も高い相関係数は音素結合とライムにあり，強い相関が認められた（r_s = .70）。同様に希薄化の修正をかけても頭子音と音素結合にはやや相関がある程度の係数であった（r_s = .39）。この結果は興味深く，ライムを理解する力を獲得すれば音素認識の力を伸ばす可能性が示唆されている。

　本研究の限界として実施したテストの信頼性がある。妥当性については，今まで行われてきた音韻意識を測定するタスクに合わせて開発したので問題はないが，信頼度，特に音素結合テストの信頼度の低さが問題である。ライムテストと頭子音テストの信頼度は低いが，8 項目と少ない項目数の割には適切な係数が出ていたので，問題はないと考える。しかし，音素結合テストに関しては難しかったためか，信頼係数が低いものとなった。また音素結合とライムのテストでは 2 者択一だったため，偶然に正解した場合もあるかもしれない。通常の幼児の様子を考え，また彼らの能力に合わせてテストを開発したが，さらなる工夫が必要である。Cisero と Royer の研究のように音素結合というタスクではなく尾子音の聞き分けタスクのほうが幼児には理解されやすい方法かもしれない。

　本研究では日本人の英語学習者は幼くとも英語の音に対しての音韻意識を有していることがわかった。Onset-rime での分節を測る 2 つのテストでは 77 ％以上の平均正解率であったことから参加者が英語の音節内部構造を理解していると推察する。

　日本語で育った子どもたちは当然日本語の音に対する感覚を身につけている。英語を学習する日本人の子どもたちは，日本語の音に対する感覚に加え英語に対する音の感覚も身につけていくことになる。日本語と英語は，「モーラ言語」と「音節言語」という 2 つの違う言語体系に属しているということは前述したが，これらの言語間の違いがどのように影響しているのかを続けて研究していきたい。

研究 **3.2**	児童と中学生の英語の音韻・音素意識の発達について

　研究 3.1 より，英語を学習している日本の幼児は，phonemic awareness（音素結合テストの結果）に先立ち onset-rime（ライムテストおよび頭子音テストの結果）に対する意識を発達させていることが示唆された。研究 3.2 では日本人学習者の音韻意識についてより詳細に見ていくため，対象学年をあげて検証することとした。また，年齢により音韻・音素意識に変化が見られるかを検証することも目的とした。

　今回の実験は Kirtley et al.（1989）が行ったライム意識と読み能力の発達の関連性を調べた研究を基礎としている。彼らはまず 64 名の 5 歳児を対象に，Opening Sound 判別テスト（Open Oddity テスト）と End Sound 判別テスト（End Oddity テスト），Schonell Reading Test および記憶テストを行った。その結果，子どもたちは単語の最後の音よりも最初の音を聞き分けるテストの成績がよかったこと，また多くの子どもたちが訓練しなくても単語を音素で分節できたことを報告している。

　彼らは，さらに音韻・音素意識の発達とリーディング能力の関連を探るためもう 1 つの研究を行った。研究では 5 歳から 7 歳の子どもたちを対象に，British Picture Vocabulary（語彙力テスト），Schonell Reading テスト（読解力テスト），そして音韻意識を測るために前述した判別テストが実施された。音韻意識を詳しく測定するため，Open Oddity テストと End Oddity テストには 4 つの下位判別テストが作成された。その結果，(1) ある型の音韻意識の発達が他のものと比べ遅れていたこと，(2) 参加者が音韻意識を発達させる上で onset-rime の識別が大きな役割を果たしていたこと，(3) onset-rime の識別に関わらず，読み能力との関連については Open Sound の聞き分け能力より End Sound の聞き分け能力のほうがよりリーディング能力の発達を予測することを報告している。

Kirtley らの研究の主目的はライム意識と読み能力の発達の関連性を探ることであったが，本研究では読み能力との関連性には触れず，彼らの音韻・音素意識の測定方法を参考とし，英語の母語話者が持つ音韻・音素意識と比較しながら，日本人学習者の英語の音韻・音素意識について調査することを目的としている。

研究方法

参加者：参加者は，東京都内の私立中学校に通う 1 年生 94 名（全員女子）と福島県の公立小学校へ通う 6 年生の 131 名の計 225 名である。研究に協力いただいた中学では 1 学期，教科書を使わずフォニックス（文字と音の関連性を意識的に教える教授法）を導入していた。福島からは 2 つの公立小学校から参加いただいたが，両校とも国際理解教育の一環として英語活動を導入していた。1 つの小学校では週 1 回，英語活動が導入されており，学校としても英語活動に力を入れていたが，もう 1 つの小学校では年間 12 回程度英語活動が導入されていただけであった。

手順：研究の趣旨や目的を管理職および英語活動を指導する先生方に文書を示し説明し，研究協力への同意をいただいた。その際，参加者の個人情報を厳守し，個人が特定されない形でデータが処理されることも伝えた。音韻・音素意識を測定するテストを 2003 年 6 月から 7 月にかけて CD とともに各学校に送り，各学級担任および英語教員にテストを実施してもらった。

音韻・音素意識を測るタスク

前述の Kirtley らが使った音韻識別テストを参考にして開発したテストについて説明する。彼らは**表 3.6** のように Opening Sound Oddity テストと End Sound Oddity テストを 4 つの条件に従い，項目を作成した。彼らの研究では人工語（non-word）を読ませる項目も使用され，16 の質問項目が作られた。

表3.6　Kirtley らが使った The Sound Oddity Test の条件

	同じ単語	違う単語	違う要素
Open　Oddity			
条件1	doll, deaf,	can	頭子音，母音，最後の子音全て違う
条件2	doll, dog,	cap	頭子音，母音，最後の子音全て違う
条件3	cap, can,	cot	頭子音は同じ，母音，最後の子音が違う
条件4	can, cap	lad	母音が同じ，頭子音，最後の子音が違う
End　Oddity			
条件1	mop, whip	lead	頭子音，母音，最後の子音全て違う
条件2	top, hop	rail	頭子音，母音，最後の子音全て違う
条件3	lip, tip	hop	最後の子音は同じ，頭子音と母音が違う
条件4	hid, lid	tip	母音が同じ，頭子音，最後の子音が違う

　筆者が行った研究ではKirtley et al. (1989) の使った項目（p.237）を使用したが，"Condition 2 should be easy both in the Opening and in the End Sound tasks, because the two words to be categorized have the same onset in the Opening Sound task and the same rime in the End Sound task." (p.236) と説明されているように条件2は簡単なので，テスト実施の時間を考慮し，この条件を削除して条件1，3，4に合うテスト項目を作成した。

結果と考察

　3つの条件のもと作成された Open Oddity Test と End Oddity Test の記述統計の結果を**表3.7**に報告している。Open 識別テストは全体で，信頼度係数（α = .81），また End 識別テストは信頼度係数（α = .84）であった。幼児を対象としたテストより信頼度が上がり，妥当な係数となっている。平均値を比較すると，End 識別のほうが Open 識別よりも簡単だったことがわかる。

　次に，**表3.8**では Open 判別テストで使用した項目の困難度をまとめている。困難度からみても1型（Open 1）と4型（Open 4）の正答率は高く，3型（Open 3）と比べると参加者にとって簡単だったのがわかる。1型では項目1の can-cop-peg (.44) と項目7の dot-den-lamb (.50) の正解率が低いが，それは (1) /k/ –

3章　音韻・音素意識とその学習に影響を与える要因について　　59

表 3.7　Open Oddity Test と End Oddity Test の記述統計

テスト	人数	項目数	平均	中央値	標準偏差	四分位範囲	尖度	歪度
Open1 型	225	8	5.42	6	2.06	3	- .50	- .76
Open3 型	225	8	4.00	4	1.61	2	.02	- .04
Open4 型	225	8	5.63	7	2.41	4	- .82	- .54
全 Open	225	24	15.05	16	4.70	7	- .63	- .56
End 1 型	225	8	5.88	6	1.96	2	-1.11	.67
End 3 型	225	8	4.83	5	1.78	2	- .22	- .55
End 4 型	225	8	6.27	7	2.01	2	-1.39	1.18
全 End	225	24	16.96	18	4.81	6	- .95	.34

表 3.8　Open 識別テストで使用された各項目の困難度

	同じ単語	違う単語	違う要素		困難度
1 型　違う要素 ― 頭子音，母音，最後の子音全て違う					
1	can, cop	peg	/k/ – /p/		.44
2	light, lap	deck	/l/ – /d/		.79
3	doll, deaf	cot	/d/ – /k/		.70
4	cough, cap	life	/k/ – /l/		.62
5	line, lad	page	/l/ – /p/		.81
6	pain, pet	dog	/p/ – /d/		.74
7	dot, den	lamb	/d/ – /l/		.50
8	pen, pale	cat	/p/ – /k/		.82
				平均	.68
3 型　違う要素 ― 頭子音は同じ，母音，最後の子音が違う					
9	lap, lamb	life	/læ/ – /laɪ/		.34
10	pain, pale	pet	/peɪ/ – /peɪ/		.32
11	cot, cop	cap	/kɑː/ – /kæ/		.59
12	deck, den	dog	/de/ – /dɑː/		.44
13	pen, peg	page	/pe/ – /peɪ/		.41
14	line, light	lad	/laɪ/ – /læ/		.45
15	doll, dog	deaf	/dɑː/ – /de/		.82
16	cat, can	cough	/kæ/ – /kʌ/		.62
				平均	.50
4 型　違う要素 ― 母音が同じ，頭子音，最後の子音が違う					
17	deck, deaf	pen	/d/ – /p/		.61
18	lamb, lap	cat	/l/ – /k/		.60
19	cough, cop	dot	/k/ – /d/		.70
20	pale, page	cane	/p/ – /k/		.74
21	cap, can	lad	/k/ – /d/		.77
22	pet, peg	den	/p/ – /d/		.73
23	light, line	pine	/l/ – /p/		.64
24	doll, dog	cot	/d/ – /k/		.83
				平均	.70

/p/, (7) /d/ - /l/ の音素を聞き分けることが難しいために起こったと予想されたが，(8) /p/ - /k/ (.82), (2) /l/ - /d/ (.79) の正答率が高いため，頭子音の音識別が難しいから正解率が下がったわけではないようである。

3型は全体的に正答率が低いが，項目15のdoll-dog-deaf (.82) は正答率が高い。これは，/(d)ɑː/ -/(d)e/ の聞き分けをしていることになるが，/ɑː/ - /e/ の聞こえ度はさほど変わらないが，他の項目と比べると対比されている母音の差が聞きやすいのかもしれない。

4型については1型同様全体的に正答率が高い。一番正解率が高かった項目は項目24のdoll-dog-cotで/dɑː/ - /kɑː/の対比を聞き分けるものであり，反対に正解率が低かったのは項目18の lamp-lap-cat で /l(æ)/ - /k(æ)/ の聞き分けであった。

平均点からもわかるように正答率のよさは，4型，1型，3型の順番で，これは後述するように英語の母語話者を対象としたKirtleyらの研究の結果と同じものであった。図3.3に3つの型の箱ひげ図をのせている。

次にそれぞれの条件テストの間に統計的な差があるのかを検証した。Shapiro-Wilk検定の結果，正規性が認められなかったので，これらのテストの結果を従属変数，そしてテストの種類を独立変数としてFriedman検定を実施した。その結果，3つのテストには統計的に違いがあることが判明した（χ^2 = 88.097,

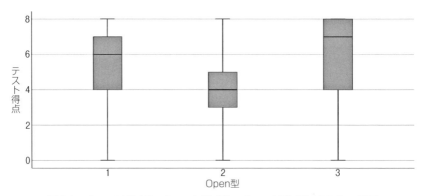

図3.3　Open1型 (1)，Open3型 (2)，Open4型 (3) テストの結果

$df = 2$, $p < .001$)。その後のペアワイズ検定の結果，Open1 型テスト（平均ランク 2.17）と Open3 型テスト（平均ランク 1.52）の間には統計的な有意差（$p < .001$）があり，Open3 型と Open4 型テスト（平均ランク 2.31）の間にも統計的な有意差（$p < .001$）があったが，Open1 型と Open4 型の間には統計的な差は見つからなかった。3 型のスコアが 1 型および 4 型のスコアと比べ統計的に有意に低かった。

次に End 判別テストの困難度をみたが，平均値からすると 4 型，1 型，3 型の順番に得点が下がっている。全体的に正解率が高い 1 型では項目 3 の hid-seed-coal（.51）の正解率が低かった。これは /d/ と /l/ の違いを聞き分ける項目だが日本語にない /l/ という音に不慣れのために正解率が低くなったのだろうか。3 型は全体的に正解率が低いが，これらの項目は全て最後の子音が同じであるため，母音の違いを聞き分けなければいけない。特に項目 14 の beak-leek-rock（.50）と mop-top-whip（.51）の正解率が低かった。最後の 4 型は 1 型同様，全体的に正解率が高いが項目 23 の whip-tip-lid（.57）の正解率が低かった。

Open 判別テスト同様に，End 判別テストに関してもそれぞれの下位テストの間に統計的な差があるのかを検証した。Shapiro-Wilk 検定の結果，正規性が認められなかったので，これらのテストの結果を従属変数，そしてテストの種類を独立変数として Friedman 検定を実施した。その結果，3 つのテストには統計的に違いがあることが判明した（$\chi^2 = 117.861$，$df = 2$，$p < .001$）。その後のペアワイズ検定の結果，1 型テスト（平均ランク 2.13）と 3 型テスト（平均ランク 1.48）の間には統計的な有意差（$p < .001$）があり，3 型と 4 型テスト（平均ランク 2.39）の間にも統計的な有意差（$p < .001$）があった。また，1 型と 4 型の間にも統計的な差（$p = .017$）があった。3 型のスコアが 1 型および 4 型のスコアと比べ統計的に有意に低かったが，1 型と 4 型にも統計的に有意差があった。**図 3.4** に 3 つの型の箱ひげ図をのせている。

さらにそれぞれの相関を見るためにスペアマンの順位相関係数を検証した結果が**表 3.10** である。Open 判別テストの型 3 つの相関（$r = .22 \sim .59$）は End 判別テストの型 3 つ（$r = .43 \sim .57$）と比べると弱い傾向にあった。Open 判別

表 3.9　End 判別テストで使用された各項目の困難度

	同じ単語	違う単語	違う要素	困難度
1型	違う要素 — 頭音，母音，最後の子音全て違う			
1	top, whip	lead	/p/ – /d/	.76
2	week, sock	lip	/k/ – /p/	.70
3	hid, seed	coal	/d/ – /l/	.51
4	tail, hole	rock	/l/ – /k/	.66
5	knock, leek	kid	/k/ – /d/	.82
6	tip, mop	bowl	/p/ – /l/	.80
7	bead, lid	hop	/d/ – /p/	.76
8	rail, nail	beak	/l/ – /k/	.88
			平均	.74
3型	違う要素 — 頭子音と母音が違う			
9	lip, tip	hop	/ɪp/ – /ɑp/	.32
10	sock, knock	week	/ɑ:k/ – /i:k/	.60
11	rail, tail	hole	/eɪl/ – /oul/	.82
12	lead, seed	kid	/i:d/ – /ɪd/	.66
13	coal, bowl	nail	/oul/ – /eɪl/	.69
14	beak, leek	rock	/ik/ – /a:k/	.50
15	mop, top	whip	/ɑ:p/ –/ɪp/	.51
16	hid, lid	bead	/ɪd/-/i:d/	.72
			平均	.60
4型	違う要素 — 頭子音と最後の子音が違う			
17	hid, kid	lip	/d/ – /p/	.76
18	rock, sock	mop	/k/ – /p/	.78
19	lead, bead	week	/d/ – /k/	.84
20	rail, nail	pain	/l/ – /n/	.76
21	bowl, hole	coat	/l/ – /t/	.88
22	beak, leek	seed	/k/ – /d/	.88
23	whip, tip	lid	/p/ – /d/	.57
24	top, hop	knock	/p/ – /k/	.80
			平均	.78

テストで最も強い相関がみられたのは 1 型と 4 型 (r_s = .593) であり，End 判別テストでも 1 型と 4 型 (r_s = .574) であった。

　Open 判別テストでは，3 型は 1，4 型と比べスコアも低く，相関も低かったが，End 判別テストでは 3 型のスコアは低かったものの，1 型および 4 型に対して中程度の相関の強さがあった。3 型は母音を含めての 3 つの単語を聞き分けるため，Open 判別では body-coda 分節，また End 判別では onset-rime 分

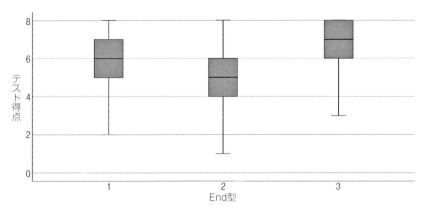

図 3.4 End1 型 (1), End3 型 (2), End4 型 (3) テストの結果

表 3.10 Open 判別および End 判別テストの各型の相関表

	Open1	Open 3	Open 4	End 1	End 3	End 4
Open1 型	1.00	.220	.593	.517	.378	.434
Open3 型		1.00	.269	.277	.251	.288
Open4 型			1.00	.462	.339	.421
End 1 型				1.00	.504	.574
End 3 型					1.00	.429
End 4 型						1.00

節で単語を聞き分けたと考えることもできる。

　Kirtley らは, 英語話者の参加者は onset-rime の意識を発達させているので, 下記のような理由から End 判別テストの 1 型と Open 判別テストの 3 型の成績が悪いと予測した。

Condition 1 ought to be particularly difficult in the End Sound task because the two words to be categorized do not share a common rime. On the other hand this condition should not be difficult in the Opening Sound task because the two words to be categorized have the same onset.

　The other difficult point should be under condition 3. Here the hard task should be the Opening Sound task, because all three words, the odd word included, share the same onset. In contrast the End Sound task should not be particularly difficult under this condition because the two words to be categorized share a rime which is not part of the odd word. (p.235)

彼らは研究結果より上記の仮説に妥当性があると主張し，英語圏の子どもの音韻意識には onset-rime の分節能力の発達が重要な役割を果たすと報告している。

しかし，日本人の被験者を対象に行った本研究は異なる結果を示している。図 3.5 は英語が母語の 7 歳児 (Kirtley らの研究) と本研究の参加者 (日本人 12 歳, 13 歳) の測定値を比較したものである。

Open 判別テストの解答については英語の母語話者と日本人学習者ともに同じパタンを示し，正答率が一番高いのは 4 型 (例：can-cap-lad)，次に 1 型 (例：doll-deaf-can)，そして最後が 3 型 (例：cap-can-cot) であった。Kirtley らの仮説に従い，これらの項目を onset-rime で分節すると 4 型は c/an, c/ap, l/ad, 1 型は d/oll, d/eaf, c/an となる (ここでは / で分節する個所を表している)。これは基本的に最初の音素である onset を抽出していることで，4 型, 1 型ともに

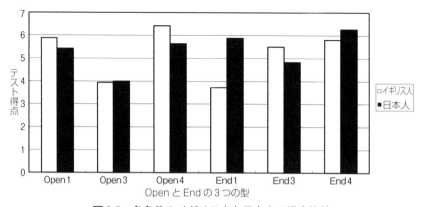

図 3.5　各条件のイギリス人と日本人の児童比較

同じ作業をしていることになり，onset-rime の分節に慣れている英語話者には頭子音の違いを見つけるだけで簡単である。それに比べ３型では c/ap，c/an，c/ot と分節すると，頭子音は全て /k/ と同じであるため，判別は難しいと予想された。結果はその予想どおりであった。日本人学習者も同じような正解率パターンを示した。これは日本人学習者も音節をまずは onset-rime レベルで分節し，それから音素レベルの分節能力を発達させていることを示唆しているのだろうか。そうであるならば，研究 3.1 の結果と呼応する。この問に答える前に End 判別テストの結果について考察したい。

　End 判別テストにおいては，onset-rime の単位で分節する英語の母語話者は４型（例：hid-lid-tip），３型（例：lip-tip-hop），は易しく，１型（例：mop-whip-lead）は難しいと Kirtley らは予想し，結果もその通りとなった。英国児童は，４型を h/id，l/id，t/ip と分節し，３型を l/ip，t/ip，h/op と分節していると考えられる。そうすると基本的にはどちらの型も韻を踏んでいる単語とそうでない単語を聞き分ける能力を判別していることになる。それに対し，１型では m/op，wh/ip，l/ead と区切るため，それぞれの単語には同じライムがなく，それ以下の音素レベルで判別しなければ正解がわからない問題になっている。

　日本人学習者の正答率パターンをみていくと，正答率の高い順に４型，１型，３型になっており，分析をした結果４型および１型と比べ，３型は統計的に有意にスコアが低かった。この結果は何を意味しているのであろうか。本研究者は「日本人学習者は音節の内部構造を onset-rime に分節するのではなく，body-coda で分節するのではないか」という仮説をたてた。つまり，日本人の学習者は hat という１音節を h/at と onset-rime レベルで分節するのではなく，ha/t と頭子音と母音（body）と最後の子音（coda）単位で分節していると考えたわけである。日本語のほとんどは開音節であり，母音までを１つの音単位として考え，例えば ha/t の尾子音 /t/ の後に存在しない母音を入れて（母音挿入：vowel epenthesis）「ハット」と聞いている可能性がある。

　このように考えると，日本人参加者は４型を hi/d，li/d，ti/p と分節し，処理していることになり，最後の音素の聞き分けに集中し，正答率が高くなった

のではないだろうか。今回参加者が聞いたテープでは，通常の会話では聞こえない単語の最終音も，意識して発音してもらった。そのため最終子音（尾子音）の聞き分けは可能であったと推測される。

　同じように body-coda を 1 型に当てはめると to/p, ho/p, rai/l と分節され，参加者は最終音の判別に集中することができ，4 型同様正答率が高くなっている。しかし，この仮説に従い 3 型を考えると li/p, ti/p, ho/p と分節され，最終音だけでは判別がつかないため，それ以外のレベル分節，つまり音節の中心音である母音の識別が必要となったため正答率が下がったと考えられる。

　Body-coda で単語を分節していたのではないかという仮説を Open 判別テストに適応すると，4 型（例：can-cap-lad）の分節は ca/n, ca/p, la/d, 1 型（例：doll-deaf-can）は do/ll, dea/f, ca/n, そして 3 型（例：cap-can-cot）は ca/p, ca/n, co/t と分節されたと考えられる。このように考えると例で示した語の判別は /kæ/ – /læ/（4 型）, /dɑː/ – /de/ – /kæ/（1 型）, /kæ/ – /kɑː/（3 型）と処理されたと解釈できる。そうすると 1 型，4 型に比べ 3 型では母音の違い，つまり音素レベルでの違いを判断することになり，判別が難しくなると考えられる。

　このように小学生が英語の単語を body-coda で分節しているのではなかという仮説は，実際に児童に英語を教えていたとき彼らから出てきた質問からも推察できた。筆者は児童の音韻・音素意識を高めるために次のような活動をよく行う。9 個ぐらいの児童に馴染みのある簡単な単語の絵を用意し，その中で同じ頭子音で始まる単語を見つけるというものである。例えば，bag-bed-mop-bird-bus-dog-butterfly-sun-bear を表す絵をみながら，/b/ で始まる単語の絵に丸をつけるという練習を行う。その際子どもたちは「バ，ビ，ブ，ベ，ボ，で始まることばでしょう。」と質問しながら，解答する場合が多い。これは明らかに英語を聞く時に母語である日本語の音韻単位である，モーラを使い理解しようとしていることを表している。

　さらに参加児童が 1 音節の英単語を聞いて body-coda で分節していると仮定するなら下記のような項目の正解率が低いのは，二重母音の影響によるものと思われる。ここでも母語の認識による影響が見られる。

項目 9	la/p, la/mp, li/fe	/læ/–/laɪ/	どちらとも最初の音を「ラ」と認識
項目 10	pai/n, pal/e, pe/t	/peɪ/–/pe/	どちらとも最初の音を「ペ」と認識
項目 13	pe/n, pe/g, pa/ge	/pe/–/peɪ/	どちらとも最初の音を「ペ」と認識
項目 14	lin/e, ligh/t, la/d	/laɪ/–/læ/	どちらとも最初の音を「ラ」と認識

　これらの不正解選択肢には二重母音が含まれ，英語の二重母音は全体で1つの母音であるが，日本語では1つずつ拍が存在する。例えば，項目9のlife（「ライフ」）のように二重母音 /aɪ/ の最初の音と頭子音が1つになり「ラ」となり，2重母音の残り /ɪ/ が単独に残り「イ」となり，最後のfに母音が挿入されて「フ」となる。こうすると lap, lamp も最初の音は合体して「ラ」となるので，聞き分けは非常に難しくなる。

　以上，本研究からも音節内部構造を分節する際，日本人の児童や生徒は個別の音素を聞き分ける前になんらかの音を認識する単位をもっていることが明らかになった。これは研究 3.1 同様に developmental progression 仮説を支持するものである。

　また，英語の母語話者を参加者とした Kirtley らの研究と比較して，本研究のデータを分析すると，日本人学習者は音素レベルの認識の前に音節を body-coda 単位で分節するのではないかという仮説を検証することができた。

研究 3.3	Development of English Phonological Awareness Among Young Japanese Learners of English

In the past few decades, quite a substantial number of studies have reported the importance of phonological awareness on subsequent vocabulary and reading development (e.g. Wagner & Torgesen, 1987, Sawyer & Fox, 1991, Adams, 1995 for review). Some psychologists have regarded phonological awareness as "one of the major contributions that psychology has made to the pedagogy of reading over the past 25 years" (Stahl, 2002, p.341).

What is phonological awareness?

Phonological awareness has been defined in such terms as "one's awareness of and access to the phonology of one's language" (Wagner & Torgesen, 1987, p.192), "the ability to recognize that a spoken word consists of a sequence of individual sounds" (Ball & Blachman, 1991, p. 51), and "the ability to reflect explicitly on the sound structure of spoken words" (Hatcher, Hulme, & Ellis, 1994, p. 41). Stahl (2002) has suggested two crucial aspects of phonological awareness: first, it deals with spoken words rather than written ones, and second, it involves awareness of intra-syllabic structures of English spoken words—phonemes, onsets, and rimes.

Phonological awareness has been measured by a wide variety of tasks which require children to reflect on and manipulate phonological features of spoken language smaller than the syllable. Adams (1995) classified these tasks into five levels according to the manipulative difficulty. They include examining the abilities to (a) remember familiar rhymes (rhyme songs), (b) recognize and sort patterns of rhyme and alliteration, (c) blend and isolate phonemes in words, (d) segment the words completely, and (e) add, delete, or move phonemes and create real or pseudo-words.

Yopp (1988) examined how cognitive demand on each phonological task influences children's performance by administering ten different phonological tests to 104 kindergartners. She found that most tests were significantly and positively correlated, and the factor analysis indicated that there were two factors affecting test results. One factor was named "simple phonemic awareness factor," which involved the ability to blend, segment, isolate, and count a phoneme and phonemes, while the other factor—"compound phonemic awareness"—related to the ability to hold a sound in memory while manipulating phonemes.

A similar classification of task demands in phonological awareness was suggested by Gombert (1992) and the equivalent for Yopp's " simple phonemic awareness factor" is "epilinguistic" processing, "which is an automatic part of speech processing and does not normally require conscious awareness" (Goswami, 2003, p.112). Gombert called the other processing "metalinguistic" processing, in which children must make implicit or "epilinguisitc" knowledge explicit in order to perform the task.

The Developmental Progression Hypothesis

A number of studies have claimed that children begin to segment words from 'large' units to 'small' units. This idea is called the developmental progression hypothesis. Syllables, the largest unit of sound in a word, are the most recognizable unit and the second and the third levels of phonological awareness are related to the knowledge of intra-syllabic structures. The knowledge of onset-rime distinction was found to be an essential ability of phonological awareness among English speaking children (e.g. Bradley & Bryant, 1985; Stahl and Murray 1994). This distinction was first described as a natural division of monosyllabic words in MacKay (1972) and the term was coined by Halle and Vergnaud (1980). An onset is the initial consonant or consonant cluster while a rime consists of a following vowel and remaining phonemes if there is any. For example, *'d'* is the onset and *'og'* is the rime for *dog*. This onset-rime awareness is often measured by administrating rhyming detection questions, which require children to find rhyming words such as cat, mat, and hat. The final stage is to segment a word into each phoneme, the smallest sound unit, and this is called phonemic awareness.

Examining the hypothesis considering the growth of speech perception from the large unit to the smaller units, Liberman, Shankweiler, Fischer, and Carter (1974) have reported that phoneme segmentation was more difficult than syllable segmentation for young children. Similar results have also been reported by Byrne and Fielding-Barnsley (1989, 1990) and their participants, who averaged age 2 years and 7 months, showed better performance on segmenting syllables than phonemes.

The study of Kirtley, Bryant, Maclean, and Bradley (1989) aimed at clarifying the role of onset-rime distinction in the development of speech perception. By administering tests of phoneme detection under different conditions to 88 school children from age five to seven, they clearly demonstrated that the onset-rime distinction was crucial to the development of children's phonological awareness. Stahl and Murray (1994) have generated 14 tests of five items each, using four phonological tasks with four levels of linguistic complexity. Their tasks were those commonly used for phonological awareness studies: sound blending, isolation, segmentation, and deletion. Linguistic complexity was examined at four different levels by analyzing (a) onsets and rimes (e.g., c-at; the underlined part was analyzed), (b) vowels and codas within rimes (e.g., c a-t), (c) phonemes composing cluster onset (e.g., t-r-ain), and (d) phonemes composing cluster codas (e.g., ne-s-t). They concluded that linguistic complexity across tasks was a better measure of phonological awareness and argued for the importance of developing onset-rime knowledge.

Cross-Linguistic Transfer of Phonological Awareness

Little is yet known about the cross-language transfer of phonological awareness (Dufva & Voeten, 1999; Durgunoglu et. al, 1993). Bruck and Genesee (1995) assessed the phonological awareness of 72 English monolingual and 91 French-Enlgish bilingual children; some of whom were kindergartners and others first graders. Compared to monolingual children, bilingual children showed better performance on onset-rime awareness and there was a statistically significant difference between these two groups. At Grade 1, while the monolingual children had higher phonemic awareness owing to their formal literacy instruction, bilingual children were found to be better at syllable segmentation. This result was interpreted as a second language learning effect, because French has syllable-timed rhythm while English has stress-timed rhythm.

Comeau, Cormier, Grandmaison, and Lacroix (1999) examined 40 first graders, 42 third graders and 40 fifth graders in French immersion classes to investigate whether bilingual children transfer their phonological awareness to another language. The participants took a battery of tests measuring word decoding and phonological awareness ability in English and French, and cognitive ability, speeded naming, and pseudo-word repetition skills in English. The results showed that cross-language transfer occurred for phonological awareness and that phonological awareness in each language plays a strong and significant role in word decoding in each language.

Mann (1986) examined cross-linguistic perspectives on phoneme awareness. She developed a Japanese-language version of syllable- and phoneme-counting tests as well as phoneme- and syllable-deletion materials. Using these tests and other materials with Japanese first to sixth graders, she found that Japanese first graders performed substantially less well than their American counterparts on the tests involving phonemes, although they performed slightly better with tasks that involved syllables. She also reported on the relations between performance on phoneme tasks and instruction in the Roman alphabet. The Japanese participants performed better on phoneme-counting and phoneme-deletion tasks with increasing age, as well as with exposure to the Roman alphabet. These results indicate that experience with the Roman alphabet benefits those who are alphabet naïve.

Cisero and Royer (1995) were interested in examining (a) how phonological awareness develops among Spanish-speaking children learning English, and (b) how their development of Spanish phonological awareness affects that of English phonological awareness. In their first experiment, 22 Spanish speaking children were administered a rhyme detection test, an onset detection test, and final consonant detection test. They found that the children scored the best on the rhyme detection test followed by the onset test and the phoneme tests. In the second experiment, 21 Spanish speaking children and 78 English speaking children were administered the same tests and the results also showed the same order: the rhyme test, the onset detection test, the final consonant detection test, from the best to the worst. Cisero and Royer have claimed that their Spanish speaking participants develop their onset-rime awareness before phonemic awareness and have supported the validity of the developmental progression hypothesis in ESL learners. Additionally, they measured phonological awareness in both languages of the elementary school participants in the second experiment in a five-month interval and found that only the scores of the onset detection test in Spanish predicted this awareness in English, although "the pattern of correlations as a whole suggests that evidence for cross-language transfer could have been found for any of the phonological awareness skills if one had looked at the right skill at the point in the developmental process of skill acquisition" (p. 298).

Phonological features in Japanese and English

Mora is a basic unit for Japanese spoken language, which measures the phonetic and phonological length of Japanese words and utterances. Mora, derived from Latin, was originally used to transcribe the length of syllables in classical western poems and it is defined as a smaller unit than syllables, which can be extracted from a syllable by segmenting syllable to a smaller unit.

The difference between a syllable and a mora in Japanese results from special morae named *chouon* (prolonged sounds), *sokuon* (double consonants), *hatuon* (nasal sound), and the second element of diphthong. All of these special morae never occur in the beginning of a word but carry their sounds as long as an usual independent mora. Since long vowels, as well as diphthongs, generally prolong their sounds twice as long as a short vowel, the word Tokyo, for instance, has two syllables, but four morae, and Osaka has three syllables, but four morae. In the case of sokuon, *kitte* (stamp in English) has two syllables, but three morae and as for hatuon, *shinbun* (newspaper in English) has two syllables, but four morae since the consonant after a vowel possesses the same length of sound as a short vowel.

Mora, therefore, is a basic phonological unit for Japanese spoken words and the length of spoken utterances in Japanese corresponds to the number of morae in them. English, on the contrary, uses syllables for segmenting words and sentences, as do many other languages, since it is very natural that the stream of voice sounds is grouped around vowels as syllable units from the views of speech recognition and production.

In addition to this difference in phonological units, English and Japanese show remarkable differences in their syllabic structures. A syllable, which is a phonetic unit of a vowel and its surrounding consonants, can be categorized into two types, depending on the way it ends. A syllable ending with a vowel (CV) is called an "open syllable" while one ending with a consonant following after a vowel—coda (CVC) is called a "closed syllable." Japanese is a typical open syllable language and the open syllable is the basic syllabic structure. As a matter of fact, there were no closed syllables in Japanese until around the end of 9th century, but now hatuon and sokuon allow it to have closed syllables and their occurrence comprises 10 % of all Japanese syllables. On the contrary, according to Dauer (1983), 56 % of English syllables are closed syllables, showing a notable contrast to Japanese (Kubozono & Ota, 2001).

This research investigates the developmental properties of phonological awareness of young Japanese learners of English, based on the study by Kirtley et al. (1989). It also aims at investigating the extent to which the first language, Japanese in this study, affects phonological progression of the second language.

In their study, Kirtley et al. hypothesized that English-speaking children would find it easier to judge that words end in the same way when they end in the same vowel-consonant (rime) than when they end with the same consonant, according to their onset-rime knowledge. For instance, the pair of *cat* and *fat* will be more easily found to be the same than that of *cat* and *fit*. They also speculated that children found it easier to find a word with a different vowel when all three share the same final consonant than when they share the same opening consonant. If this is true, children should find it easier to find the "odd" one out from the set of *cat*, *sat*, *pit* than that of *cup*, *cut*, *can*.

In addition to examining the impact of Japanese on the development of English phonological awareness, other factors that influence the development of phonological awareness, such as age, out-of-school learning experience, and gender, are also examined.

Method

Participants

A total of 1,586 school aged children, comprised of 771 boys and 815 girls, participated in this research. The children were from public elemenary schools in both an urban and a country area, and a private school. They ranged from the first grade to the sixth grade. **Table 3.11** shows the distribution of the participants from each school.

Table 3.11 Participants in this study

School/ Grade	1	2	3	4	5	6	Total
School A (Male)	9	12		5	17	22	65
School A (Female)	6	12		7	11	11	47
School B (Male)		17	15	6	13	14	65
School B (Female)		13	14	15	10	20	72
School C (Male)	58	40	56	77	61	68	360
School C (Female)	64	57	60	77	67	65	390
School D (Male)			32	54			86
School D (Female)			31	55			86
School E (Male)				51	50	49	150
School E (Female)				56	56	52	164
School F (Male)						13	13
School F (Female)						21	21
School G (Male)						32	32
School G (Female)						35	35
Total	137	151	208	403	285	402	1586

Tasks to measure phonological awareness

Sound Oddity Tasks— The idea of the sound oddity tasks developed by Kirtley et al. was used in this study. Children were required to judge the odd word with three given words under three conditions as follows. Although there were four conditions in the original study, only the tasks in the following three conditions were used in this study due to the limited time for conducting tests.

Condition 1: The judgment should be made on a basis of a single phoneme. No single phoneme is shared except for two initial consonants

for two words in the Open Oddity task and except for two final conso-
nants in the End Oddity task.

Condition 3: All three words begin with the same consonant in the Open
Oddity and end with the same consonant in the End Oddity task.
Since the odd one has a different vowel sound, judgment is made on
the basis of a middle sound.

Condition 4: All three words contain the same vowel sound but only
two words share the same initial consonants in the Open Oddity task
and the same final consonants in the End Oddity task.

Procedure

Letters of research cooperation exaplining the purpose and benefits of
the study were sent to each school, and all tests and procedure sheets were
sent to the schools which returned consent forms. The answer sheets and
the questionnaires of each participant were carefully handled and sensitive
caution was given to take care of their private information.

Results and Discussion

The mean scores of correct answers in each task are shown in **Table
3.12** and the reliability of the Open sound task was $\alpha = .80$ and that of the
End sound task was $\alpha = .84$, which can be considered as an adequate reliabil-
ity for the ages of the participants.

Table 3.12 Descriptive Statistics of Each Condition

Grade Condition	1 $M(sd)$	2 $M(sd)$	3 $M(sd)$	4 $M(sd)$	5 $M(sd)$	6 $M(sd)$
Open 1	3.28(1.84)	4.19(1.92)	4.96(1.97)	5.16(2.00)	5.43(2.16)	5.89(2.05)
Open 3	3.40(1.67)	4.15(1.55)	4.18(1.40)	3.87(1.52)	4.41(1.54)	4.33(1.58)
Open 4	4.04(2.04)	5.55(1.98)	5.21(2.16)	6.03(2.02)	6.44(1.87)	6.35(2.12)
Open Total	10.68(4.56)	13.84(4.02)	14.35(4.18)	15.04(4.33)	16.26(4.39)	16.45(4.63)
End 1	3.82(1.99)	5.33(2.16)	5.92(1.66)	5.84(1.92)	6.54(1.54)	6.45(1.87)
End 3	3.64(1.83)	4.41(1.53)	5.05(1.78)	4.47(1.64)	5.17(1.87)	5.32(2.01)
End 4	4.04(1.89)	5.27(2.14)	6.08(1.86)	6.28(2.04)	6.75(1.64)	6.85(1.88)
End Total	11.46(4.30)	15.01(4.62)	17.01(4.17)	16.60(4.57)	18.45(4.17)	18.34(5.03)

Note: Maximum score is 8. Standard deviation is given in parentheses.

As **Table 3.12** shows, the mean scores of the Open sound task under Condition 3 (Open 3, hereafter) were the worst in all grades except grade 1 and those of End 4 (the End sound task under Condition 4) were the best except grade 2. It also showed that performance of the End sound tasks was superior to that of the Open sound tasks and that performance got better as a whole along with the age.

First Language Effect on the Development of Phonological Awareness

Kirtley et al. (1989) hypothesized that children were expected to perform well on the Open sound task in Condition 1 and the End sound task in Condition 3, but poorly on the Open sound task in Condition 3 and the End sound task in Condition 1, based on their onset-rime knowledge.

They also predicted that both of the Open and the End sound tasks under Condition 4 should be easy because the odd word has a different onset in the Open Sound task and a different rime in the End Sound task from the common words. Their data supported the hypothesis.

But the results of this study indicated that those predictions made on the basis of English-speaking children were not necessarily true for Japanese participants. As **Figure 3.6** shows, the scores of Open 3 were the worst, as was predicted, in all tasks throughout the grades, except for the first graders.

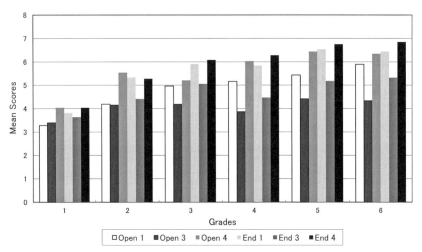

Figure 3.6 **Scores of Each Test in Each Grade**

The high scores of Open 1, Open 4, and End 4 also fit the predictions made by Kirtley et al. Examining those tasks by order—the open sound tasks and the end sound tasks—, however, there appears to be an interesting pattern of correct responses in both orders: the participants found Open 4 the easiest, and Open 1, and finally Open 3 among the three conditions of the open sound tasks, and the same preference was found in the End sound tasks in almost all grades, which clearly contradicts the claim by Kirtley et al. and suggests that Japanese children apply a different manner to segment a syllable from onset-rime knowledge.

The contradicting results in this experiment can be explained by the linguistic interference from a first language. As explained before, Japanese is a typical "open syllable" language, and it is very natural that Japanese children learning English use their Japanese phonological knowledge to perceive and comprehend English sounds. It is speculated that Japanese children segment English words in body (onset + vowel) -coda, instead of by making onset-rime segmentations. For example, instead of mapping a closed syllable like "dog" to the onset-rime unit of d/og, Japanese children segment the word based on an open syllable unit; do/g. **Table 3.13** reports the predicted order of difficulty of each task on the basis of onset-rime segmentation and that of body-coda segmentation.

Table 3.13   Onset-Rime Segmentation and Body-Coda Segmentation

Segmenting Unit	Onset-Rime Segmentation		Body-Coda Segmentation	
Easy Tasks	Open 1	d/oll, d/eaf, c/an	do/ll, dea/f, ca/n	Open 1
	Open 4	c/ap, c/an, l/ad	ca/p, ca/n, la/d	Open 4
	End 3	l/ip, t/ip, h/op	mo/p, whi/p, lea/d	End 1
	End 4	h/id, l/id, t/ip	hi/d, li/d, ti/p	End 4
Difficult Tasks	Open 3	c/ap, c/an, c/ot	ca/p, ca/n, co/t	Open 3
	End 1	m/op, wh/ip, l/ead	li/p, ti/p, ho/p	End 3

Since the results of this study correspond to the prediction based on body-coda segmentation, I suggest that Japanese children in this study used body-coda segmentation to understand and process the sound structure of English words.

Age Effect on the Development of Phonological Awareness

In order to examine an age effect on the development of phonological awareness, a separate analysis was conducted to find how the participants responded to each test.

Condition 1 of Open Oddity Task (Open 1, an easy task for body-coda segmentation)

A Shapiro-Wilk test of normality was conducted to determine if the data of each grade was normally distributed. As a result, the data for each grade were not normally distributed, so a Kruskal-Wallis test was conducted to compare each grade. The results revealed that there was a statistically significant difference of means ($H(5)=186.14$, $p < .001$) among six grades. Pairwise comparison tests showed that the changes occurred more in the lower grades than in the upper grades. **Table 3.14** shows where statistically significant differences occurred.

Table 3.14 Results of pairwise comparison of Open 1 among six grades

	Grade 1	Grade 2	Grade 3	Grade 4	Grade 5	Grade 6
Grade 1	*	✔ ($p = .022$)	✔ ($p < .001$)	✔ ($p < .001$)	✔ ($p < .001$)	✔ ($p < .001$)
Grade 2		*	✔ ($p = .015$)	✔ ($p < .001$)	✔ ($p < .001$)	✔ ($p < .001$)
Grade 3			*	n.s.	n.s.	✔ ($p < .001$)
Grade 4				*	n.s.	✔ ($p < .001$)
Grade 5					*	n.s.
Grade 6						*

(n.s. =not significant)

Grades 1 and 2 were statistically significantly different from the other grades. Their scores were significantly lower than the other grades; 6th grade was also significantly different from other grades and it was significantly better than the other grades.

Condition 3 of Open Oddity Task (Open 3, a difficult task for body-coda segmentation)

According to a Shapiro-Wilk test of normality, the data for each grade were not normally distributed, so a Kruskal-Wallis test was conducted. The results revealed that there was a statistically significant difference of means $(H(5)=56.939,\ p<.001)$ among six grades. According to the pairwise comparison test, first and fourth grade scores were significantly lower than the other grades, while fifth and sixth grade scores appeared to be better than the other grades. **Table 3.15** shows where statistically significant differences occurred.

Table 3.15   Results of pairwise of Open 3 among six grades

	Grade 1	Grade 2	Grade 3	Grade 4	Grade 5	Grade 6
Grade 1	*	✔ ($p < .001$)	✔ ($p < .001$)	n.s.	✔ ($p < .001$)	✔ ($p < .001$)
Grade 2		*	n.s.	n.s.	n.s.	n.s.
Grade 3			*	n.s.	n.s.	n.s.
Grade 4				*	✔ ($p < .001$)	✔ ($p < .001$)
Grade 5					*	n.s.
Grade 6						*

Grade 1 was statistically different from Grades 2, 3, 5, and 6, but not Grade 4. Grade 4 was statistically different from Grades 5 and 6.

Condition 4 of Open Oddity Task (Open 4, an easy task for body-coda segmentation)

The Kruskal-Wallis test was performed because the data were non-normally distributed in the Shapiro-Wilk normality test. The results revealed that there was a statistically significant difference of means $(H(5)=172.079,$ $p<.001)$ among six grades. The results of the pairwise comparison test suggest that there was an improvement after the fourth grade. **Table 3.16** shows where statistically significant differences occurred.

Table 3.16   Results of pairwise of Open 4 among six grades

	Grade 1	Grade 2	Grade 3	Grade 4	Grade 5	Grade 6
Grade 1	*	✔ ($p < .001$)	✔ ($p < .001$)	✔ ($p < .001$)	✔ ($p < .001$)	✔ ($p < .001$)
Grade 2		*	n.s.	n.s.	✔ ($p < .001$)	✔ ($p < .001$)
Grade 3			*	n.s.	✔ ($p < .001$)	✔ ($p = .001$)
Grade 4				*	✔ ($p < .001$)	✔ ($p < .001$)
Grade 5					*	n.s.
Grade 6						*

Grade 1 was statistically significantly different from the other grades. Its score was significantly lower than the other grades. Grades 5 and 6 were also significantly different from the other grades but their scores were significantly better than the other grades and there was not any statistically significant difference between these grades.

Condition 1 of End Oddity Task (End 1, an easy task for body-coda segmentation)

The Kruskal-Wallis test was performed because the data were non-normally distributed in the Shapiro-Wilk normality test. The results revealed that there was a statistically significant difference of means $(H(5) = 195.815, p < .001)$ among six grades. The results of the pairwise comparison test suggest that the fifth and the sixth grade behaved differently from the rest. **Table 3.17** shows where statistically significant differences occurred.

Table 3.17   Results of pairwise of End 1 among six grades

	Grade 1	Grade 2	Grade 3	Grade 4	Grade 5	Grade 6
Grade 1	*	✔ $(p < .001)$	✔ $(p < .001)$	✔ $(p < .001)$	✔ $(p < .001)$	✔ $(p < .001)$
Grade 2		*	n.s.	n.s.	✔ $(p < .001)$	✔ $(p < .001)$
Grade 3			*	n.s.	✔ $(p = .001)$	✔ $(p = .001)$
Grade 4				*	✔ $(p < .001)$	✔ $(p < .001)$
Grade 5					*	n.s.
Grade 6						*

Grade 1 was statistically significantly different from the other grades. Its score was significantly lower than the other grades. Grades 5 and 6 were also significantly different from the other grades but their scores were significantly better than the other grades and there was not any statistically significant difference between these grades.

Condition 3 of End Oddity Task (End 3, a difficult task for body-coda segmentation)

A Shapiro-Wilk test of normality was conducted to determine if the data of each grade was normally distributed. As a result, the data for each grade were not normally distributed, so a Kruskal-Wallis test was conducted to compare each grade. The results revealed that there was a statistically significant difference of means (H(5)=118.622, $p < .001$) among six grades. Pairwise comparison tests showed that there is a difference between third, fifth and sixth grades and the rest. **Table 3.18** shows where statistically significant differences occurred.

Table 3.18 Results of pairwise of End 3 among six grades

	Grade 1	Grade 2	Grade 3	Grade 4	Grade 5	Grade 6
Grade 1	*	✔ ($p = .025$)	✔ ($p < .001$)	✔ ($p = .001$)	✔ ($p < .001$)	✔ ($p < .001$)
Grade 2		*	✔ ($p = .008$)	n.s.	✔ ($p < .001$)	✔ ($p < .001$)
Grade 3			*	✔ ($p = .002$)	n.s.	n.s.
Grade 4				*	✔ ($p = .001$)	✔ ($p = .001$)
Grade 5					*	n.s.
Grade 6						*

With the exception of grades 5 and 6, there were statistically significant differences between one grade and the next.

Condition 4 of End Oddity Task (End 4, an easy task for body-coda segmentation)

The Kruskal-Wallis test was performed because the data were non-normally distributed in the Shapiro-Wilk normality test. The results revealed that there was a statistically significant difference of means (H(5)=240.540, $p < .001$) among six grades. The results of the pairwise comparison test suggest that there was no significant improvement after fourth grade. **Table 3.19** shows where statistically significant differences occurred.

Table 3.19 Results of pairwise of End 4 among six grades

	Grade 1	Grade 2	Grade 3	Grade 4	Grade 5	Grade 6
Grade 1	*	✔ ($p < .001$)	✔ ($p < .001$)	✔ ($p = .001$)	✔ ($p < .001$)	✔ ($p < .001$)
Grade 2		*	✔ ($p = .01$)	✔ ($p < .001$)	✔ ($p < .001$)	✔ ($p < .001$)
Grade 3			*	n.s.	✔ ($p < .001$)	✔ ($p < .001$)
Grade 4				*	n.s.	✔ ($p = .001$)
Grade 5					*	n.s.
Grade 6						*

There were statistically significant differences in all grades except third and fourth, fourth and fifth, and fifth and sixth.

In summary, at first glance, the results of each test did not show a unified pattern in the development of phonological awareness, but when the results were divided according to the difficulty of the tasks based on body-coda segmentation, a pattern was observed. For the easier tasks (Open 1, 4 and End 1, 4), the dominance of the higher grades was more pronounced. Since phonological awareness is a meta-linguistic ability, it is a reasonable result that it improves with age. However, for the more difficult tasks (Open 3 and End 3), no unifying pattern could be extracted.

The Learning Effect on the Development of Phonological Awareness

In order to investigate the effect of English lessons outside of school on the development of phonological awareness, the participants were asked in the questionnaire if they had additional English instruction outside of school. Here, the difference between children with and without out-of-school English learning at each grade level was used as the independent variable, and the total score on each of the Open and End Oddity tests was used as the dependent variable to examine whether out-of-school instruction affected the development of phonological awareness. The results of the analysis are reported below from the younger grade.

Table 3.20 Descriptive Statistics of the first graders by extra English instruction

	N	M	Mdn	sd	IQR	Skewness	Kurtosis
Open Oddity							
With Instruction	69	11.32	11	3.83	4	.015	-.178
Without Instruction	68	10.16	9	4.68	6	.368	-.107
End Oddity							
With Instruction	69	12.66	13	4.51	8	.292	-.415
Without Instruction	68	10.38	10	3.83	4	.508	-.004

Table 3.20 shows the descriptive statistics of the sound oddity test for first-grade students by their English learning experience outside of school. The average score was higher for the children who had taken extracurricular classes. A t-test was performed for the Open Oddity test, for which the data were normally distributed. There was not a statistically significant difference between the two groups ($t = -1.487$, $df = 135$, $p = .139$). For the End Oddity

test, a Mann-Whitney U-test was used because the data were not normally distributed. The results showed that there was a statistically significant difference between the two groups $(Z = 3.175, p = .001)$, but the effect size was small $(r = .27)$.

Table 3.21 Descriptive Statistics of the second graders by extra English instruction

	N	M	Mdn	sd	IQR	$Skewness$	$Kurtosis$
Open Oddity							
With Instruction	51	14.16	14	4.09	7	−.198	−.702
Without Instruction	100	13.75	14	4.04	7	.294	−.756
End Oddity							
With Instruction	51	15.49	17	4.72	7	−.562	−.536
Without Instruction	100	14.79	15.5	4.56	7	−.231	−.574

Table 3.21 shows the descriptive statistics of the sound oddity test for second-grade students by their English learning experience outside of school. The average score was higher for the children who had taken out-of-school English instruction. A Mann-Whitney U-test was conducted for each test because the data were not normally distributed. The results showed that there was not a statistically significant difference between the two groups either in the Open test $(Z = .49, p = .625)$ nor in the End test $(Z = 1.02, p = .308)$.

Table 3.22 Descriptive Statistics of the third graders by extra English instruction

	N	M	Mdn	sd	IQR	$Skewness$	$Kurtosis$
Open Oddity							
With Instruction	60	15.77	15.50	3.53	5	− .389	− .585
Without Instruction	121	13.56	14	4.01	6	.199	− .630
End Oddity							
With Instruction	60	17.77	18.5	4.68	6	−1.325	2.471
Without Instruction	121	16.43	17	4.14	7	− .401	− .372

Table 3.22 shows the descriptive statistics of the sound oddity test for third-grade students by their English learning experience outside of school. The average score was higher for the children who had taken extracurricular classes. A Mann-Whitney U-test was used for each test because the data were not normally distributed. The results showed that there was a statisti-

cally significant difference between the two groups in the Open Oddity test ($Z = 3.565$, $p < .001$) and its effect size was medium ($r = .31$), and in the End Oddity test ($Z = 2.401$, $p = .016$) and its effect size was small ($r = .27$).

Table 3.23　Descriptive Statistics of the fourth graders by extra English instruction

	N	M	Mdn	sd	IQR	$Skewness$	$Kurtosis$
Open Oddity							
With　Instruction	181	15.59	17	4.61	7	- .633	-.403
Without Instruction	214	14.58	15	4.03	6	- .542	-.228
End Oddity							
With　Instruction	181	16.73	18	4.74	7	- .640	-.585
Without Instruction	214	16.53	18	4.44	6	-1.020	-.319

Table 3.23 shows the descriptive statistics of the sound oddity test for fourth-grade students by their English learning experience outside of school. The average score was higher for the children who had taken extracurricular classes. A Mann-Whitney U-test was used for each test because the data were not normally distributed. The results showed that there was a statistically significant difference between the two groups in the Open Oddity test ($Z = 2.777$, $p < .01$) and its effect size was small ($r = .14$). There was not a significant difference between the two groups in the End Oddity test ($p = .362$).

Table 3.24　Descriptive Statistics of the fifth graders by extra English instruction

	N	M	Mdn	sd	IQR	$Skewness$	$Kurtosis$
Open Oddity							
With　Instruction	138	17.65	19	3.94	5	-1.028	.524
Without Instruction	141	14.80	15	4.39	6	- .420	- .713
End Oddity							
With　Instruction	138	19.11	20	3.99	5	-1.305	2.029
Without Instruction	141	17.77	19	4.27	5	- .904	- .322

Table 3.24 shows the descriptive statistics of the sound oddity test for fifth-grade students by their English learning experience outside of school. The average score was higher for the children who had taken extracurricular classes. A Mann-Whitney U-test was used for each test because the data were not normally distributed. The results showed that there was a statisti-

cally significant difference between the two groups in the Open Oddity test ($Z = 5.648$, $p < .001$) and its effect size was medium ($r = .34$), and in the End Oddity test ($Z = 2.849$, $p = .004$) and its effect size was small ($r = .17$)

Table 3.25   Descriptive Statistics of the sixth graders by extra English instruction

	N	M	Mdn	sd	IQR	$Skewness$	$Kurtosis$
Open Oddity							
With Instruction	122	17.71	19	4.24	5	−1.630	3.196
Without Instruction	175	16.72	17	4.19	5	− .985	.289
End Oddity							
With Instruction	122	19.86	21	4.54	5	−2.052	4.631
Without Instruction	175	18.70	20	4.50	5	−1.184	.836

Table 3.25 shows the descriptive statistics of the sound oddity test for sixth-grade students by their English learning experience outside of school. The average score was higher for the children who had taken extracurricular classes. A Mann-Whitney U-test was used for each test because the data were not normally distributed. The results showed that there was a statistically significant difference between the two groups in the Open Oddity test ($Z = 2.417$, $p = .016$) and its effect size was very small ($r = .14$), and in the End Oddity test ($Z = 2.926$, $p = .003$) and its effect size was small ($r = .17$) .

In summary, at all grade levels, the scores of students who took out-of-school English instruction were higher than those of students who did not, and statistically significant differences were found on the Open Oddity test in grades 3, 4, 5, and 6, but not in the lower grades of 1 and 2. For the End Oddity test, statistically significant differences were found between the two groups in grades 1, 3, 5, and 6; but not found in grades 2 and 4. Since there are a variety of teaching methods and materials used in out-of-school English instruction, it is not clear what contributes to the development of phonological awareness, but it can be said that exposure to more English increased students' phonological awareness, and the trend was more pronounced in the upper grades.

The Gender Effect on the Development of Phonological Awareness

In order to investigate the gender effect on the development of phonological awareness, the total score of each of the Open and End Oddity tests was compared by the gender of the participants. The results of the analysis are reported below from the younger grade.

Table 3.26 **Descriptive Statistics of the first graders by their gender**

	N	M	Mdn	sd	IQR	$Skewness$	$Kurtosis$
Open Oddity							
Male	67	10.36	9	4.18	7	.115	-.589
Female	70	11.10	11	4.98	6	.152	-.208
End Oddity							
Male	67	11.07	10	3.96	4	.557	-.303
Female	70	11.93	12	4.64	7	-.189	-.578

Table 3.26 shows the descriptive statistics of the sound oddity tests among the first graders by their gender. The girls' average score was higher than that of boys. A t-test was performed for the Open Oddity test for which the data was found to be normally distributed. There was not a statistically significant difference between boys and girls ($t = -.943$, $df = 135$, $p = .347$). For the End Oddity test, a Mann-Whitney U-test was used because the data were not normally distributed. The results showed that there was not a statistically significant difference between the two groups ($p = .153$).

Table 3.27 **Descriptive Statistics of the second graders by their gender**

	N	M	Mdn	sd	IQR	$Skewness$	$Kurtosis$
Open Oddity							
Male	69	13.45	13	4.19	7	-.065	.511
Female	82	14.26	15	3.92	6	-.425	-.873
End Oddity							
Male	69	14.80	15	5.17	9	-.275	-.737
Female	82	15.22	16	4.11	7	-.350	-.757

Table 3.27 shows the descriptive statistics of the sound oddity tests among the second graders by their gender. The girls' average score was higher than that of boys. A Mann-Whitney U-test was performed for both

3章　音韻・音素意識とその学習に影響を与える要因について　87

sound tests because the data were not normally distributed. The results showed that there was no statistically significant difference between the two groups in either the Open Oddity test (p = .649) or the End Oddity test (p = .221)

Table 3.28　**Descriptive Statistics of the third graders by their gender**

	N	M	Mdn	sd	IQR	$Skewness$	$Kurtosis$
Open Oddity							
Male	103	13.49	14	4.05	5	.186	-.712
Female	105	15.23	15	4.11	6	-.408	-.167
End Oddity							
Male	103	16.23	17	4.78	7	-.534	-.079
Female	105	17.71	18	3.71	6	-.642	.560

Table 3.28 shows the descriptive statistics of the sound oddity tests among the third graders by their gender. The girls' average score was higher than that of boys. A t-test was performed for the Open Oddity test for which the data was found to be normally distributed. There was a statistically significant difference between boys and girls (t = -3.0793, df = 206, p = .002) with a small effect size (d = .43). For the End Oddity test, a Mann-Whitney U-test was used because the data was not normally distributed. The results showed that there was a statistically significant difference between the two groups (Z = 2.12, p = .034) with a small effect size (r = .15).

Table 3.29　**Descriptive Statistics of the fourth graders by their gender**

	N	M	Mdn	sd	IQR	$Skewness$	$Kurtosis$
Open Oddity							
Male	193	14.49	15	4.54	7	- .468	-.367
Female	210	15.54	16	4.10	6	- .619	-.355
End Oddity							
Male	193	15.86	17	4.91	8	- .574	-.701
Female	210	17.23	18	4.10	5	-1.038	.622

Table 3.29 shows the descriptive statistics of the sound oddity tests among the fourth graders by their gender. The girls' average score was higher than that of boys. A Mann-Whitney U-test was performed for both

sound tests because the data was not normally distributed. The results showed that there was a statistically significant difference between the two groups in both the Open Oddity test ($Z = 2.38$, $p = .017$) with a small effect size ($r = .12$) and the End Oddity test ($Z = 2.706$, $p = .007$) with a small effect size ($r = .14$).

Table 3.30   Descriptive Statistics of the fifth graders by their gender

	N	M	Mdn	sd	IQR	$Skewness$	$Kurtosis$
Open Oddity							
Male	141	15.74	16	4.45	7	- .612	- .493
Female	144	16.77	17.5	4.28	5	- .749	- .210
End Oddity							
Male	141	18.19	19	4.36	5	- .954	.672
Female	144	18.72	20	3.95	5	-1.206	1.336

Table 3.30 shows the descriptive statistics of the sound oddity tests among the fifth graders by their gender. The girls' average score was higher than that of boys. A Mann-Whitney U-test was performed for both sound tests because the data was not normally distributed. The results showed that there was a statistically significant difference between the two groups in the Open Oddity test ($Z = 2.00$, $p = .045$) with a small effect size ($r = .12$), but not in the End Oddity test ($p = .352$).

Table 3.31   Descriptive Statistics of the sixth graders by their gender

	N	M	Mdn	sd	IQR	$Skewness$	$Kurtosis$
Open Oddity							
Male	198	16.15	17	4.57	5	- .840	- .05
Female	204	16.88	18	4.77	5	-1.249	1.157
End Oddity							
Male	198	18.04	19	5.00	6	-1.123	.656
Female	204	19.14	21	4.81	6	-1.720	3.014

Table 3.31 shows the descriptive statistics of the sound oddity tests among the sixth graders by their gender. The girls' average score was higher than that of boys. A Mann-Whitney U-test was performed for both sound tests because the data was not normally distributed. The results showed

3章　音韻・音素意識とその学習に影響を与える要因について　89

that there was a statistically significant difference between the two groups in both the Open Oddity test ($Z = 2.048$, $p = .041$) with a very small effect size ($r = .10$) and the End Oddity test ($Z = 2.683$, $p = .007$) with a very small effect size ($r = .13$).

Overall, the girls scored higher than the boys on the Open and End Oddity tests. Statistically, there were no significant differences between girls and boys in grades 1 and 2. In grades 3 and above, statistically significant differences were found in the Open Oddity test and the End Oddity tests except the 5th graders, proving the advantage of girls in their phonological awareness.

Summary

This study examined the phonological awareness of Japanese elementary school children learning English in relation to age, gender, and out-of-school English learning experience. The response patterns for the Open and End Oddity tests shown in **Figure 3.6** indicate that children at all grade levels segmented monosyllabic words by a body-coda unit rather than an onset-rime unit. This suggests that the participants in this study were attempting to use mora knowledge to understand the intra-syllabic structure of mono-syllabic English words. This finding supports the developmental progression hypothesis.

Regarding the effect of age on phonological development, scores generally increased with grade level. Since phonological awareness is a meta-linguistic skill, it becomes more solid with age. One pattern was observed depending on the difficulty of the tasks based on body-coda segmentation. For the easier tasks (Open 1, 4 and End 1, 4), the dominance of the higher grades was more pronounced. However, for the more difficult tasks (Open 3 and End 3), no uni-fying pattern could be extracted. This suggests that a factor other than cog-nitive maturity is involved in the develoment of phonological awareness in addition to body-coda segmentation.

Next, the amount of exposure to English was investigated as one factor that may influence the development of phonological awareness. The results showed that children who had out-of-school English instruction had higher scores in both the Open and End Oddity tests than those who did not. Statistically significant differences were found between these two groups on the Open Oddity test in grades 3, 4, 5, and 6 and on the End Oddity test in grades 1, 3, 5, and 6. The more exposure to English affects the development of students' phonological awareness, and the tendency was more pronounced in the upper grades.

Finally, gender effects were also found in phonological development. Female students' dominance was found in the third grade and above, but not in the lower grades.

This study has a few limitations. Although age was found to influence the development of phonological awareness, this was not a longitudinal study, but a cross-sectional study, so the data could not accurately reflect the individual development. Another limitation is with regard to the quality and quantity of phonological awareness measures. Phonemic awareness should also be measured in other ways, such as phoneme blending, segmentation, and deletion.

Despite these limitations, this study provides pedagogical implications for the development of English phonological awareness among young Japanese learners of English. First, the ability to segment the sounds of English words develops with age. Gender and exposure to the language also affect the development of phonological awareness. Phonological awareness develops in the first language and may transfer to a second language. Thus, the participants appeared to segment English words by body-coda segmentation. Teachers can help students develop an awareness of the sound structure of English words by teaching onset-rime segmentation.

3章　音韻・音素意識とその学習に影響を与える要因について　91

研究 3.4	Cross-Linguistic Transfer of Phonological Awareness from Japanese to English

Written language originated as a second-order system to represent spoken language. L1 researchers in English speaking countries have been actively investigating the relationship between children's awareness of spoken words and subsequent reading development over half a century (see Wagner & Torgesen, 1987; Sawyer & Fox, 1991; Stahl & Murray, 1994 for a review of this research). Dozens of cross-sectional correlational studies have reported that there is a positive relationship between phonological awareness and the early stage of literacy acquisition (Calfee, Lindamood & Lindamood, 1973; Nation & Hulme, 1997; Stage & Wagner, 1992; Tunmer & Nesdale, 1985). Other researchers have conducted longitudinal studies to examine connections between phonological awareness and literacy development by comparing phonological abilities measured before the onset of literacy and the subsequent reading ability (Bradley & Bryant, 1985; Fox & Routh, 1976; Lundberg, Olofsson, & Wall, 1980; Tornéus, 1984; Wagner, Torgesen, & Rashotte 1994; Wagner, Torgesen, Rashotte, Hecht, Barker, Burgess, Donahue, & Garon, 1997). Despite the variety of the tasks used in each study for measuring phonological awareness, the previous studies lend support to the claim that there is a powerful causal relationship between phonological awareness and subsequent reading and spelling development. Most of the phonological awareness research to date has been conducted under studies examining how it relates to subsequent reading development. The present study, however, focuses on exploring the phonological awareness of L1 and L2. It considers two aspects of L2 phonological awareness; its relationship to L1 (Japanese in this study) phonological awareness and that to intelligence, including memory.

How Can We Measure Phonological Awareness?

The inherent nature of phonological awareness makes it difficult to measure. But without careful task examination, the validity of any empirical findings will remain unclear. Adams (1995) defined five levels of difficulty among various phonemic tasks used in studies. The tasks include examining the abilities to: (a) remember familiar rhymes, (b) recognize and sort patterns of rhyme and alliteration in words, (c) blend and isolate phonemes in words, (d) segment the words completely, and (e) add, delete, or move phonemes and create real words or pseudo-words.

Concerning the establishment of the validity of various tasks of measuring phonological awareness, Yopp (1988) examined the reliability and difficulty of 10 different kinds of phonological tasks by administrating these tests to 104 kindergartners. The ten phonological tasks were (a) Auditory discriminant test, (b) Phoneme blending test, (c) Phoneme counting test, (d) Phoneme deletion test-I, (e) Phoneme deletion test-II, (f) Rhyming test, (g) Phoneme segmentation test-I, (h) Phoneme segmentation-II, (i) Sound isolation test, (j) Word-to-word matching test. Yopp found that most tests were significantly and positively correlated and that phonemic blending tasks were easier than phonemic deletion tasks. The reliabilities of the tests were adequately high except for the word-to-word matching test, in which the subjects were required to identify whether two words shared the same phoneme in an initial, middle, and final position. Using factor analysis, Yopp found two factors among these tasks that influenced test results. She named one a "simple phonemic awareness factor" which involves the ability to blend, segment, isolate, and count a phoneme and phonemes. The other was called "compound phonemic awareness." This factor relates to the ability to hold a sound in memory while manipulating phonemes. Rhyming ability and the auditory discriminant ability were involved minimally in these factors. Rhyme ability was found to tap a different latent ability than other kinds of phonemic awareness. She suggested that researchers should combine two tests, with one related to each factor, to gain greater predictive validity of early reading acquisition.

The knowledge of onset-rime distinction—intra-syllabic unit—was found to be an essential ability of children's phonological awareness in some studies (e. g., Bradley & Bryant, 1985; Stahl and Murray 1994). This distinction was first described as a natural division of monosyllabic words in MacKay (1972) and the term was coined by Halle and Vergnaud (1980). Kirtley, Bryant, MacLean, and Bradley (1989) defined the onset-rime distinction as follows: "the onset consists of the opening consonant or consonant clusters and the rime of the following vowel and end consonant if there is one" (p. 226).

The importance of onset-rime distinction knowledge on vocabulary acquisition was reported in Goswami (1991). Results from two experiments— one with a training in initial consonant clusters (e.g., trim-trap), and the other with training on rime (e.g., wink-pink) —led her to suggest that onset-rime knowledge plays a role in learning spelling sequences in reading. The results, therefore, suggest that learning to read words is not merely visual processing, but that it also reflects phonological awareness.

What is Phonological Awareness?

McBride-Chang (1995) has hypothesized that phonological awareness is composed of three essential components shared by all phonological awareness tasks used in most studies in this field. They are general cognitive ability, verbal short-term memory, and speech perception. She administrated multiple tests and tasks for measuring these abilities to 136 third and fourth graders. Four sub-tests of the Wechsler Intelligence Scale for Children III (WISC III) were used for measuring the children's IQ. They were Picture Completion, Similarities, Block Design, and Vocabulary. In order to measure speech perception, three tasks were prepared. The children were required to identify a speech stimuli coming from a computer. In addition to using the Digit Span test of WISC III, three tasks were designed to measure verbal short-term memory. They measured memory for (a) words, (b) rhyming words, and (c) non-rhyming one-syllable nonsense words. Finally, phonological awareness was measured by tasks of phoneme deletion, phoneme segmentation, and a test of position analysis.

Structural equation modeling was used to test McBride-Chang's hypothesis that phonological awareness consists of at least three abilities (**Figure 3.7**). The results of the analysis show that "all three component constructs contributed unique variance to the phonological awareness construct. The standardized regression coefficients were .40 for IQ, .34 for memory, and .36 for speech perception. Together they explained 60 % of the variance in the phonological awareness construct" (p. 185).

Besides this study, several studies have reported on the relationship

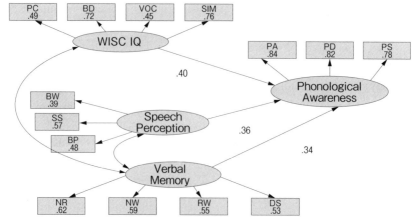

Figure 3.7 Predicting phonological awareness from cognitive ability, speech perception, and verbal short-term memory (McBride-Chang, p. 184)

(BD = WISC Block Design BP =bath-path speech task; BW = ba-wa speech task; DS = WISC Digit Span; NR = memory for nonrhyming words; NW = memory for nonwords; PA = position analysis; PC= WISK Picture Completion; PD = phoneme deletion; PS = phoneme segmentation; RW = memory for rhyming words; SIM = Wisk Similarities; SS = slit-split speech task; VOC = Visk Vocabulary)

between cognitive ability and phonological awareness and the importance of short-term memory in phonological awareness (e.g., Wagner, Togesen, Laughon, Simmons, & Rashotte, 1993; Bradley & Bryant, 1985).

Cross-Language Transfer of Phonological Awareness

As mentioned in Research 3.3, Bruck and Genesee (1995) assessed the phonological awareness of 72 English monolingual children and 91 English-French bilingual children when they were in kindergarten and in Grade 1. All items used in their 10 phonological tasks were non-words that were drawn up on the basis of English phonological rules. From the kindergarten data, significant difference was found in onset-rime awareness, in which bilingual children showed their superiority. At Grade 1, the monolingual children had higher phonemic awareness, which the researchers explained as a reflection of formal literacy instruction. On the other hand, bilingual children were found to be better at syllable segmentation. This result was interpreted as a second language learning effect, because French has syllable-timed rhythm while English has stress-timed rhythm.

Mann (1986) examined cross-linguistic transfer of phonological awareness in Japanese elementary school children. She reported that the Japanese participants performed better on phoneme-counting and phoneme-deletion tasks with increasing age and exposure to the Roman alphabet. In examining Japanese children and American children who could count and delete phonemes, Mann (1991) suggested that "an alphabet might not be the sole determinant of phoneme awareness" (p. 203). Learning any type of phonological orthography may benefit learners by improving their awareness of phonemes.

STUDY 1

The results of two related studies are presented here to examine cross-linguistic transfer of phonological awareness. Study 1 investigates the relationship between the phonological awareness of the first language and the foreign language in Japanese young learners of English, while Study 2 incorporates intelligence into the model and examines how these three variables relate to each other.

Method

Participants

A total of 200 five-year-olds and 22 six-year-olds, consisting of 100 boys and 122 girls, took part in the first study and also participated in Research 3.1. Sixty-two percent of the participants in the study were from a private kindergarten where the researcher worked as an English teacher. Twenty-eight percent of the participants in the first study attended the same kindergarten and also attended the same language center where they were taught English once a week for one hour in a small group, with an average of group of five or six children in a class. The remaining 10 percent were all the first graders who finished the above-mentioned kindergarten and came to the same language center to learn English.

The research has been conducted in May and June each year from 1999 to 2002 in the same procedure and using the same instruments. **Table 3.32** shows the accumulation of four years' data.

Table 3.32 Participants in the First Study

	Boys	Girls	Total
K (without EI)	62	76	138
K (with EI)	32	30	62
G 1 (with EI)	6	16	22
Total	100	122	222

(EI stands for out-of-school English instruction at a language center)

Procedure

All the kindergartners in the first study completed tasks measuring phonological awareness of Japanese and then those of English in two of the researcher's English classes at the kindergarten in which 30 five-year-old children learned English for 25 minutes, once a week. The main examiner was the researcher and sub-examiners were her assistant teachers, under-graduate students, and kindergarten teachers. While the children took tests each week as a group, these helpers answered questions from the children regarding pictures in the tests and administrated the tests smoothly. Several thorough discussions were held with a kindergarten principal and teachers to clarify the purpose of the study and its benefits. Permission to conduct the study there was obtained from the kindergarten principal.

Instruments and Tasks

All of the phonological awareness tasks used in the first study are presented below, and the participants were administered as a group either in their kindergarten or in the language center.

Japanese Phonological Awareness Measurement. (Appendix-4) Three tests were administered to measure their Japanese phonological awareness. All the items in these three tasks were described in a picture and the child was asked to choose appropriate pictures without sound stimuli; thus, the child was given the help to identify the pictures and items were pronounced if the child could not recognize the picture. Some of these items were taken from the Reading Readiness Test (Youji/Jidou Dokushoryoku Test, 1996), drawn by the Educational Research Center for Young children, published by Kaneko Shobou. In the first task, named "Mora Counting Test," a child was asked to choose all pictures which had the same number of morae as the stimuli. Some stimuli consisted of ordinary syllables such as *koma* (meaning "top", two morae) or *kaeru* (meaning "frog", three morae), but others included special morae such as sokuon (double consonants) , hatuon (syllabic nasals), or youon (contracted sounds) like *kirin* (meaning "giraffe", three morae), *kitte* (meaning "stamp", three morae), or kisha (meaning "train", two morae). There were 20 trials. The test had an alpha reliability of .86.

A test of detecting an initial sound, named "Initial Mora Test" was also conducted. A child was asked to choose all pictures which began with the same mora as the stimuli. Children needed to choose a picture of *kani* (meaning "crab", starting with "ka") when the given stimulus was *kame* (meaning "turtle"). There were 24 trials. The test had an alpha reliability of .93.

Finally, an original test of detecting a final sound, named "Final Mora Test" was administrated. In this case, a child was asked to choose all pictures which ended with the same mora as the stimuli. Children needed to choose a picture of *kaba* (meaning "hippopotamus", ending with "ba") when they saw the stimulus, *roba* (meaning "donkey"). There were 24 trials. The test had an alpha reliability of .88.

English Phonological Awareness Measurement. (Appendix-3)　Three tests were administered to the participants to measure their English phonological awareness. All the items in these three tasks were also described in a picture and the child was asked to choose an appropriate picture after listening to auditory stimuli. As in the Japanese tasks, the child was given help to identify the pictures and items were pronounced if the child could not recognize the picture. First, the children were asked to detect the same initial phonemes of the words. The researcher presented three pictures and said, "There is only one word starting with a different sound. Listen to me well and find the odd one. 'bed, bag, mop'." The children were supposed to cross out the picture of the odd one (mop in this example) in their answer sheet. Thus, they were asked to find a pair of alliterated words in eight trials. The test had an alpha reliability of .66.

A test of rhyming word recognition was also administered. The researcher held a picture and stood in front of a white board where two pictures were already posted. The researcher said to the participants, "I have a picture of a 'man'. (then, pointing to the two pictures on the board) Which one has the same ending sounds? Man (pointing to the picture in her hand), 'van' (pointing to the picture on the board) or 'man' (again pointing to the picture in her hand), 'hill' (pointing to the other picture on the board). Circle a picture which has the same ending sounds in your paper." The children were asked to choose a correct picture of eight rhyming words. The test had an alpha reliability of .59.

Finally, the test named "Phoneme blending Test" was conducted. The researcher brought a frog muppet and told the children, "this little froggy can't speak well, because he is still very little, like you. Can you understand what he said? Listen. (moving a puppet's mouth and saying) /t/ /e/ /n/. Did he say ten or key?" In this manner, the children were asked to choose the right picture of eight trials. The test had an alpha reliability of .24.

Results

Descriptive statistics for all tasks are presented in **Table 3.33**. The Japanese measures as a whole are more homogeneous than the English measures, and they are rather normally distributed. Due to the limited time for test administration and short attention span of the participants, the number of the test items for measuring English phonological awareness was limited, resulting in low reliabilities. By applying the Spearman- Brown Prophecy Formula, the reliability of .80 could be obtained by adding 13 homogeneous items to the Blending test, 3 more to the Rhyming test, and 2 more to the Alliteration test.

Table 3.33 Descriptive Statistics of each test in Study 1

Test	N	k	M	sd	Skewness	Kurtosis	Alpha
Blend	222	8	5.31	1.47	– .24	–.32	.24
Rhyme	222	8	6.15	1.67	– .96	.52	.59
Alliteration	222	8	6.23	1.77	–1.12	.80	.66
Mora Count	222	20	17.04	3.47	–1.58	2.22	.86
Initial Mora	222	24	20.33	5.28	–1.75	2.76	.93
Final Mora	222	24	19.36	4.73	–1.14	1.05	.88

Correlations among these variables are given in **Table 3.34**. The numbers in the parentheses show the correction for attenuation. Correction for attenuation measures the disattenuated correlation of three English phonological tests and all the remaining variables. While the three tests measuring Japanese phonological awareness show moderate correlation with each other ($r = .40 \sim .54$), the tests measuring English phonological awareness show weak correlation ($r = .15 \sim .35$).

Table 3.34 Correlation Matrix of Six Variables (n = 222)

	Blend		Rhyme		Alliteration		Count	Initial Mora	Final M.
1. Blend	1.00								
2. Rhyme	.25**	(.66)	1.00						
3. Alliteration	.15*	(.15)	.35**	(.56)	1.00				
4. Count	.04	(.09)	.22**	(.31)	.22**	(.29)	1.00		
5. Initial Mora	.18	(.38)	.27**	(.36)	.13	(.17)	.42**	1.00	
6. Final Mora	.16*	(.35)	.34**	(.47)	.18**	(.24)	.40**	.54**	1.00

The hypothesis that cross-linguistic transfer in phonological awareness occurs from Japanese (L1) to English (L2) was tested with structural equation modeling. The model is shown in **Figure 3.8**.

As Schumacker and Lomax (1996) define it, "The structural equation model specifies the direct and indirect relationships among the latent variables and is used to describe the amount of explained and unexplained variance." (p.50).

Factor loadings of individual tests on their respective constructs are indicated in the boxes. The blending test had the lowest loading (.34) on the English phonological measurements; the rhyme test had the highest on this

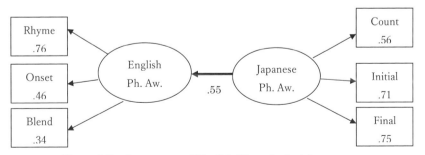

Figure 3.8 Japanese and English Phonological Awareness

construct (.76). Likewise, the mora count test had the lowest loading (.56) while the final mora test had the highest (.75) on Japanese phonological measurements.

This model had a chi-square value of 8.43, with 8 degrees of freedom (p = .392). This implies that the observed and estimated matrices are not statistically different and that the data fit the model. Another model fit index, calculated by the square root of the mean squared differences between matrix elements in S and Σ, Root-Mean-Square Error of Approximation (RMSEA) was .016 and also indicates good model fit. Another index of model comparison, Comparative Fit Index, was .93. All of these indices represent acceptable to good fit of the model to the data. The standardized regression coefficient was .55 for Japanese and 30 % of the variance in English phonological awareness was explained in the model.

Discussion

The nature of L2 phonological awareness was explored in this study. The hypothesis that linguistic transfer of phonological awareness occurs from L1 (Japanese) to L2 (English) was tested with structural equation modeling. Thirty percent of the variance in L2 phonological awareness could be explained by L1 phonological awareness. This study is the first to attempt to examine the relationship between L1 and L2 phonological awareness using structural equation modeling. The advantage of this statistical procedure is that it allows one to "group some measures on the basis of theory to enable a factorial test of latent constructs." (McBride- Chang, 1995, p.186).

Detecting initial mora and final mora had high loadings, while counting morae had moderate loadings. Likewise, rhyme had high loading while alliteration and blending phonemes had low loadings. It is interesting that understanding the final sounds of the words in both languages had the higher loading in the phonological awareness of each language. Is this because we are naturally responding to the boundary of sounds when segmenting sentences into a word level?

STUDY 2

The relationship between Japanese phonological awareness and English phonological awareness in five- and six-year-old Japanese learners of English was examined in Study 1. Another important factor, intelligence, is examined in Study 2, focusing on how it contributes to L2 phonological awareness, as explored by McBride-Chang (1995).

Method

Participants

A total of 115 five-year-olds and 22 six-year-olds, comprised of 59 boys and 78 girls in the first study also participated in the second study. Eighty-four participants in the first study and eighty-one participants in the second study attended a language center where they were taught English once a week for an hour.

The research has been conducted in May and June each year from 1999 to 2002. **Table 3.35** shows the accumulation of four years' data.

Table 3.35　Participants in the Second Study

	Boys	Girls	Total
K (without EI)	22	34	56
K (with EI)	31	28	59
G 1 (with EI)	6	16	22
Total	59	78	137

Procedure

All the participants in the second study took home permission slips and letters explaining the purpose and benefits of the study and requesting participation. All who returned the consent were tested individually at the language center. The examiners were the researcher, a research assistant, and a graduate student, and they took a few hours of training to conduct an intelligent test.

Instruments and Tasks

All the participants in the second study took the following test individually in a small room at the language center. It was administered by the researcher, the research assistant, or an undergraduate student.

Japanese Wechsler Preschool and Primary Scale of Intelligence (Japanese WPPSI by Nihon Bunka Kagakusha, 1969). Four subtests of the WPPSI were administered, based on the study by McBride-Chang (1995). Two subtests from measuring verbal intelligence were *Vocabulary* and *Similarities*, while *Picture Completion*, and *Block Design* were taken from performance tests measuring intelligence without verbal interactions. First, the children were asked to define 22 words such as a cap, a nail, and a microscope, in Japanese. The alpha reliability of this subtest was .81.

Then, they were asked to explain the missing part of a picture, such as of a fox missing one of its ears, or of a woman without a mouth. A full score was given to a child when he or she pointed to the missing part of the pictures without verbal communication. The alpha reliability of this subtest was .74.

After this, the children were asked to explain the similarities of two things such as bananas and apples, or beer and sake (Japanese wine). The alpha reliability of this subtest was .74.

Finally, as another instrument to measure their non-verbal intelligence, mainly spatial intelligence, each child was asked to arrange some blocks to make the same design as the examiner showed, with and without her model, within a limited time. The alpha reliability of this subtest was .58.

Japanese Segmentation Task. The participants in the second study were asked to pick up the first sound (mora) of "hakari (scale), the second sound of "mokkin (xylophone)" and the third sound of "baiolin (violin)". Their ability to segment Japanese words was measured. There were only three trials and the alpha reliability was .32.

Short-term Memory. Five question items were taken from *the Tanaka-Binet Intelligence Scale* to measure auditory sequential memory. The participants were asked to repeat the sequence of numbers after the examiner. There were only five trials and the alpha reliability was .42.

3章 音韻・音素意識とその学習に影響を与える要因について 103

Results

Descriptive statistics for all tasks are presented in **Table 3.36**. As we know, the number of items greatly affects reliability; that is, reliability increases as items are added to the test. By applying the Spearman- Brown Prophecy Formula, the number of items needed to obtain a reliability of .80 was estimated. The desirable reliability will be obtained if the number of the items written in the parenthesis is added to the original tests.

Table 3.36 Descriptive Statistics and Reliability (n = 137)

Test	k	M	sd	Mini.	Max.	reliability
Blend	8	5.32	1.43	2	8	.17 (20)
Rhyme	8	6.18	1.74	1	8	.63 (2)
Alliteration	8	6.20	1.78	0	8	.65 (2)
Mora Count	20	17.15	3.30	6	20	.85
Initial Mora	24	20.45	5.45	0	24	.94
Final Mora	24	19.31	4.81	1	24	.89
Mora Seg	3	1.82	.79	0	3	.32 (9)
Number M.	5	4.62	.78	0	5	.42 (6)
VoC. (IQ)	44	18.48	6.52	0	38	.81
Simi. (IQ)	22	12.61	4.57	0	21	.78 (1)
Pic. (IQ)	23	15.82	3.43	8	22	.74 (1)
Block (IQ)	20	17.91	2.03	10	20	.58 (3)

Correlations among these variables are given in **Table 3.37**. The numbers in the parentheses show the correction for attenuation. Correction for attenuation measures the disattenuated correlation of three English phonological tests, segmentation in Japanese words, numeral memory, and Block in the intelligence measurements, and all the remaining variables.

Instruments measuring intelligence, variables 9, 10, 11, 12, have weak correlation coefficients with those measuring English phonological awareness, variables 1,2,3, ($r = -.02 \sim .33$), and the ones measuring Japanese phonological awareness ($r = -.16 \sim .49$). Exploring a little more about the relationship between English phonological awareness and intelligence, we see that the measurement of blending phonemes shows the strongest correlation with verbal intelligence (*Vocabulary* and *Similarities*), while alliteration measurement has highest correlation coefficients with non-verbal intelligence.

Table 3.37 Correlation Matrix of 15 Variables (n = 137)

	Blend	Rhyme	Alliteration	Count
1. Blend	1.00			
2. Rhyme	.22 (.67)	1.00		
3. Alliteration	.15 (.45)	.39 (.61)	1.00	
4. Count	-.02 (-.05)	.24 (.33)	.21 (.28)	1.00
5. Initial Mora	.23 (.58)	.30 (.39)	.13 (.17)	.37
6. Final Mora	.17 (.44)	.36 (.48)	.12 (.16)	.35
7. Segment	.21 (.90)	.22 (.49)	.19 (.42)	.20
8. Memory N.	.14 (.27)	.10 (.19)	.06 (.11)	.01
9. Voc. (IQ)	.13 (.35)	.17 (.24)	.18 (.25)	.09
10. Sim. (IQ)	.21 (.58)	.33 (.47)	.23 (.32)	.33
11. Pic. (IQ)	.06 (.17)	.08 (.12)	.31 (.45)	.28
12. Block (IQ)	-.02 (-.06)	.08 (.13)	.22 (.36)	.49

Correlation matrix of Eleven Variables (n = 137)

	I. Mora	F. Mora	Segment	Memory	Voc.	Sim.	Pic.	Block
6. Final Mora	.57	1.00						
7. Segment	.25	.27	1.00					
8. Memory N.	.14	.12	.21(.57)	1.00				
9. Voc. (IQ)	.35	.29	.27(.53)	.16(.27)	1.00			
10. Sim. (IQ)	.35	.38	.34(.68)	.30(.52)	.38	1.00		
11. Pic. (IQ)	.26	.24	.20(.41)	.18(.32)	.31	.37(.49)	1.00	
12. Block (IQ)	.29	.13	-.16(-.37)	.14(.28)	.16	.28(.42)	.37(.56)	1.00

The hypothesis that English (L2) phonological awareness is affected by Japanese (L1) phonological awareness and intelligence including memory was tested with structural equation modeling. The model is shown in **Figure 3.9**.

Factor loadings of individual tests on their respective constructs are indicated in the boxes. The blending test had the lowest loading (.32) on the English phonological awareness; the rhyme test had the highest on this construct (.75). Likewise, the mora segmentation test had the lowest loading (.43) while the final mora test had the highest (.72) on Japanese phonological awareness. The intelligence construct had higher loading on *Similarities* (.72), and moderate on *Vocabulary* (.54), *Picture* (.54), *Block* (.42) and small loading

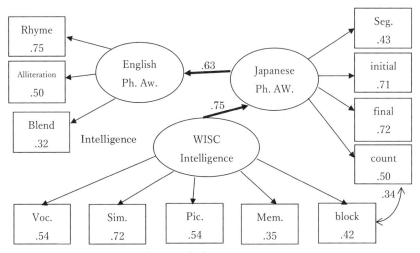

Figure 3.9 English (L2) Phonological Awareness

on *Memory* (.35).

As Ross (1998 a) states, "In the SEM approach, unanticipated relationships among variables can be assessed with the examination of differences in model fit with and without explicit specifications of the causal and correlational relationships between measured and latent variables" (p.2). An unexpected correlation was found between Block in intelligent and *Count* (mora counting test) in Japanese phonological measurements ($r = .34$).

This model had a chi-square value of 65.68, with 51 degrees of freedom ($p = .081$). Root-Mean-Square Residual (RMR) was .046 and also indicates good model fit. These indices represent acceptable to good fit of the model to the data. The standardized regression coefficient was .63 for Japanese. Forty percent of the variance in English phonological awareness was explained in this model. The standardized regression coefficient was .75 for Intelligence. Fifty-seven percent of the variance in Japanese phonological awareness was explained by the model.

Discussion

The second study adds one more latent variable—intelligence—to the plausible structure model. Adding intelligence, 40 % of the variance in L2 phonological awareness could be explained and 57 % of the variance in L1 phonological awareness could be explained by intelligence.

Interestingly, an unexpected correlation between Mora counting and Block design was found ($r = .34$). The participants were asked to make the same design as shown by combining and matching the given numbers of shapes, with and without demonstration, in the Block Design Task. On the other hand, they were asked to find the words containing the same number of morae in the words as in the example. While they were engaged in this morae counting task, the participants hardly pronounced the sounds, but counted morae by nodding their heads or counting their fingers. These gestures suggest that their strategy to solve these questions depended not only on sound features of the words, but also on the rhythmic features. There might be some ability involved to understand the parts of the design and to combine each part to make a whole picture and to segment words by rhythmic units.

The results from these two studies suggest two conflicting guidelines for teaching English to young learners. First, 40 % of English phonological awareness can be explained by Japanese phonological awareness, which was influenced by Intelligence. Thus, we should never underestimate the importance of children's language development in their first language. Secondly, there are some other factors which explain the remaining 60 % of English phonological awareness. We can imagine that these factors are directly related to children's language development in their second language (English). The researcher hypothesized that Japanese young learners of English used their Japanese phonological unit, body-coda awareness based on mora understanding, to comprehend English words. It is possible to assume the mora unit in English syllables, as Kubozono and Oota (2001) explained. Although most English- speaking children are presumed to develop onset-rime awareness in one-syllable words such as cat or dog and to segment those words according to the onset-rime level by age four, Japanese children segment English words by body-coda units. Thus, Japanese children segment the word "ten" as te/n (/ symbolizes the segmentation here), while their counterparts in English speaking countries segment the same word into t/en. If this is the case, then children need to expose themselves to English sounds to an amount such that they naturally acquire the sense to recognize the difference in the sound structures of both languages.

3章のまとめ

　本章では，幼児・児童の英語の音韻意識および音素意識について調査した4つの研究を紹介した。

　研究3.1では週1回の英語の授業を保育の時間中に受けていた5歳児の幼児（200名）と1年生（22名）が，どのような英語の音韻・音素意識を持っているのかを調査した。参加者は筆者が開発した音素結合テスト，ライムテスト，そして頭子音テストを英語の授業中に受けた。結果は得点の高い順から頭子音テスト，ライムテスト，そして音素結合テストであり，音素結合テストは他のテストに比べ統計的にみても有意に低い得点となった。この結果は，幼児は英語の単語の音素識別をする前にonset-rime識別の力を得ていることを示唆し，developmental progression仮説を支持した。またライム意識と音素認識の相関係数が高いことから，ライム意識を高めることから音素意識が高まる可能性が示唆された。

　研究3.2では，音韻・音素意識がどのように発達するのかを探る目的で，小学校6年生（131名）と中学生（94名）を対象にKirtleyらのテストを参考に，筆者が開発した音韻・音素意識を測るテストを実施した。相関分析をした結果，研究3.1同様，児童や生徒は音節を分節する際，個別の音素を聞き分ける前になんらかの音節内部構造を認識する音韻単位を持っていることが示唆された。この結果をイギリスの幼児を対象に行ったKirtleyらの研究結果と比較したところ，onset-rimeで分節するイギリスの幼児とは対照的に日本の児童はbody-coda単位で分節していると考えられた。この特徴は二重母音が含まれる単語の聞き分けでより鮮明に見られた。

　研究3.3では，小学生1年から6年の1586名を対象に彼らの英語音韻・音素意識およびその発達に影響を及ぼす可能性のある「年齢」「学校外での学習経験」，および「性別」について調査した。どの学年の児童も，研究3.1, 3.2同

様に単語の音節内構造として onset-rime ではなく，body-coda で認識している
と推測される結果となった。

　音韻・音素意識への年齢の影響については，基本的に年齢が上がれば音韻・
音素意識テストの得点も上がっており，特に body-coda で分節が簡単な下位テ
ストにおいてその傾向が顕著であった。音韻・音素意識はメタ言語力であるの
で，年齢により認知能力が向上することを考えれば当然の結果かもしれない。
しかし，body-coda 分節で答えることが難しい下位テストでは統一したパター
ンが見られず，音韻・音素意識の発達には認知以外に影響している要因がある
ことが示唆された。

　次に課外での英語学習経験の影響をみた結果，全学年において課外学習をし
ている児童の得点が，そうでない児童の得点に比べて高く，多くの場合統計的
に有意の差が認められた。課外学習において英語がどのように指導されている
のかはわからないが，より多くの英語の摂取が音韻・音素意識の発達によい影
響を与えていると考えられる。最後に性差についてであるが，低学年では統計
的な差はなかったが 3 年生以上では全て女子児童のスコアのほうが優れており，
男子児童と比べそこには統計的に有意の差があった。

　最後の研究 3.4 では，再び幼児と小学 1 年生を対象に，英語の音韻・音素意
識の構成要素を解明することを目的とした。Study 1 の参加者は研究 3.1 の幼
児 200 名と小学生 22 名である。研究 3.1 で調査した彼らの英語の音韻意識に
加え，日本語の音韻意識を測定し，その関係を構造方程式モデリング (Struc-
tural Equation Modeling) で分析した。その結果，日本語の音韻意識が英語の音
韻・音素意識に影響しているというモデルが妥当であることが判明した。日本
語の音韻意識から英語の音韻・音素意識への標準偏回帰係数は .55 であり，英
語の音韻・音素意識の変数の 30 ％を説明することがモデルから示唆された。

　次に，Study 2 では 222 名の参加者のうち 115 名の幼児と 22 名の 1 年生が
参加し，知能を測る日本語版の Wechsler Preschool and Primary Scale of Intel-
ligence (WPPSI) の 4 つのサブテストを受けた。英語の音韻・音素意識に「知
能」と「日本語の音韻意識」が影響するという仮説を構造方程式モデリングで

分析した。その結果モデルの妥当性が証明され，さらに予期しなかった関係も発見された。モデルでは「知能」から「日本語の音韻意識」へ影響があり（β = .75），そして「日本語の音韻意識」が「英語の音韻・音素意識」に影響していた（β = .63）。最終的に英語の音韻・音素意識の変数の40％がこのモデルで説明された。研究3.4で行われた2つの調査から，「知能」は第一言語（日本語）の音韻意識に影響し，第一言語の音韻意識が第二言語の音韻・音素意識に転移，または影響していることが判明した。音韻・音素意識はメタ言語能力なので，「知能」が第一言語の音韻意識に影響していることは納得できる結果である。

　年齢の低い学習者にとって日本語ではあまり意識しない音素という概念を英語の学習を通して意識させることは容易ではない。しかし，本章の4つの研究が示しているように，幼児・児童は日本語の音韻意識を効果的に使い，もしくは転移させ第二言語である英語の音構造を理解しているようである。

　英語の音韻・音素意識の発達には「年齢」「課外学習」「性差」が影響しているようであるが，英語の音に触れる時間，またおそらく教え方によっても影響をうけるであろう。教室では幼児期から英語の音を十分に意識し，歌，チャンツ，ストーリーテリングなどを活用し，英語の音に対する興味と愛着を育てることが重要だと考える。

4章 リーディング能力を予測する要因としてのアルファベットの文字知識と音韻・音素意識

　本章においてはアルファベットの知識（2章）と音韻・音素意識（3章）というリタラシーの基礎知識・技能がどのようにリーディング能力に影響するのかについて調べた3つの研究を紹介する。最初の研究4.1（1998年）は本書に載せている全ての研究の初めとなった研究であるが，公立小学校で外国語活動がまだ導入されていなかった頃に実施された。3つの私立小学校および2つの英語教育機関から1年生から6年生の700名が参加した横断研究である。彼らの音韻・音素意識と語彙知識およびリーディング能力の発達について研究した。

　次の研究4.2（2005〜2007年）は筆者が開発したリタラシープログラムを2年間受けた国立小学校の5年生を対象に実施した縦断研究である。参加児童はアルファベット文字知識と音韻・音素意識を測定するテストを2回ずつと語彙知識を測るテストを受けた。その結果からアルファベットの知識と音韻・音素意識がそれぞれ語彙知識の発達にどのような影響をもたらすのかを分析した。この研究で行った指導が研究4.3で紹介するリタラシープログラムの基礎となった。

　最後の研究4.3（2010〜2014年）は，公立小学校において児童の英語の読み書き能力を育てるために開発したリタラシープログラムに関する研究である。このプログラムは公立小学校の高学年生を対象としたものであるが，小学5年生から卒業までの2年間にわたり当該プログラムを受けた児童1〜4期生（2010年度〜2013年度）のデータを分析した縦断研究である。音韻・音素意識およびアルファベット知識・技能がどのようにリーディング能力の育成につながったのかを検証した結果を報告する。

リーディング能力の発達

　アルファベットの文字知識と音韻・音素意識というリタラシーの基礎知識・技能を身につけた児童は次に文字と音との関係を学習する必要がある。母語話者にとってもこの学習は重要であり，リーディング能力の発達を5段階（0段階を含めると6段階）で示したChall (1983)は，それをステージ1（小学校1年生）レベルと位置付けた。Challによれば，段階は次のように分けられている。

1. ステージ0（誕生〜小1：音声言語や言語認識の発達，読みの模倣）
2. ステージ1（小1：文字認識が高まり，文字と音との関係を理解する）
3. ステージ2（小2〜3：ディコーディング能力が高まり，音読が流暢になる）
4. ステージ3（小4〜中3：読むことを通して新しい考え，知識，捉え方を学習する）
5. ステージ4（高校：多種類の読みものが読める）
6. ステージ5（大学：熟達した読み手になる）

　各ステージの年齢については多少のずれはあるとしているが，重要なことはその前のステージの能力が獲得されていなければ，各ステージの能力を身につけることはできないと主張していることである。ちなみにChallは最初の3つの段階を「Learning to Read（読み方を学ぶ）」段階とし，それ以降のステージを「Reading to Learn（学ぶために読む）」段階としている。

　Challのステージからみると，本書で紹介している研究はステージ1に相当するものである。このステージでは文字と音との関係を学習するが，これ以降のステージに進むための重要なスキルである。初期のリタラシー学習の核となる。この文字と音との関係（alphabetic principle）を教える指導法がフォニックスであるが，それについて以下に説明する。

フォニックス（Phonics）

　Stahl (2002)はPhonicsを「any approach in which the teacher does/says something to help children learn how to decode words」(p. 335)と大きく定義

しているが‘decode words（解読：書かれている単語の音と意味がわかる）’に必要な書き言葉の文字と話し言葉の個々の音の関係を教える方法である。このフォニックス（phonics instruction）で学んだ文字と音との関係を利用して、子どもたちは単語を読んだり書いたりできるようになる。この関係は graphophonemic relationships, letter-sound associations, letter-sound correspondences, sound-symbol correspondences, sound-spellings などさまざまな形で呼ばれる。どのような呼ばれ方をしたとしても、その目標は子どもが書かれた文字と話される音の間には体系的で予測可能な関係（alphabetic principle：アルファベット原理）があることを理解することである。この関係を知ることで、子どもは慣れ親しんだ単語を正確かつ自動的に認識し、新しい単語を「decode 解読」できるようになる。フォニックスにはさまざまな形態があるが Stahl（2002）にそってそれらのいくつかを紹介する。

Analytic Approaches

このアプローチは1980年代 Basal Reading Program の中心的な役割を担っていたが、1990年代にその隆盛を失った。通常子どもたちが知っている単語を取り扱いながら、単語に含まれている音素を教える（例えばcat の母音 /æ/）。その後その音が入っている他の単語を教え、子どもたちはどこにその音があるのかを探す（例：apple, pan など）。その後、学習者はその音が含まれている単語を読む。時間の多くは関連するワークシートを行うことに費やされる。

Synthetic Approaches

子どもたちは文字と音との関連を明示的に教えられ、その後それぞれの文字を合わせて1つの単語を読むように指導を受ける（例：/s//ʌ//n/ をあわせてsun と発音する）。通常テキストの中の単語を読むように教材が用意されているが、テキストは通常内容としてはあまり意味があるものではなく decoding skills を高めるためにある。

Orton-Gillingham Approaches

これは visual-auditory-kinesthetic-tactile（VAKT）と呼ばれる方法でそれぞれの文字と音を直接的に教えていく。子どもたちは文字の音や名前を言いなが

ら，文字をなぞる（例：Bと書きながら /biː/ と /b/ を言う）。また文字をあわせて単語や文を読み，最後には導入された音だけで読める短いお話を読む。

Direct Instruction Approaches

子どもたちは，少なくとも最初のうちは文字の音だけを教えられ（例：B/bと /b/），文字とその名前（例：B/b と /biː/）は学習しない。最初から文字と音との関係を直接的に学習する。行動主義心理学の理論に従い，先生は言語的な刺激をあたえ，それに対する学習者の反応に適切な feedback を与え（reinforcement），何度もそれを繰り返すことで音と文字との関連を学習する。

その他には，知っている単語ファミリーのパーツを使って，似たパーツを持つ未学習の単語を識別することで，単語の読み方を学ぶ Analogy-based phonics, 単語を音素に分割し，音素に対応する文字を書くことで単語を作ることを学ぶ Phonics through spelling, 文章を読む過程で文字と音の関係を学ぶ Embedded phonics, 1音節の単語で onset-rime で分節して文字と音との関係を学ぶ Onset-rime phonics instruction がある（Armbruster et al., 2001）。

一般的に子どもたちが単語や文を decode するためにフォニックスが必要だと考えらえているが，どの方法が優れているのかについてはあまり研究されておらず，Stahl et al. (1998) はどの指導法がベストかというよりもそれぞれの指導が何に効果的なのかを調査したほうが良いとしている。しかし，National Reading Panel の結果を報告した Ehri (2000) は次のようにフォニックスについて述べている。

1. Systematic phonics instruction helps children learn to read more effectively than do programs with little or no phonics instruction.

   （体系的なフォニックス指導は，フォニックス指導をほとんど，あるいは全く行わないよりも，子どもたちが効果的に読めるようになるのに役立つ。）

2. The impact of phonics instruction on reading was significantly greater in the early grades than in the later grades.

   （フォニックス指導がリーディングに与える影響は，低学年の方が高学年よりも有意に大きかった。）

3. Phonics instruction benefited reading comprehension.

（フォニックス指導は読解力を高める。）

4. Systematic phonics instruction was found to boost spelling skill in beginning readers, but failed to boost spelling among learners above first grade.

（体系的なフォニックス指導はリーディング学習を始めたばかりの学習者のスペリング能力を向上させるが，1年生以上の学習者のスペリング能力を向上させることはできなかった）

5. Systematic phonics instruction produced superior performance in reading compared with all types of unsystematic or no phonics instruction.

（体系的なフォニックス指導は，非体系的なフォニックス指導やフォニックス指導を行わない場合と比較して，読解の成績が優れていた。）

これらの研究結果から，フォニックスを導入するのであれば明示的にかつ体系的に行うことが重要であり，第一言語習得と外国語学習の違いはあるが，導入は早い時期がより効果的である。以上のことを踏まえて公立小学校でフォニックスを導入する場合，下記の点に留意する必要があると考える。

(1) フォニックスは育てるべき力を考慮した体系的なカリキュラムが必要である。小学校ではどこまでを教えるのかを十分吟味しつつ，中学校と連携してカリキュラムを作成する必要がある。

(2) フォニックスはメタ言語的な能力を必要とする。個人差はあるが，子どもたちがある程度意識的な言語学習ができる年齢に達していることを確かめて導入するか，それなりのストラテジーを教えながら導入する方が効果的である。

(3) 導入する前に，児童がアルファベットの大文字・小文字の字形とその名前を十分に理解しているかを確認する。

(4) 指導する前に，児童が音韻・音素意識をある程度持っているかを確認する。

(5) 身近な単語から始め，子どもたちに文字が音声化される過程を体験させ，読める，つまり decode できるという自信を持たせる。

研究 4.1	Descriptive Study of Phonological Awareness and Reading Development in Elementary School Children

This study reports the results of the descriptive study on phonological awareness and literacy development of elementary school children. It aims at describing the nature of the phenomena as they exist according to obtained information. Correlational research is classified as one type of descriptive research and is used to examine relationships among existing variables. As Ary, Jacobs, and Razavieh (1990) state, "The purposes of correlational research are (1) to describe relationships that exist among variables and/or (2) to use the known correlation to predict from one variable to another" (p. 387).

The present research aims at (a) identifying the nature of English phonological awareness and English reading ability of young Japanese learners learning English in Japan by examining relationships among variables affecting their reading ability. The research questions are the following:

(1) Does age affect the development of phonological awareness and/or reading ability among young Japanese EFL learners?

(2) Does gender affect the development of phonological awareness and/or reading ability among young Japanese EFL learners?

(3) What kind of factors influence reading acquisition? Does phonological awareness affect word knowledge and/or reading ability?

According to the L1 literature in this field, phonological awareness has a strong association with subsequent reading development (Wagner & Torgesen, 1987; Sawyer & Fox, 1991; Adams, 1995). Considering the nature of a language, it is only natural to find this close relationship because most languages have two channels, oral/aural and manual/visual (Wells, 1987, as cited in McKay, 1996), and oral/aural acquisition usually precedes that of manual/visual. This researcher hypothesizes that the present research will show a strong connection between English phonological awareness and English reading ability, even if the participants are L2 learners. It is difficult to create fully appropriate measurements to assess English phonological and reading abilities of young Japanese learners of English, since there are a very few available standardized tests for measuring their English abilities. It is especially difficult to measure their reading abilities since most Japanese elementary school children learning English have been provided hardly any formal literacy instruction at school and so they are not used to taking reading tests. Therefore, in this study, the reading comprehension test was developed by the researcher.

Method

Participants

A total of 700 elementary school children, comprised of 277 boys and 423 girls participated in the study. They ranged in age from 6 years and 8 months to 12 years and 7 months with an average age of 9 years and 6 months.

There were no selection criteria. The participants were from different educational organizations around Kanto area—three private elementary schools and two English institutions. Thus, the samples were selected neither by some random nor by stratifying process. **Table 4.1** reports the proportion of participants from each organization.

Table 4.1 Participants of Elementary School Study

	School A		School B		School C		Inst. X	Inst. Y		Total
	Boy	Girl	Boy	Girl	Boy	Girl	Girl	Boy	Girl	
Grade 1	24	18	*	*	20	41	*	2	2	107
Grade 2	24	18	*	*	11	40	4	6	4	107
Grade 3	24	18	*	*	17	47	2	1	1	110
Grade 4	24	18	42	40	18	48	*	2	1	193
Grade 5	23	14	*	*	16	51	7	*	1	112
Grade 6	*	*	*	*	22	43	*	1	5	71
Total	119	86	42	40	104	270	13	12	14	700

School A   This is a private Catholic, co-ed elementary school located in Kanto area. There was only one classroom in each grade and each class had about 42 students. Eighteen teachers were employed. English was a regular class and was taught by one Japanese female teacher. Frequency of English classes decreased by grade; three classes a week for the first and second graders, two classes for third and fourth graders, one for the fifth graders and none for the sixth graders.

School B   This is a private co-ed elementary school located in Kanto area. There were two classrooms for each grade and each class had about 37 students. Sixteen teachers were employed. English was taught once a week to all the students under the fourth grade. The participants from this school were all fourth graders.

School C   This is a private Catholic, co-educational elementary school, located in Kanto area. There were two classes for each grade and each class had about 30 students. Twenty-one teachers were employed. English has been a regular class since its foundation and is taught to all students by one Japanese female teacher once a week.

Language institution X   This is an English institution located in Tokyo in which one Japanese female teacher taught English to a small group of four or five students at one time. Some of the participants from this institution had English lessons at school and others did not. The class met once a week for an hour.

Language institution Y   This is a language institution in Tokyo, affiliated with a university in which the researcher has been in charge of developing an English curriculum for Japanese children aged from four to twelve. Each class had about seven students and four teachers were employed. Some of the participants had English lessons at school and others did not. The class met once a week for an hour.

Instruments

All the participants took five tests, the Body Test, the Rhyme Test, Reading Test I, Reading Test II, and a Word Recognition Test. The Body and the Rhyme Test were developed to measure phonological awareness, while Reading Test I, II, and the Word Recognition Test were drawn up to assess reading ability. Each test is briefly explained below.

Phonological awareness assessments   Phonological/ phonemic awareness has been measured in many different tasks. After reviewing these various tasks, Adams (1995) identified five different levels of phonological awareness and listed their difficulty as follows:

(1) The most primitive level is measured by the knowledge of nursery rhymes. A child is examined how well s/he remembers the familiar rhymes in songs.

(2) The second level is measured by the oddity tasks, in which a child is required to recognize and distinguish rhyme and alliteration.

(3) The third level is measured by phonemic blending or syllable-splitting tasks. A child needs to reveal the ability to separate words into syllable units or to blend some phonemes to form a word.

(4) The fourth level is measured by phonemic segmentation tasks, in which a child needs to analyze words into a small, meaningless unit of phoneme. Full segmentation of component phoneme is required.

(5) The last and the most difficult task is the phoneme manipulation task. A child should add, delete or alternate any designated phoneme and make a new word. (p. 7)

The researcher selected the second level among the tasks—the oddity task—for her research because of the participants' level and time availability. The task needed to be easy enough for the participants. It is certainly very difficult for young EFL learners to develop English phonological awareness naturally, since their exposure to English sounds is extremely limited compared to that of both ESL and L1 speakers. In addition to this, since it was not possible to carry out individual-based tests under the conditions of the present study, the tasks for the third to fifth levels were not appropriate. Thus, the sound oddity task was selected as the best choice for the study. As Adams (1995) remarks, "In oddity tasks, the child is presented with a set of three or four spoken words and asked which of the words is different or does not belong" (p. 76). The sound oddity task is also called the sound categorization task.

In order to develop a sound categorization test for this study, the researcher referred to the study done by Kirtley et al. (1989). They tested tasks under four conditions, in each of which the children needed to detect odd words containing different opening or end sounds. Those four conditions were:

(1) The children need to find the odd word on the basis of a single pho-
neme.

(2) Common words shared an initial consonant (for the opening sound task)
or a final consonant (for the end sound task) and a vowel, while odd
word included neither the same consonant nor the vowel.

(3) All words including an odd one shared the same initial consonant (for
the opening sound task) or the same final consonant (for the end sound
task). However the odd one contained a different vowel.

(4) The common words shared the same initial consonant or the same
final consonant. An odd one did not contain either the same initial (for
the opening sound task) or final consonant (for the end sound task), but
shared the same vowel.

Since the researcher was interested in investigating knowledge of onset
rime distinction among the participants, the tasks in condition 1 were deleted.
Among the three conditions, she chose condition 3 for her study, considering
the English proficiency level and age range of the participants.

Thus, for example, in the set of cat-cap-cash-king, the participants were
required to select the word king as the odd one because it did not have the
same vowel. The three words-cat, cap, and cash-shared the same initial con-
sonant and a following vowel, while the distractor-king-shared the same
initial consonant /k/ but had a different vowel /ɪ/. In the same manner, the
participants were asked to detect cat as the non-rhymed word from the set
of dot, jot, shot, cat. All the rhymed words in this test item shared the same
rime, /æt/, and the distractor shared the same final consonant /t/ in this
case.

Thus, in this study, the participants were asked to find odd words
according to their vowel differences in both phonological tests. However, the
opening oddity task asked the participants to distinguish the differences in a
onset and vowel unit, that is, in a 'body' unit, while the end sound task asked
them to distinguish the odd words in a vowel-coda unit, that is 'rime' unit.
Therefore, the opening sound task in this study was referred to as the Body
Test, and the ending sound task was referred to as the Rhyme Test.

The Japanese sound system is categorized in terms of mora, which are
based on syllable units rather than phoneme units. The detection in the

Body Test was expected to be much easier since this unit corresponds to Japanese mora units. On the other hand, it was expected that the participants would find it more difficult to detect odd words in a rime unit because in Japanese we usually do not segment a syllable before a vowel. Thus, comparing these two phonological tests, the researcher expected to find some results relating to the influence of L1 on L2 sound acquisition.

Both the Body Test and the Rhyme Test consisted of 20 items of four multiple choices. Two practice items were prepared before the test items and the test items were read twice by an American male. All the practice items, test items, and instructions were recorded with proper pauses; a 10-second pause between test items.

Reading ability assessments (*Appendix-5*)　A limited amount of research has done to examine the literacy development of young EFL learners. Thus, it is necessary to question whether young readers with limited linguistic competence can compensate by using top (phrases, clauses, inter-sentential linkage) -down (letters and words) strategies. It is still speculative to judge how lower-level knowledge such as automatic perceptional identification, vocabulary, and recognizing words interact with high-level schemata. Several suggestions for literacy development of EFL learners are available from the substantial amount of research in L1 reading. Tunmer et al. have argued that phonological awareness is simply one aspect of a more generalized meta-linguistic capability and that so are syntactic and pragmatic awareness (Tunmer & Hoover, 1992; Tunmer, Herriman, & Nesdale, 1988). Tunmer and Hoover (1992) reported that syntactic awareness was able to explain variance in reading ability when phonological awareness was controlled. Other researchers have advocated the importance of syntactic processing abilities in reading and have reported a linkage between syntactic processing abilities and reading skill (Willows & Ryan, 1986; Bowey, 1986).

In this study, therefore, the researcher developed three different reading tests designed to measure (a) syntactic awareness in Reading Test I, (b) syntactic awareness and pragmatic awareness providing pictures in Reading Test II, and (c) orthographic ability in the Word Recognition Test.

Reading Test I consisted of 20 items of three multiple choices. The participants were asked to choose an appropriate word to complete the sentence. The topics asked in items 1 to 10 were colors, shapes, months, and animals and the distracting words in this section used the same initial letter with the right word. For example, the initial letter y was shared in the three words of the first item; the color of banana is (1 *yellow*, 2 *yes*, 3 *yacht*). The participants were not able to answer items 11 to 15 and 20 unless they understood the meaning of the verbs. Items 16 and 17 were related to numbers and items 18 and 19 were about conversational expressions.

In items 1 to 10 of Reading Test II, the participants were asked to choose the sentences that matched the pictures. Items 1 to 6 were written in a present progressive form which is usually introduced in young grades according to some popular ESL/EFL textbooks in Japan (e.g., *Super Kids, Let's Go, Parades*). The cycle of the day was the topic of items 7 to 10, in which the knowledge of the frequent verbs and verb phrases such as '*wake up, eat*, and *go to school*' were used. In the latter part of the test, including items 11 to 20, five questions were prepared to describe the two pictures each, and the participants were required to put a circle if the sentence was right and to put an X if it was not. The grammatical structures used in that section were the present progressive form and *there is (are)* - structure.

In the Word Recognition Test, orthography knowledge was assessed by 30 items of three multiple choices. Based on the pilot study, no pseudo-word was used and the quality and the arrangement of the pictures were improved. The participants selected the right word out of three choices for each picture. Items were selected from the pilot test and EFL reference books.

Procedure

The tests were administrated in two classes with a week interval because it was speculated that the participants would lose their concentration and would be fatigued if they took the five tests all at once. Additionally, the pilot study indicated that the young learners, especially lower-grade students, would be easily confused with the two different phonological tests if they were tested together. Thus, the researcher asked all the teachers involved in this study to conduct the Body Test, the Reading Test I, and the Word Recognition Test in the first week, and the Rhyme Test and the Reading Test II in the second week. The details of the test administration were written and sent to each teacher.

Before conducting the Body Test and the Rhyme Test, each teacher was asked to provide test-taking training to the participants. Writing the numbers from 1 to 4 on the blackboard, the teacher said to the participants, "Let us do some practice exercises before taking the test. Listen to the beginning part of each word and find the one with a different sound. I will say the words twice. And raise your hand for the number of the word with a different sound when I point to it." The following were the practice items before taking the tests.

(a) Items for Body practice

1 jazz	2 jam	3 Jack	4 rain
1 fig	2 fit	3 fat	4 fin
1 sit	2 sad	3 sing	4 sick
1 lane	2 lap	3 lamb	4 lash
1 leg	2 life	3 light	4 line

(b) Items for Rhyme practice

1 tub	2 cub	3 rub	4 web
1 pipe	2 cap	3 ripe	4 type
1 mat	2 cat	3 pet	4 rat
1 kick	2 duck	3 luck	4 suck
1 look	2 cook	3 book	4 take

The test was a paper-and-pencil test. In the Body Test, the participants were asked to circle the number of the word which did not have the same opening segment. Likewise, they were asked to select the number of the word which did not have the same rhyme in the Rhyme Test. All the teachers except the one at School A could follow the directions. Because of her school schedule, the teacher at School A had to alter the procedure and conduct all five tests and a questionnaire in one class period.

A research consent form containing details of the research was sent to the headmaster of each school to obtain their consent to cooperate in the research. The principals were informed that all data would be anonymized to ensure that no personal information would be disclosed. The tests were conducted under the supervision of the English teacher at each school.

Data Analysis

Prior to analysis, the researcher decided to delete the missing values from the data because missing values were limited to a small number (2 to 3 % for each variable). Two items from the Word Recognition Test were deleted because they were found to be misfitting items by Rasch analysis. Likewise, the misfitting persons were also deleted from further analysis. There was one outlier in the Body Test after the deletion of misfitting persons and it was deleted from the samples.

The Effect of Age on the Development of Phonological Awareness and Reading Ability

To answer the first research question, relating to the age effects on phonological awareness and literacy development, the mean score of each test was compared by grade respectively. Descriptive statistics including means, standard deviation, variance, skewness and kurtosis are presented in **Table 4.2**. **Figure 4.1** presents developmental changes that appeared in five tests, with a mean score of each test on Y axis and a grade on X axis.

In order to examine whether there were statistically significant differences in participants' performance according to their grades, a one-way analysis of variance (ANOVA) was conducted for each test. The independent variable was grade, with 6 levels, from the first grade to the sixth grade. The scores of each test served as the dependent variable.

ANOVA is said to be fairly robust, and larger n size is recommended to avoid the problem of normal distribution. Tabachnick and Fidell (1996) make the following statement about the nonnormal distribution and n size:

"In a large sample, a variable with statistically significant skewness often does not deviate enough from normality to make a substantive difference in the analysis... In a large sample, the impact of departure from zero kurtosis also diminishes. For example, underestimates of variance associated with negative kurtosis disappear with samples of 100 or more cases; with positive kurtosis underestimation of variance disappears with samples of 200 or more." (p. 73)

Thus, some nonnormal skewness and kurtosis values are ignored in this

4章 リーディング能力を予測する要因としてのアルファベットの文字知識と音韻・音素意識 125

Table 4.2 Descriptive Statistics of the Five Tests in Each Grade Test

	N	M	SD	variance	skewness	kurtosis
Body Test						
Grade 1	75	8.37	3.37	11.37	-0.08	-0.79
Grade 2	93	9.1	3.66	13.39	-0.19	-0.5
Grade 3	90	12.56	2.72	7.4	-0.78	0.98
Grade 4	173	12.83	2.41	5.8	-1.1	3.52
Grade 5	95	12.97	2.83	8.01	-0.7	0.56
Grade 6	65	13.54	2.75	7.57	-1.66	5.74
Rhyme Test						
Grade 1	97	6.63	2.7	7.3	0.27	-0.19
Grade 2	101	7.58	3.08	9.47	0.29	-0.16
Grade 3	108	8.92	2.96	8.79	0.38	0.06
Grade 4	183	9.94	3.34	11.19	-0.07	-0.38
Grade 5	108	10.51	3.58	12.79	-0.07	-0.44
Grade 6	68	11.65	3	8.98	-0.22	-0.25
Reading I						
Grade 1	101	5.86	2.72	7.38	-0.01	-0.03
Grade 2	107	6.16	2.42	5.85	0.06	0.19
Grade 3	109	6.14	2.37	5.6	0.43	0.53
Grade 4	184	7.74	3.02	9.14	1.09	1.9
Grade 5	110	7.27	3.38	11.41	0.95	0.93
Grade 6	63	9.63	3.83	14.69	0.18	-0.92
Reading II						
Grade 1	101	6.25	3.07	9.41	0.29	2.23
Grade 2	105	7.21	2.84	8.07	0.68	1.64
Grade 3	104	7.67	3.55	12.63	0.87	1.41
Grade 4	177	9.44	4.46	19.87	0.56	-0.18
Grade 5	106	10.83	4.57	20.9	0.42	-0.64
Grade 6	64	14.77	4.55	20.72	-0.6	-0.8
Word Recognition						
Grade 1	102	10.16	3.82	14.61	1.44	4.65
Grade 2	105	11.63	4.42	19.51	0.96	1.16
Grade 3	110	13.98	5.68	32.31	0.78	-0.24
Grade 4	189	16.13	6.61	43.66	0.15	-1.05
Grade 5	111	19.6	6.14	37.75	-0.47	-0.99
Grade 6	69	22.55	4.97	24.69	-1.24	0.86

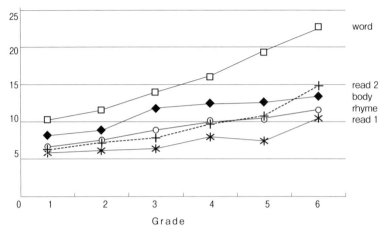

Figure 4.1 Developmental Changes in Five Tests

analysis.

There were statistically significant differences among grades in all the tests; $F\,(5,\,585) = 49.93$, $(p = .001)$ in the Body Test, $F\,(5,\,659) = 32.10$ $(p = .001)$ in the Rhyme Test, $F\,(5,\,668) = 19.23$ $(p = .001)$ in the Reading Test I, $F\,(5,\,650) = 48.99$, $(p = .001)$ in the Reading Test II, $F\,(5,\,680) = 65.28$, $(p = .001)$ in the Word Recognition Test.

Further analyses were carried out on these sets of data by performing a post hoc comparison of the means, the *Bonferroni* simultaneous confidence interval test, to discover the precise location of differences.

For the two phonological tests, there was only one statistically significant difference between a grade and its following grade on the Body test, and that difference was between grades 2 and 3. No statistically significant differences were found in the Rhyme Test, but the difference was also greatest between grades 2 and 3 in the Rhyme Test (mean difference of 1.33, $p = .037$). This suggests that there may be an important period between second and third grade in terms of developing phonological awareness.

In regard to the reading instruments, the Reading Test I and II, there were two places that the significant differences were detected; one between the third and the fourth grades and the other between the fifth and the sixth grades. This indicates that crucial periods for developing reading ability were expected to occur in those periods.

The importance of the third grade was found in both the sound and reading tests. It is interesting to compare the results of the sound tests and reading tests of the sixth graders. While they remarkably increased their understanding on reading materials, their phonological awareness was not significantly better than the third, fourth, and fifth graders.

In contrast, the orthographic knowledge seemed to develop steadily and there was a significant difference between the fourth grade and the fifth grade. Although none of the schools in this study emphasized reading instruction, especially for lower graders, the students seemed to have acquired knowledge of spelling of frequent words by exposure.

The Effect of Gender on the Development of Phonological Awareness and Reading Ability

To investigate the gender effect on the development of phonological awareness and reading ability, the mean score of each test was compared by gender. Table 4.3 presents the mean score and the standard deviation of each test by each gender. **Figure 4.2** presents gender differences in the five tests, with a mean score of each test on Y axis and a gender difference was expressed in a different bars on X axis.

In order to investigate whether there was a statistically significant difference between gender, a one-way analysis of variance (ANOVA) was con-

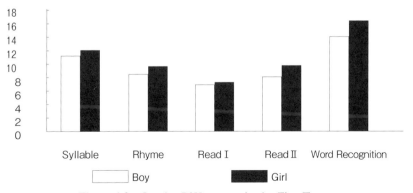

Figure 4.2　Gender Differences in the Five Tests

Table 4.3 Descriptive Statistics of the Five Tests by Gender

	N	M	SD	skewness	kurtosis
Body					
Boy	225	11.18	3.48	−0.81	0.48
Girl	366	12.08	3.42	−0.86	0.43
Rhyme					
Boy	256	8.47	3.26	0.25	−0.6
Girl	409	9.66	3.6	0.03	−0.4
Read I					
Boy	269	6.84	2.84	0.47	0.92
Girl	405	7.19	3.32	0.92	1.11
Read II					
Boy	259	8.03	4.13	0.98	1.27
Girl	397	9.73	4.77	0.54	−0.46
Word					
Boy	270	13.97	6.42	0.73	−0.52
Girl	416	16.36	6.79	0.15	−1.26

ducted for each test. Results of evaluation of the assumptions of normality of sampling distributions, equal variances were satisfactory. Again the alpha level was set at .05. There were statistically significant differences between the male and the female participants in the four tests; $F (1, 589) = 9.51$, $(p = .002)$ in the Body Test, $F (1, 663) = 18.50$, $(p = .001)$ in the Rhyme Test, $F (1, 654) = 22.08$, $(p = .001)$ in the Reading Test II, and $F (1, 684) = 21.00$, $(p = .001)$ in the Word Recognition Test. However, there was no statistically significant difference between the boys and the girls in the Reading test I; $F (1, 672) = 2.01$, $(p = .156)$.

What Factors Affect Literacy Development?

In investigating the last research question, the researcher looked at the relationships among all obtained information affecting literacy development. The scores of Reading Tests I and II were combined and they indicated the reading ability of the participants, with a reliability (α) of .84.

At the end of the tests, all the participants were asked to answer a questionnaire that was designed to examine their English education background. They were asked to write their age, gender, whether or not they

4章　リーディング能力を予測する要因としてのアルファベットの文字知識と音韻・音素意識　129

had English lessons at their kindergarten, whether or not they had been tak-
ing English lessons outside of school, and how long they had taken the
English lessons if they took one. There were also some other question items
relating to the extra English lessons, such as the frequency of lessons and
the backgrounds of the teachers, which were excluded from this analysis.

Age was counted by month, and males were loaded as 1 while females
were loaded as 2. Those who had taken English lessons at their kindergarten
were labeled 1 under the variable named *Kinder* while those with no English
lessons at their kindergarten were labeled 2. The variable *LOL* stands for
the length of English learning, which shows the number of months that they
were taking extra English lessons outside of school and also indicates the
extra English exposure and instructional effects.

The following table contains all the correlation coefficients of *Age, Gen-
der, Kinder, LOL*, all the five tests used in this study.

In order to obtain a more accurate view of the interrelation of the five
measurements, correlation coefficients were corrected for attenuation (r_{CA},
shown in parentheses). They are expressed in italic numbers in **Table 4.4**.

Table 4.4　The correlation matrix among the variables affecting reading

	Age	Gender	Kinder	LOL	Body	Rhyme	Read I	Read II	Word
Age	1								
Gender	.04	1							
Kinder	-.07*	-.12**	1						
LOL	.21**	.11**	-.11**	1					
Body	.49**	.13**	.03	.15**	1	*(.66**)*	*(.19**)*	*(.38**)*	*(.48**)*
Rhyme	.45**	.10**	-.01	.17**	.46**	1	*(.34**)*	*(.54**)*	*(.60**)*
Reading I	.30**	.06	.04	.27**	.13**	.22**	1	*(.68**)*	*(.61**)*
Reading II	.49**	.18**	-.01	.39**	.29**	.40**	.49**	1	*(.82**)*
Word	.57**	.17**	-.02	.39**	.39**	.46**	.46**	.70**	1

Age correlated to the largest number of the variables and was moder-
ately associated with the Body Test ($r = .49$), the Rhyme Test ($r = .45$), the
Reading test II ($r = .49$), and the Word Recognition Test ($r = .57$). This means
that the older children were better at detecting sound differences, decoding
words and reading sentences. *Gender* correlated to all the tests except the
Reading Test I, but very weakly. These results suggest that girls are gener-

ally better at understanding the sound structure of words and at reading. The correlation between the three tests measuring reading ability and *LOL* was much stronger than that between the two of the sound tests and *LOL*. This may suggest that (a) exposure to English enhances literacy awareness more than it enhances sound awareness and (b) most of the English classes outside school may teach reading intensively and focus on the development of literacy.

There were almost no significant correlations between *Kinder* and any of the other test variables, suggesting that kindergarten English instruction did not affect phonological and literacy development.

The Body Test and the Rhyme Test correlated with each other ($r = .46$, $r_{CA} = .66$). The Body Test had a moderate correlation to the Word Recognition Test ($r = .39$, $r_{CA} = .48$). So did the Rhyme Test ($r = .46$, $r_{CA} = .66$). Between these two sound measurements, rhyme ability showed stronger relationships to reading ability ($r = 37$, $r_{CA} = .50$).

The Reading tests I and II were also moderately interrelated ($r = 49$, $r_{CA} = .68$). The correlation coefficient between the Reading I test and the Word Recognition was moderate ($r = 46$, $r_{CA} = .61$) but that between the Reading II test and the Word Recognition was strong ($r = 70$, $r_{CA} = .82$). Interestingly, the correlation between the Reading Test II and the Word Recognition test was higher than that between the Reading Test II and I. Actually, this was the highest correlation found among those variables, and 68.4 % of the variance overlapped between the Reading Test II and the Word Recognition Test.

The two phonological tests—the Body Test and the Rhyme Test—were more highly correlated to each other than to the reading tests. The same was true for the reading tests. The correlation coefficient of the Reading Test I and II was higher than that of the phonological tests.

The Word Recognition Test showed high correlations with all the other tests. The high correlations with the sound tests can be interpreted in two ways. The children with good phonological awareness may have applied that knowledge in acquiring orthographic knowledge. Or the children with high orthographic knowledge may have understood the sound differences better because of their attained knowledge of the phoneme-grapheme correspondence.

Finally, a path analysis was conducted to further examine relations among those variables. Path analysis is an analytic tool used to examine the direct and indirect effects of variables. It is not a method for discovering causes and demonstrating causality unless there is a clear temporal ordering.

Influence is a product of leverage and discrepancy (Fox 1991 cited in Tabachnick & Fidell, 1996). Using Cook's distance method for measuring influence, no case was found to be an outlier. The following figure shows the direct and indirect effects of these variables on reading ability.

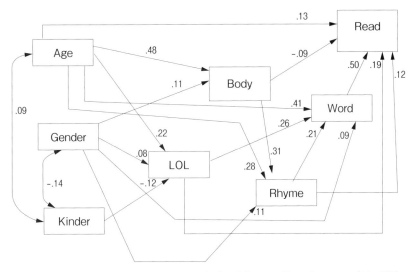

Figure 4.3 Path Analysis for Predicting Literacy Development ($N = 668$)

Hatch and Lazaraton (1991) state the assumptions underlying path analysis as follows: "(a) The variables are linear, additive, and causal, (b) The priori on the basis of theoretical considerations" (Schumacker & Lomax, 1996, p. 39).

Based on the postulated model suggested in the literature, the variables need to be ordered in a causal sequence. In this study, a path analysis was conducted with the combined scores on the Reading Test I and II as a dependent variable and the other variables were used as its predictors. According to the time factor, *Age*, *Gender* and *Kinder* were put in the early stage and *LOL* in the second stage. Since the participants took all the five tests within two weeks, there was no time factor involved in their scores. However, two of the sound tests were placed before the Word Recognition. Many researchers have reported strong association between phonological awareness and word recognition skill (e.g., Ball & Blachman, 1991; Wagner et al., 1994; 1997; Hatcher et al., 1994; Gottardo et al., 1996). Lastly, the result of the Word Recognition Test was placed in the final stage before reading scores, since L1 findings again claim that word decoding skill is associated with reading abilities (Mason, 1975; Perfetti & Hogaboam, 1975).

First, the correlation among *Age, Gender* and *Kinder* was confirmed. Then, *LOL* was predicted by a linear combination of *Age, Gender* and *Kinder*. Significant paths were found between *Age* to *LOL* ($\beta = .22$), between *Gender* and *LOL* ($\beta = .08$), and between *Kinder* to *LOL* ($\beta = -.12$). The standardized partial regression coefficient is called beta and is used when the variables are converted to the same scale of the measurement, the z scale. This is partial because the effects of other variables are held constant.

The older students went to language schools for a longer period than the younger participants. The female students attended language schools more than male students and those who were not taught English in kindergarten took more English lessons outside of school than those who were taught English in kindergarten.

Likewise, the Body Test scores were predicted by a linear combination of *Age, Gender, Kinder,* and *LOL*. The causal flow was pruned by dropping *Kinder* and *LOL*, since their beta weights were not significant at .05 alpha level. *Age* and *Gender* made statistically significant contributions to predicting the Body scores (betas of .48 and .11, respectively). The older students performed better in the Body Test and female students were better at differentiating English sounds.

Next, the Rhyme Test scores were predicted by a linear combination of *Age, Gender, Kinder, LOL,* and the Body Test. The squared multiple correlation, R^2, was .29. The causal flow was pruned by dropping *Kinder* and *LOL* again. *Age* (β of .28), *Gender* (β of .11), and the Body Test (β of .31) made statistically significant contributions to predicting the rhyme scores. Again, the superiority of older students and of female students was found in the

Rhyme Test. The ability to recognize the difference in the initial positions strongly predicts the ability to detect the different final sounds.

Then, the Word Recognition Test scores were predicted by a linear combination of *Age, Gender, Kinder, LOL*, the Body Test, and the Rhyme Test. The squared multiple correlation, R^2 was .38. The causal flow was pruned by dropping *Kinder* and the Body scores. *Age* (β of .41), Gender (β of .09), *LOL* (β of .26), and the Rhyme Test (β of .21) made statistically significant contributions to predicting the spelling scores. Besides the superiority of the older students and female students, instructional effect was found to be a strong predictor of orthographic knowledge. The ability to detect rhyme difference also predicted decoding ability.

Finally, the combined scores of two reading test scores were predicted by a linear combination of all the variables in order and the squared multiple correlation, R^2, was .46. This means that 46 % of the variance in Read was predictable from all the variables measured in this study. The causal flow was pruned by dropping *Gender* and *Kinder*. Significant paths were found between reading ability and *Age* (β of .13), *LOL* (β of .19), the Rhyme Test (β of .13), and the Word Recognition Test (β of .50). Surprisingly, the Body Test made a statistically significant negative contribution to predicting reading scores. While *Gender* was no longer a predictor for successful readers, *Age* remained a good predictor. The effects of extra English learning predicted better scores on the reading tests. It was interesting to find the positive contribution of the rhyme scores and the negative contribution of the Body to the reading scores.

In summary, *Age* was found to be the strongest predictor for reading ability because there were several paths from *Age* to Read, both directly and indirectly. *Gender* also influenced phonological awareness and word decoding ability directly and reading development indirectly. There were other direct positive paths to reading from *LOL*, the Rhyme Test, and the Word Recognition Test. Effects of extra English classes were found in the acquisition of spelling and reading. The Word Recognition Test was predicted by rhyme detecting ability but again not by body detecting ability. However, it should be remembered that body detecting ability was also found to contribute positively and more strongly to attaining better rhyme awareness in the present study.

The Second Path Analysis for only older students

According to the teachers who administered the tests, younger students in grades 1 and 2 seemed confused by the sound test. They seemed to have difficulty understanding the test procedure even after some practice questions. In addition to these comments from the teachers, the Body Test was unfortunately found to be an inadequate measurement, as it yielded a high rate of mis-fit persons as measured by Rasch analysis. The younger participants had more problems and answered unsystematically. Therefore, the researcher conducted another analysis only with the students above grade 3. The correlation between the five tests is shown in **Table 4.5**.

Table 4.5   The correlation matrix of the five tests for grades 3-6

	Syllable	Rhyme	Read I	Read II	Word
Syllable	1				
Rhyme	.326**	1			
Read I	.136**	.201**	1		
Read II	.195**	.309**	.295**	1	
Word	.210*	.371**	.233**	.672**	1

Another path analysis was also conducted to examine what affects reading with data from grade 3 to grade 6. **Figure 4.4** shows the direct and indirect effects of these variables on reading ability.

First, the correlation among *Age, Gender,* and *Kinder* was confirmed. Then, *LOL* was predicted by a linear combination of *Age, Gender,* and *Kinder.* Significant paths were found from *Age* to *LOL* ($\beta = .12$), from *Gender* to *LOL* ($\beta = .08$), and from *Kinder* to *LOL* ($\beta = -.12$). The results here are almost identical to the analysis of all grades, except for the lower beta weight between *Age* and *LOL.*

The Body Test scores were predicted by a linear combination of *Age, Gender, Kinder,* and *LOL. Age* and *Gender* made statistically significant contributions to predicting the Body Test (betas of .10 and .16, respectively). The older students performed better in the Body Test and female students were

4章 リーディング能力を予測する要因としてのアルファベットの文字知識と音韻・音素意識　135

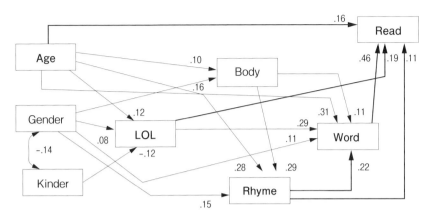

Figure 4.4 Path Analysis for Predicting Literacy Development in grades 3 to 6

better at understanding the sound structure of words. The results are the same as for the analysis of scores from all grades, but the beta weight of *Age* on the Body Test decreases significantly from .48 to .10, while the beta weight of *Gender* on the Body Test increases slightly from .11 to .16.

Next, the Rhyme Test was predicted by a linear combination of *Age*, *Gender*, *Kinder*, *LOL*, and the Body Test. *Age* (β of .28), *Gender* (β of .15), and the Body Test (β of .29) made statistically significant contributions to predicting the Rhyme Test. Again, the superiority of older students and of female students was found in the Rhyme Test. The ability to recognize the difference in the initial positions of words strongly predicts the ability to recognize the different sounds in the ending positions of words. The relationships in this analysis were identical to those with the data from all grades, except for the slight changes in the beta weights.

Then, the Word Recognition Test scores were predicted by a linear combination of *Age*, *Gender*, *Kinder*, *LOL*, the Body Test, and the Rhyme Test. *Age* (β of .31), *Gender* (β of .11), *LOL* (β of .29), the Body test (β of .11) and the Rhyme Test (β of .22) made statistically significant contributions to predicting the Word Recognition Test. Here is the significant difference from the data with all grades: the Body Test shows the relationship with the Word Recognition Test that was not found in the data with all grades. Thus, in addition to the superiority of the older students, the female students and those with extra instruction outside of school, the ability to detect sound differences in both the beginning and the end of words predicts the Word Recognition Test.

Finally, the combined scores of two reading test scores were predicted by a linear combination of all the variables in order. The causal flow was pruned by dropping *Gender* and *Kinder* and the Body Test. Significant paths were found between reading ability and *Age* (β of .16), *LOL* (β of .19), the Rhyme Test (β of .11), and the Word Recognition Test (β of .46). Although the negative contribution from the Body Test to Reading was found in the data with all grades, the one with older participants over grade 3 showed no contribution from the Body Test to Read. While *Gender* did not predict directly reading ability, *Age* remained a good direct predictor. The effects of extra English learning and the Rhyme test predicted better scores on the reading tests.

In summary, *Age* was again found to be the strongest predictor of reading ability. *Gender* had a direct effect on the Body Test and the Rhyme Test and the Word Recognition Test, with slightly higher coefficients with older samples. There were other direct positive pathways to reading from *LOL*, The Rhyme test and the Word Recognition Test as found in the previous analysis. The additional English classes were again found to influence the acquisition of spelling and reading. Word recognition was predicted by rhyme recognition ability and also by body recognition ability with older children.

Discussion

Concerning the validity of the tests, the researcher endeavored to develop original tests that could satisfy both content and construct validity, based on the findings in the field and her experience as a teacher. Desirable reliabilities were obtained for the Reading Test II ($\alpha = .82$) and the Word Recognition Test ($\alpha = .88$). The reliability of the Body Test was still good ($\alpha = .72$) while those of the Rhyme Test ($\alpha = .66$) and the Reading Test I ($\alpha = .65$) were marginal. Descriptive statistics and item analysis indicated that the Reading Test I was a poor test because it was too difficult. However, by combining the two reading tests—the Reading Test I and II—the reliability problem was solved ($\alpha = .84$).

Statistical analyses presented strong and independent effects of age on both phonological and literacy development. ANOVAs with post hoc test revealed that the age between the second grade and third grade might be the important period for acquiring phonological awareness while the periods between the third and the fourth grade and between the fifth and six grade were crucial for developing reading ability. On the other hand, children developed their orthographic knowledge significantly in between the fourth and the fifth grade.

Gender was also found to be a factor influencing the acquisition of reading and phonological awareness. This confirms the general finding that girls are better language learners at this age (e.g. Wells, 1986) and the author's observation of classroom activities.

Finally, some interesting findings were reported based on the two path analyses, one with data from all grades (ALL, hereafter) and the other with data from grades 3 to 6 only (3-6, hereafter). The ability to detect sound differences in the opening position of a word shown in the Body Test predicted the ability to detect ending sound differences shown in the Rhyme Test ($\beta = .31$ in ALL, and $\beta = .29$ in 3-6). This means that children with better body awareness can be expected to have better rhyme awareness.

However, the path analysis showed that these two phonological awareness had considerably different influences on literacy development. Rhyme detecting ability predicted spelling ability ($\beta = .21$ in ALL and $\beta = .22$ in 3-6) and reading ability ($\beta = .12$ in ALL and $\beta = .11$ in 3-6) directly, so this ability predicts word recognition directly and reading both directly and indirectly. However, body awareness made no contribution to the prediction of spelling ability with the data from all grades, while it predicted spelling with the data from grades 3 to 6 ($\beta = .11$). For reading, the Body Test had a small negative contribution to the prediction of reading ability ($\beta = -.087$) with the data from all grades and no contribution with the data from grades 3 to 6. What causes this difference?

To interpret this difference, we can refer to some studies that investigated the effect of position in a sound categorization task (e.g., McBridge Chag, 1995; Stahl & Murray, 1994). Investigating the relationship between phonological skills and subsequent reading development, Bryant and Bradley (1985) studied 368 British four-year-olds and five-year-olds for four years. At the beginning stage, they administered a series of rhyming and alliteration tests and found that the subjects showed better performance on rhyming tests than on alliteration tests. The researchers suggested that the difference could be explained by the amount of subjects' linguistic experience.

But the early experience which children have with categorizing words in this way tends to be with rhyme rather than with alliteration. Rhyme is the stuff of word-games and, of course, of nursery rhymes. So interestingly enough the difference suggests that we are dealing with a skill which really is affected by experience. Children have experience with rhymes and are better at them.   (p. 58)

On the contrary, Kirtley et al. (1989) reported that their 64 British five year-olds were correct more often in the Opening Sound task than in the End Sound task. This means that the children were more able to detect a phoneme difference in an initial position than in a final position. The difference between these two studies was that Bryant and Bradley (1985) dealt with alliteration and rhyming while Kirtley et al. (1989) used single phonemes for detection.

Examining the phonological skills of young Japanese EFL learners, Allen-Tamai (1998) studied the ability to detect differences in alliterations and among 56 five-year-old kindergartners and 33 elementary school children, aged six to twelve years. Both kindergarten and elementary school children showed that they had better ability to recognize alliteration differences than rhyme differences.

The present study also reports a significant difference between the Body Test and the Rhyme Test ($t = 15.91$, $df = 559$, $p = .001$). The participants found it more difficult to detect vowel differences in a rime unit than in a body unit. These studies suggest that young learners perceive sound differences better in opening positions than ending positions.

One other interpretation of the differences between the performance on the Body Test and the Rhyme Test is possible. It could be that L1 has an influence on L2. Since Japanese learners are more used to aural stimuli in body units (actually mora unit) than in phoneme units, they performed better in the Body Test. On the contrary, awareness of the English sound system was necessary to answer the Rhyme Test since onset-rime unit rarely appears in Japanese sound system. The influence of L1 phonological system on these tests becomes more salient when we compare the results of the present study with that by Kirtley et al. (1989).

While English-speaking children showed better understanding on the Rhyme Test than the Body Test, Japanese children showed the opposite results. Mann (1991) reported similar results regarding L1 influence on L2 phonological acquisition. She studied the phonological abilities of Japanese first graders and found that they performed slightly better on the tasks that involved syllables than American counterparts, while they performed substantially less well on the phoneme-based test.

Incorporating the notion of degree of difficulty in Contrastive Analysis Hypothesis, Eckman (1977; 1981) proposed the Markedness Differential Hypothesis (MDH, hereafter). He (1977) defined "markedness" as follows; "A phenomenon A in some language is more marked than B if the presence of A in a language implies the presence of B; but the presence of B does not imply the presence of A" (p. 320). According to his definition, onset-rime distinction is more marked than syllable, since all languages have syllable unit while certain languages such as English have onset-rime distinction. The MDH predicts that "those areas of the TL (L2) which will be difficult are those areas which are (1) different from the NL (L1), and (2) relatively more marked than the NL" (Eckman, 1981, p. 19). According to the MDH, acquisition of onset-rime distinction, which is more marked than syllable, is difficult for Japanese learners. Thus, the rhyme distinction is also difficult for Japanese since one cannot identify rhymes without onset-rime distinction.

On the other hand, Bohn and Flege (1992) proposed that second language learners find it easier to acquire something different from their L1 system than something similar. L2 learners are expected to construct new perceptions or concept not using L1 knowledge. Bohn and Flege (1992) reported that German EFL learners found it easier to build a sound category for new English sounds such as /æ/ than for sounds which have a similar counterpart in German such as /ɛ/ or /ɪ/. Since there is no such a sound unit like onset-rime distinction in Japanese, Japanese learners need to establish a new category in order to perceive this kind of distinction.

Comparing these two hypotheses, the present study supports Eckman's markedness theory, not the Bohn and Flege theory, since the participants had better scores on the Body Test than on the Rhyme Test.

The picture seemed to be slightly changed when dealing with L1 phonological influence on L2 literacy development. While the Body Test had a negative or no influence on predicting reading ability in all samples or in the older samples, rhyme detection ability had a positive influence. Similarly, body detecting ability showed none or a small contribution to orthographic knowledge of vocabulary in all samples or in the older samples, while rhyme awareness positively influenced it. As explained above, ability to match body units cannot be used as an indicator of a learner's knowledge about the English sound system, but rhyme knowledge can be used as a good indicator of the degree to which Japanese EFL learners are familiar with the English sound system. Those who possessed the developed awareness for English sound system showed better reading ability. Those findings raise the question of whether there is a negative influence from L1 phonological system on L2 literacy development. As mentioned above, Japanese learners need to establish a new category in order to perceive the onset-rime distinction since the Japanese sound system rarely uses such a distinction. It is speculated that establishing a new phonological concept of onset-rime distinction of English helps to develop corresponding English reading ability.

In the present study, word decoding ability strongly predicted attained reading ability ($\beta = .50$ in ALL and $\beta = .46$ in 3-6). Understanding a sentence starts from word recognition or word understanding. Smith and Kleiman (1976) have indicated that the system for recognizing words starts from the level of perceiving distinctive features of the letters, to that of recognizing each letter, then to that of understanding the letter combinations, in which orthographic knowledge operates, and finally to the level of lexical access recalling the word from memory and understanding the word as a whole.

Mason (1975) studied the reading abilities of American elementary school children and divided them into low-level readers and high-level readers. The children were asked to identify certain letters in both real words and nonsense words. Nonsense words were made up both following and not following the spelling rules. High-level students responded faster to the words which followed correct spelling rules than to those which did not follow spelling rules, while low-level students did not show any significant differences in responding to these two types of the words.

Perfetti and Hogaboam (1975) have also found the same association between reading ability and orthographic knowledge, in studying American third and fifth graders. The children were asked to read high-frequency words, low-frequency words and nonsense words shown on a screen. The researchers counted their responding time as well. The high-level and low level students did not show differences when they responded to high frequency words but showed the differences in responding to low-frequency and especially nonsense words. The researchers concluded that these differences resulted from the decoding ability of transferring written symbols to meaningful words.

The present study suggests that the same principle is probably applicable to young EFL learners. It will also be very important for EFL learners to increase the number of sight words that are processed directly from the distinctive feature level to lexical access level to speed up their reading.

With regard to the limitations of the study, there is a need for improvement of the Body Test. It obtained a high rate of misfitting persons as measured by Rasch anaysis. The younger participants had more problems and answered unsystematically. The high rate of misfitting persons from School A suggested that the participants had more problems understanding the test procedure than solving test items since the participants from School A had to take all the five tests together in one day and subsequently had less time to get test-taking instruction. Younger participants would have done better if the test had contained three multiple choices instead of four. The interpretation of analysis should be cautious although these misfitting persons were deleted from the data for further analysis. This is the main reason why the researcher conducted the second path analysis, excluding those in grades 1 and 2.

The second limitation of this study was the fact that the samples of this study did not adequately represent the population. Since the samples were neither randomly selected nor stratified, the results of this study cannot be interpreted for the population. It can only modestly imply the general tendencies of some young Japanese EFL learners.

The third limitation was related to the validity of path analysis. It was necessary to measure other variables in order to claim causality between phonological awareness and reading development in a correlational study. If a relationship between phonological awareness and reading ability exists, even when the other variable is included and after it has been partialled out, one can safely say that there is a causal inference from phonological awareness to reading development. Intelligence is the best variable to be measured and included to the model, because it affects all kinds of development of children. Since it was impossible to measure the intelligence of the participants in the present study, the path did not include that most affective factor of those children.

However, this study has a number of pedagogical implications. The children in this study were found to acquire body awareness more easily than rhyme awareness. But it was not body awareness, but rhyme awareness that was found to predict successful acquisition of orthographic knowledge of vocabulary and reading ability. Thus, it can be suggested that it will be beneficial for elementary school children to learn to recognize differences in initial segments first and then move on to differentiate final segments. Even if children are still pre-readers, sound differences can be introduced into the classroom by providing appropriate visual aids. Sound lessons can also be used as a diagnostic measure for beginning readers to raise their phonological awareness and this may benefit them in learning to acquire decoding skills.

| 研究 4.2 | Phonological Awareness, Letter Knowledge, and Word Knowledge among Young Japanese Learners of English |

Many researchers and educators have claimed that reading is the most important academic skill because through reading we advance our learning by obtaining and interpreting new information. Hudleson (1994) defines reading as "a language process in which an individual constructs meaning through a transaction with written text that has been created by symbols that represent language" (p. 130). Accordingly, we need to learn how our language is encoded in its writing system. In learning to read, a learner must understand how graphic symbols represent one's spoken language, and it is crucial to learn letter-sound mappings in each language system. Thus, in the past few decades, a substantial number of studies have reported the importance of phonological awareness, that is the ability to understand and manipulate phonological structure of spoken words, on developing subsequent vocabulary and reading development (e.g. Adams, 1995; Ehri *et al*, 2001; Goswami & East, 2000; Goswami, 2003; Sawyer & Fox, 1991; Stanovich, 1991; Wagner & Torgesen, 1987). Stahl (2002) has regarded phonological awareness as "one of the major contributions that psychology has made to the pedagogy of reading over the past 25 years" (p.341).

Phonological awareness and reading development in L1

According to Amano (1986), the first systematic research on phonological awareness was conducted by Russian psychologists such as Vygotsky and Luria. The importance of developing phonological awareness at the beginning of the language acquisition process was strongly advocated by Russian educators as well. Since the mid 1970s, psychologists in Western Europe and the United States have become more interested in investigating phonological awareness and its relation to subsequent reading development. They have reported that phonological awareness plays an important role in developing reading ability in first language acquisition.

The first large-scale cross-sectional study in the U.S.A. was conducted by Calfree, Lindamood, and Lindamood in 1973 on 660 American students in kindergarten through Grade 12. They reported that there was a strong correlation between the ability to manipulate phonemes and reading. Among many researchers investigating the relationship between phonological awareness and reading development were Nation and Hulme (1997) and they examined the effects of different types of phonological awareness on reading and spelling ability. Their 75 British participants in grades 1 to 3 showed that the phonemic segmentation task was the best predictor of spelling and reading ability, although their ability to identify sounds increased with age and also correlated with reading and spelling. Similarly, Stage and Wagner (1992) reported that phonological awareness affected spelling acquisition, by examining phonological awareness, reading ability, and working memory among 187 American children in kindergartens and elementary schools. They, however, also reported that metalinguistic abilities such as word awareness played a more significant role than phonological awareness as children got older.

In addition to those cross-sectional studies, other researchers have conducted longitudinal studies to clarify the cause and effect relations between phonological awareness and reading development. In a large-scale longitudinal correlational study, Bradley and Bryant (1985) examined 368 four- and five-year-old nonreaders. The children were administered a battery of tests, including sound categorization, three years before the children took standardized tests of reading and spelling, and again a sound categorization test. The phonological awareness at the pre-reader level was found to be a good predictor of subsequent reading and spelling ability, although other variables such as IQ and educational history shared more variance with successful reading and spelling achievement. Similar results were reported by Lundberg, Olofsson, and Wall (1980) with participants speaking a language other than English. Following the same 143 Swedish children for one year, the researchers found that the children's achievements in reading and spelling were validly predicted by their level of phonological awareness. Following them for another half year, they found that the most powerful predictor of reading and writing skills was their analytic ability in manipulating phonemes. Wagner and his colleagues (Wagner, Togesen, & Rashotte 1994; Wagner, Torgesen, Rashotte, Hecht, Barker, Burgess, Donahue, & Garon, 1997) conducted their longitudinal study for a much longer period of time; for five years. They aimed to examine the nature of young children's phonological processing abilities and their relationship to word decoding. They individually administered 22 tests to each child every fall, assessing phonological processing abilities, word-recording abilities, and verbal abilities. Phonological awareness was again found to be related to subsequent development of word decoding for every time period examined.

Despite the variety of the tasks used in each study for measuring phonological awareness, the correlational studies introduced here lend support to the claim that there is a powerful causal relationship between phonological awareness and reading and spelling development.

Development of L2 phonological awareness and its effect on L2 reading

Phonological awareness among bilingual children has been examined systematically as a transferable cognitive ability in second language development (see Kuo & Anderson, 2008, 2010 for a review). Bruck and Genesee (1995) assessed the phonological awareness of 72 English monolingual and 91 English-French bilingual children and found that onset-rime awareness of the bilingual children was superior to that of the monolingual children. The researchers interpreted another superiority in syllable segmentation among the bilingual children as indicating a linguistic transfer from French because French has more salient syllables than English. Comeau et al. (1999) also examined English-French bilingual children of lower grades and claimed that L1 phonological awareness transferred to L2 phonological awareness. Cisero and Royer (1995) investigated cross linguistic transfer with Spanish-English bilingual children. They examined (a) how phonological awareness developed among Spanish-speaking children learning English, and (b) how their development of Spanish phonological awareness affected that of English phonological awareness. The researchers have reported that their Spanish speaking children developed their onset-rime awareness before phonemic awareness and that only the scores of the onset detection test in Spanish predicted the onset detection in English, although "the pattern of correlations as a whole suggests that evidence for cross-language transfer could have been found for any of the phonological awareness skills if one had looked at the right skill at the point in the developmental process of skill acquisition" (p. 298).

Kuo and Anderson (2008) summarize foundings of empirical research examining development of phonological awareness among bilingual children compared to monolingual children. According to their analysis of cross linguistic transfer, "(the) advantage is especially pronounced when the bilingual children's native language: (a) has simpler and more regular phonological structures; (b) has more salient segmental units; or (c) is orthographically transparent. However, bilingual children do not seem to have an advantage in phonological awareness when their first and second language have very different phonological structures." (pp. 43-44)

If there is a possible transfer of L1 phonological awareness to L2 phonological awareness, as those bilingual studies suggest, what would the relationship between L2 phonological awareness and L2 reading ability be? Hu (2003) investigated the role of phonological memory and phonological awareness in English word learning among Taiwanese preschool children. Phonological awareness and phonological memory of her 58 Chinese speaking 4-year-old participants were assessed four times over two years and their English word learning was assessed at the third time and their ability to relearn the words was assessed at the fourth time. She found that L2 phonological awareness supported L2 word learning. She suggests that phonological aspects in word learning are important in the early stage of foreign language acquisition because "initial FL word learning normally involves learning neither new concepts nor new ways to categorize old concepts. Rather, it involves more of the learning of new sound patterns and the mapping of the sound patterns onto old concepts, a simple translation of vocabulary from one language to another" (p. 430). As Koda (2008) claims that "as in first-language learning to read, second-language reading acquisition is dependent on phonological awareness, and such dependency occurs both within and across languages" (p.82). Hu's study verifies the claim that L2 phonological awareness greatly affects the development of L2 reading.

Phonological features of Japanese and English

As Kuo and Anderson (2008) have pointed out, it is important to know what kind of phonological structure a native language, Japanese in this case, has. According to Kubozono and Oota (2001), the mora is the basic phonological unit for Japanese spoken language, which measures the phonetic and phonological length of Japanese words and utterances. The mora, derived from Latin, was originally used to transcribe the length of syllables in classical western poems. English, by contrast, is said to be a syllable-based language. The mora is a smaller sound unit than the syllable and it can be extracted from the syllable by segmenting syllable into smaller units. The difference between a syllable and a mora in Japanese can be seen in the special morae named *chouon* (prolonged sounds), *sokuon* (double consonants), *hatuon* (nasal sound), and the second element of diphthong. None of these special morae ever occur at the beginning of a word, but carry their sounds as long as an usual independent mora. Since long vowels, as well as diphthongs, generally prolong their sounds twice as long as short vowels, the word Kyoto, for instance, has two syllables (Kyou-to), but three morae (Kyo-u-to), and Osaka has three syllables (Oo-sa-ka), but four morae (O-o-sa-ka). In the case of sokuon, Hokkaido has three syllables (Hok-kai-dou), but six morae (Ho-k-ka-i-do-u), and as for hatuon, Gunma has two syllables (gun-ma), but three morae (gu-n-ma).

In addition to this difference in phonological units, English and Japanese show remarkable differences in their syllabic structures. A syllable, which is a phonetic unit consisting of a vowel and its surrounding consonants, can be categorized into two types, depending on the way it ends. A syllable ending with a vowel is called an "open syllable" while one ending with a consonant is called a "closed syllable." Japanese is a typical open syllable language and the open syllable is the basic syllabic structure. *Hatuon* and *Sokuon* allow it to have closed syllables and their occurrence comprises about 10 % of all Japanese syllables. By contrast, according to Dauer (1983), 56 % of English syllables are closed syllables, showing a notable contrast to Japanese.

Now let us think how a language is encoded in its writing system. Perfetti and Dunlap (2008) classified the world's three major writing systems as: graph to phoneme (alphabetic), graph to syllable (syllabic), and graph to word or morpheme (logographic). According to their categorization, English represents an alphabetic writing system and Japanese Kana (both Hiragana and Katakana) represents a syllabic writing system, while Japanese Kanji (borrowed Chinese characters) represents a logographic writing system. Kubozono and Homma (2002) also provide another mapping principle: graph to phoneme (alphabetic), graph to syllable (syllabic), and graph to mora (moraic). Based on their categorization, English is an alphabetic language and Japanese Kana is a moraic language, while Kanji is a syllabic language. In either case, we can clearly see that Japanese and English use not only different writing scripts but also different systems to map graph to sound.

Letter knowledge and word knowledge

It has been well documented that understanding letters as well as phonological awareness plays a crucial role in development of early literacy among English speaking children (e.g. Ehri et.al, 2001; Blatchford & Plewis, 1990). Share *et al.* (1984) have identified phonemic awareness and letter knowledge as the two best school-entry predictors of how well children will learn to read during the first two years of instruction. Treiman *et al.* (1998) also reported that children acquired an implicit sensitivity to the phonological structure of letter names through alphabet learning, which may provide a base for the explicit phonemic awareness. As abundant literature in this filed suggests, "learning to read is affected by the foundation skills of phonological processing, print awareness, and oral language." (Whitehurst & Lonigan, 2002, p.12)

It is also important to clarify how word knowledge is defined in this study. According to Stahl (1999), although knowing a word traditionally means knowing its definition, we need to know how the word is actually used in different contexts. Nation (2001) applied the terms "receptive" and "productive" to vocabulary and covered all the aspects of what is involved in knowing a word, namely, form, meaning, and use. Cameron (2001) cites many types of knowledge involved in knowing a word, such as receptive knowledge, orthographic knowledge, conceptual knowledge, phonological knowledge, collocational knowledge, grammatical knowledge, pragmatic knowledge, connotational knowledge, and metalinguistic knowledge. We gain these types of knowledge gradually every time we encounter the same word and develop our mental lexicon. Learners usually start connecting the representation of phonological features of a word in a foreign language and they try to connect them to its concept, developed in a native language. This phonological representation of a new word is believed to relate to its orthographic representation. As learners repeatedly meet the word, they develop syntactical and morphological understanding and semantic representations, which include information about its core meaning and its connotation. Finally, learners develop their understanding of its use in different contexts and they gain pragmatic rules for using the word. Because the participants of this study were young EFL learners with a very limited English proficiency, they were simply measured as to whether or not they were able to recognize the word when it was heard, to recognize its orthography, and to recognize the meaning of a written form of the word.

Current Research

The current study examines the nature of English phonological awareness among Japanese young EFL learners and its influence on English word knowledge, along with letter knowledge. As literature in this field has repeatedly claimed that phonological awareness is a successful predictor of spelling and reading development, it is important to replicate the studies and examine the validity of the findings in a foreign language learning environment. This research may provide different results because, unlike those participants in many bilingual studies, most Japanese EFL elementary school children are much less proficient and English and Japanese are very different in their language systems, especially in written forms. Thus, in the present study, two research questions are formulated based on the theory of phonological awareness and word knowledge. The questions ask: (a) how English phonological awareness and letter knowledge among Japanese young learners affects word knowledge in English, and (b) how English phonological awareness develops among those participants.

In this longitudinal study the researcher investigated the cause-and-effect relationship between phonological awareness/ letter knolwedge and word knowledge among Japanese EFL learners

Method

Participants

This study began at a national elementary school with 130 students (65 boys and 65 girls) in 2005 when they were in the fifth grade and ended two years later with 93 students (38 boys and 41 girls and 14 unknowns who did not specify their sex) in 2007 when they entered a junior high school. There are 74 national elementary schools, which comprise only 0.03 % of the total number of elementary schools in Japan. Children at national schools generally perform better in academic skills and have high motivation for learning. The national elementary school in this study requires an entrance examination and an interview for screening children. While most students in this elementary school moved on to a coordinated national junior high school, some moved on to private junior high schools and new students filled the vacancies after passing an entrance examination. The permissions for participation were obtained from their teachers and the principal.

Literacy program and instuments

Five months prior to the start of the literacy program, the participants took part in a course in which they had learned some basic English activities at their school. Training included activities to develop their letter knowledge and phonological awareness. They took 21 times of 10-minute training when they were in the fifth grade and learned to read and write alphabet letters in upper case. In the second year of the study, they received 28 times of 10-minute training and they learned to read and write lower case letters and to develop their phonological awareness. Finally, they began to match a letter to its sound and they started decoding simple words such as *can- man*, or *king-ring* by developing onset-rime recognition.

Instruments to measure letter-name knowledge and phonological awareness

The participants first took a letter-name test in upper case letters at the beginning of this study before they received the intervention (Time 1), and then phonological awareness and letter-name knowledge (letter knowledge) for the second time were measured a year later (Time 2). They were administered the phonological tasks again at the end of the 6th grade (Time 3) and finally the participants who advanced to the coordinated national junior high school took the vocabulary tests and a letter-name test in lower case at the beginning of the seventh grade (Time 4). The instruments used in this study to measure letter-name knowledge were the same as those used in Study 2.1 (See Appendix-1), and all of the instruments used to measure phonological awareness were the same as those used in Study 3.2.

Instruments to measure vocabulary knowledge

Vocabulary Test 1. Participants selected the correct word from three choices for each picture. For example, they had to choose *bus* by looking at the picture, from *bus*, *bud*, and *but*. There were 30 items. (See Appendix-5, Word Recognition Test)

Vocabulary Test 2. Participants selected the correct picture from three choices after listening to the CD. For example, they had to choose the picture of a *door* from those of a *doll* and a *dog* after hearing '*door*' from the CD. There were 20 items.

Vocabulary Test 3. The participants wrote the meaning of the word in Japanese if they knew it. For example, they had to write「いぬ」while looking at the *dog* on the paper. There were 26 items. (See Appendix-7b)

Results

Table 4.6 reports the means, standard deviations with raw scores and the reliability (Cronbach's alpha) of each instrument. All the instruments had adequate reliability, except for Vocabulary Test 2.

Table 4.6 Descriptive Statistics of Each Task and Test at Different Times

	N	k	M	$sd.$	*reliability*
Ph. Aw (Time 2)	130	48	36.16	8.26	.82
Ph. Aw (Time 3)	130	48	39.96	6.24	.80
Alphabet (T1-upper)	130	70	60.89	9.86	.93
Alphabet (T2-upper)	130	70	66.99	4.28	.91
Alphabet (T4-lower)	93	34	33.38	1.41	.72
Vocabulary 1 (T4-spell)	93	30	27.55	4.25	.91
Vocabulary 2 (T4-sound)	93	20	17.81	1.58	.45
Vocabulary 3 (T4-meaning)	93	26	19.15	5.41	.90

Phonological awareness, letter knowledge, and word knowledge

Correlations were calculated for phonological awareness, letter knowledge and vocabulary knowledge. As shown in Table 4.7, most of the scores were significantly correlated with each other, with the exception of lowercase letter knowledge. Phonological awareness scores at Time 2 and 3 were more strongly correlated with each other ($r = .57$) than they were with other scores. Phonological awareness measured at Time 3 after the training showed stronger correlations with all other scores ($r = .11 \sim .47$) than that at Time 2 ($r = .01 \sim .44$).

The letter knowledge measured between Time 1 and Time 2 ($r = .38$) and between Time 2 and Time 4 were significantly correlated, but not between Time 1 ($r = -.01$) and Time 4 ($r = .29$). It is difficult to interpret Time 1 result since all the letter knolwedge scores were expected to be correlated. The fact is that the letter knowledge of lower case did not correlate with that of upper case before the trainings. But there was a statistically significant correlation between these two after the training. Thus, the explicit letter knowledge of upper case obtained by writing trainings may have affected the development of letter knowledge of lower case.

Vocabulary 3 was correlated with both Vocabulary 1 ($r = .52$) and Vocabulary 2 ($r = .36$) but there was no significant correlation between Vocabulary 1 and Vocabulary 2 ($r = .15$). This is also a difficult result to be interpreted because Vocabulary 2, which measures auditory understanding of vocabulary, is supposed to be a basic foundation of word knowledge and so it was expected to have strong correlations with the two other vocabulary tests. The problem lies in the low reliability of Vocabulary 2, and so after applying correction for attenuation, the corrected correlation coefficient between Vocabulary 1 and Vocabulary 2 was ($r_{CA} = .23$) and that between Vocabulary 2 and Vocabulary 3 was ($r_{CA} = .57$). In any case, interestingly Vocabulary 2 was more strongly related to phonological awareness measured after the trainings ($r = .45$) than to the word meaning test ($r = .36$).

The hypothesis that phonological awareness and letter knowledge affect the development of word knowledge was tested with structural equation modeling. The model had χ^2 value of 50.948, 41 degrees of freedom ($p = .137$).

Table 4.7 Correlations among Phonological Awareness, Letter Knowledge and Vocabulary in Different Times

	1	2	3	4	5	6	7	8
1. Ph. Aw (Time 2)	1.0	.57**	.23*	.31**	.01	.26*	.25*	.44**
2. Ph. Aw (Time 3)		1.0	.28*	.47**	.11	.30**	.45**	.43**
3. Letter K. (T1-upper)			1.0	.38**	-.01	.29**	.26*	.22*
4. Letter K. (T2-upper)				1.0	.29**	.58**	.24*	.53*
5. alphabet (T4-lower)					1.0	.07	.03	.04
6. Voc. 1 (T4-spell)						1.0	.15	.52**
7. Voc. 2 (T4-sound)							1.0	.36**
8. Voc. 3 (T4-meaning)								1.0

The comparative fit index was 0.963 and RMSEA was 0.051. These indices indicate that this model adequately fits the data.

Phonological awareness in L2 was found to be a successful predictor of development of word knowledge in L2, along with letter knowledge among young EFL learners. In this study, since phonological awarenes and letter knowledge were measured two years before the measurement of word knowledge, it is safe to say that there was a cause-and-effect relationship between phonological awareness and word knowledge.

The factor loadings of each test on its respective construct are shown in the upper right corner of boxes. Open 2 had the highest loading (.75) on pho-

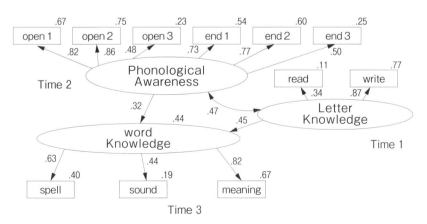

Figure 4.5 Word knowledge development model with phonological awareness and alphabetical letter knowledge in a longitudinal study.

nological awareness, followed by End 2 (.60), while Open 3 had the lowest (.23), followed by End 3 (.25). Since Open 2 and End 2 consist of items that require phonemic awareness to recognize vowel differences, this result suggests that those students with higher phonemic awareness gain the ability to recognize words.

Productive knowledge of alphabet letters had a much higher loading (.77) than receptive knowledge (.11). This suggests that the ability to write letters after hearing their names predicts the ability to recognize words much better than the ability to recognize letters.

For vocabulary knowledge, literacy word knowledge, knowing the meaning of written words, had the highest loading (.67), while aural word knowledge, knowing the meaning of spoken words, had the lowest loading (.19). This may indicate that the vocabulary knowledge predicted by phonological awareness and letter-name knowledge was the literacy aspect of word knowledge.

The standardized regression coefficient of letter-name knowledge (.45) was higher than that of phonological awareness (.32), indicating that letter knowledge predicted participants' ability to recognize words better, and 44 % of the variance in their word knowledge was explained in this model.

The effects of the training and development of phonological awareness

In order to examine the effects of the training, the scores of the letter-name tests at Times 1 and 2 were compared first and there was a significant difference between them: $t = 7.461$. $df = 129$, $p < .001$, $\eta^2 = .30$. The performance of the participants on letter knowledge became significantly better after the training and 30 % of the variance of Time 2 score can be accounted for by the training. Likewise, the scores of the phonological tasks at Times 2 and 3 were compared and there was also a significant difference between these two times; $t = 5.522$, $df = 129$, $p < .001$, $\eta^2 = .19$. The participants performed better on phonological tasks after the training and 19% of the variance of Time 3 score could be explained by the training.

How the training on phonological awareness affects word knowledge was tested by structural equation model. It is speculated that the original phonological awareness that the participants had before the training (Time 2)

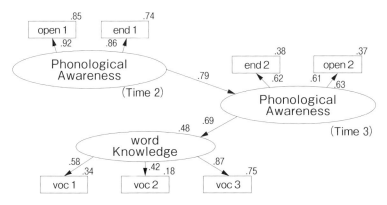

Figure 4.6　Development of phonological awareness and its affect on word knowledge development

affected the training results and the attained phonological awareness (Time 3) predicted the development of word knowledge. The model had χ^2 value of 14.583, 12 degrees of freedom (p = .265). The comparative fit index was 0.985 and RMSEA was 0.048. These indices indicate that this model adequately fits the data.

　　The Open Oddity task had a loading of .85 and the End Oddity task had a loading of .74 in Time 2. The standardized regression coefficient was .79 from phonological awareness measured at Time 2 to that measured at Time 3, which indicates a strong prediction. This model explained 48% of the variance in word knowledge construct.

　　This model suggests that phonological awareness in Time 2 before the training predicts its own development at Time 3. The participants with high performance at Time 2 gained better scores at Time 3 due to the benefits from the training or the natural development of metalanguage as age increased or both. Since 48 % of variance of word knowledge was explained by phonological development, it can be said that phonological awareness plays a major role in developing literacy in second language acquisition at an early stage.

Discussion

　　One of the primary goals of the present research was to examine how phonological awareness and letter-name knowledge relate to development of word knowledge in second language acquisition. Does phonological awareness in a second language still play an important role in the development of vocabulary learning even when learners have very limited exposure to a target language? The results from the study present evidence that English phonological awareness and letter-name knowledge predict development of word knowledge in English among young Japanese EFL learners. Because learning to read means learning to map print (written symbols) to language (spoken language for most native speakers), it is quite natural to emphasize the importance of developing phonological awareness to prepare young learners for their L1 literacy. The study here claims that the same is true for young second language learners and that they need to develop phonological awareness in a target language before developing literacy.

The participants who received some rhyming training in this study showed that they developed onset-rime awareness and there was a statistically significant gain in the scores after the trainings. However, it cannot be concluded from this study whether this change was caused by the training or by natural metalanguage development, or by a mixture of the two.

The role of letter-name knowledge was found to be significant for developing word knowledge. As shown in **Figure 4.5**, letter knowledge contributed more on the development of word knowledge than phonological awareness. The standardized regression coefficient from letter knowledge to word knowledge was .45, while that of phonological awareness was .32. A large volume of literature has emphasized the importance of letter-name knowledge for beginning readers (e.g. Adams, 1990, Ehri *et al.*, 2001, Share *et al.*, 1984), and it is true that L2 learners also need to develop letter-name knowledge as well as phonological awareness because alphabet reading involves the use of phoneme-letter mappings.

In the case of orthography, according to the consistency of correspondence between graphemes (letters) and speech segments, languages can be classified as either shallow or deep, or as transparent or opaque. Japanese Kana is transparent because its sound-letter mapping is consistent. Meanwhile Kanji is opaque and characters correspond to an 'on' reading (meaning they are pronounced in a Chinese original way) and a 'kun' reading (pronounced in a Japanese way). While English-speaking children learn to map a letter to a phoneme, Japanese children learn to map a letter to a syllable or a mora for Kana reading and to map a letter to a morpheme (a meaning) for Kanji reading. Japanese children learn to associate Kanji character forms and their corresponding syllable morphemes by writing them many times and Perfetti and Dunlap (2008) also found the same phenomenon among Chinese learners. Japanese children acquire a learning style to focus on mapping characters to their meanings by writing, more than by pronouncing, during their school years since they need to master 2136 characters by the end of their compulsory education. It is understandable that Japanese young learners transfer their learning strategy and learning style for learning to read Kanji characters to their developing of English word knowledge and that they focus more on memorizing whole-words instead of learning to map letters and their sounds. This, however, should be investigated in future research because it is beyond the scope of the present research.

In sum, the results from this study present evidence that phonological awareness and letter-name knowledge predict the success of development of word knowledge in a second language environment among young Japanese EFL learners whose first language has a very different writing system, in contrast to English, as well as a complicated orthographic system. By improving the instruments that had low reliability and by increasing the number of participants in the samples, the researcher will continue to investigate the development of the reading mechanism for young EFL learners and examine the cross linguistic features affecting reading development.

<table>
<tr><td>研究
4.3</td><td>音を大切にしたリタラシープログラム
での縦断研究</td></tr>
</table>

　ここでは筆者が開発したリーディングの基礎知識と技能を伸ばすプログラム
を受けた児童が，どのようにアルファベットの文字知識や音韻・音素意識を伸
ばし，リーディング力を身につけたのかを調査した縦断研究を紹介する。本プ
ログラムは公立小学校で実際に授業を担当しながら，筆者が開発したものであ
るが，その特徴は音を大切にした読み書き指導で，phonological-based litera-
cy program である。具体的には文字知識と音韻・音素意識を伸ばし，音と文
字との関係を教える，いわゆるフォニックスを通して，単語認識を高め，リー
ディングの基礎力を固めていく。45 分の授業の中で毎回 5 分〜 7 分程度，ルー
ティン活動として進めてきた。ここでは，その当時週 1 回の授業だったので，
5 年次から開始し，2 年間，最大で 70 回分の授業，つまりおおよそ 2 年間で総
計 6 時間〜 8 時間分の活動を扱ったプログラムの効果を報告する。

研究方法

研究参加者：参加児童が在籍していた公立小学校は，関東圏にある教育課程
特例校であった。そのため特殊な英語教育を行うことが可能であった。児童は
第 1 学年より週 1 回の英語を教科として受けていた。積極的に小中連携を進め
ていたこともあり，英語科では「義務教育 9 年間を通して聞くこと話すことを
中心とした一貫性・系統性のある実践的・実用的コミュニケーション能力の育
成」に重点を置いていた。その中でも本研究の対象校は，当該地域において英
語教育推進のモデル校であった。参加者は**表 4.8** のように，本研究者が 2010
年から 2014 年に教えた 4 つの年度にまたがる 4 期生合計 249 名（男子 113 名，
女子 136 名）の児童である。

表 4.8　参加児童の内訳

性 / 学年	2011 卒	2012 卒	2013 卒	2014 卒	合計
男子	34	27	29	23	113
女子	40	24	39	33	136
合計	74	51	68	56	249

リタラシープログラム

　高学年（週1時間のうち各5～7分程度）を対象としたプログラムの詳細は第5章で述べるが，アルファベット大文字の字形とその名前の学習から始め，音韻・音素意識を高める活動を行い，onset-rime フォニックスに入る。フォニックスは体系的また明示的に行われた。フォニックスでは，子音，短母音，二字一音，長母音について，この順番で指導した。

能力測定のために使用する道具

　2年間の児童の音韻・音素意識および文字知識，さらに語彙力の向上，またリーディング能力を測定するために次のような5種類のテストを5年生と6年生の学年の初めと終わりに行い，その発達度合いを検証した。また，児童がどのようにこれらの活動を評価したのか学年末にアンケートを実施した。

文字知識を測るテスト（大文字と小文字，Appendix-6）

　アルファベットの大文字の知識を測るため3つの設問を用意した。これらは今まで紹介してきた研究でも使用されたものであるが，最初は1つずつ読まれるアルファベットの名前を聞き，それに相当する文字を選びその順番を書くものである。次の問題は複数のアルファベットの名前が読まれるので，それに相当する文字群を選ぶ。最後のセクションは，音声を聞いて文字を書き取る問題である。学年の初めに大文字の知識について，そして学年の終わりは小文字の知識について測定した。

音韻・音素意識を測る2つのテスト

　3章で紹介した Kirtley ら（1989）が開発したテストを3つの条件に変更して開発したものである。単語の始め（open oddity test）と終わり（end oddity test）

の音の違いが理解できるかどうかを測定した。

音素結合および音素分節，文字と音のテスト

最初の 10 項目は Kirtley らで使用されていた 3 つの 1 音節単語の中で他とは異なる音のつながりがあるものを選び，答えるというものである。それら 10 問のうち 9 問は今までの研究で正解率が低い Open 3 型と End 3 型のものであり，音節の中核音である母音の聞き分けが主なものである。End テストの 4 項目は長・短母音の聞き分けとともに onset-rime 分節の力を問うものとしたが，1 項目のみ coda の違いを聞き取るものを含めた。

次に音素を操作する力を問うものとして，音素結合 (blending) 能力をみた。音素で提示された単語を理解し，その意味を日本語で書く項目を 5 つ，また英単語の中にいくつ音素があるのかを問うた音素分節 (segmenting) のテスト 5 項目，合計 10 項目用意した。

さらに 3 つの単語の共通の頭子音 (onset) の文字と尾子音 (coda) の文字を書かせる問題を 5 つずつ，合計 10 項目用意した。

語彙知識を測る 2 のテスト（Appendix–7a と 7b）

参加児童の語彙知識を測定するため次の 2 種類のテストを用意した。1 つのテストでは，児童は絵を見て，それを表す単語の正しいスペルを 3 つのうちから選んだ。例えばバスの絵を見て *bus, but, bud* から *bus* を正解として選び，そのスペルを丸で囲む。色，動物，乗り物，食べもののジャンルから，児童にとって馴染がある *boy, tree, mouse, bear, desk, car* など 30 個を用意した（研究 4.2 の Vocabulary 1 と同じ）。

もう 1 つのテストでは，単語（スペル）が書かれており，児童は意味がわかれば日本語でその訳を書いた。こちらも馴染のある *book, map, cat, apple* など 28 単語を用意した（研究 4.2 の Vocabulary 3 と同じ）。単語は，ESL 教材，Picture Dictionary などから頻出度の高いものを選択した。

Reading 能力を測る 2 つのテスト（Appendix–8a と 8b）

参加児童のリーディング能力を測定するため次の 2 種類のテストを用意した。1 つのテストでは，児童は絵を見て，それを表している文を選んだ。例えば女

の子が縄跳びをしている絵を見て She is jumping. という文を選ぶような問題を，12 問用意した。次に児童が 2 文を読んでその内容を表す絵を 3 つのうちから選ぶ問題を 5 つ用意した。例えば It is raining. A man does not have an umbrella. という文を読み，① 雨の中，男の人が傘をさして歩いている絵，② 雨の中，男の人が傘を持たず濡れている絵，そして ③ 雨がふっておらず，男の人が傘を持って歩いている絵を見て，適切なものを選んだ。

　もう 1 つのリーディングテストでは最初に文の内容が絵と合っているかを判断する正誤問題（6 問）を用意した。児童は野原を歩いている家族の絵を見て，例えば The man is wearing glasses. を（正），または It is winter. It is very cold. を（誤）と判断し，○×を付けた。次に 3 つの単語の中から適切なものを選び，文を完成させる問題を 10 問用意した。例えば Seven plus three is (ten, twelve, seven) の文においては ten が正解なので ten を○で囲んだ。次に 2 〜 5 文を読んで，それぞれ何を表しているのか考え，日本語で解答する問題を 4 問用意した。例えば，児童は I am an orange vegetable. Rabbits like me very much. という文を読み，「にんじん」と答える。最後に 10 文で構成されている文章を読み，その内容を日本語でまとめる問題を用意した。合計 28 問である。

手順：研究の趣旨や目的を管理職および学級担任に文書を示し，説明し，研究協力への同意をいただいた。個人が特定されない形でデータは処理された。毎年同様の同意を得，その結果を協力者と共有し，授業改善に努めた。

結果と考察

　ここでは，大きく 3 つのカテゴリーに分類して分析結果を報告する。【分析 1】では文字知識がどのように向上していったのか，大文字，小文字を個別に，また比較して分析した。【分析 2】では，音韻・音素意識の発達について報告する。Sound Category テストと音素の操作を要求したタスクの結果から，音韻・音素意識がどのように成長したのかを報告する。最後に【分析 3】では，文字知

識と音韻・音素意識がどのように単語知識やリーディング能力に影響したのか
を分析した結果を報告する。

分析 1
文字知識の発達

　ここではプログラムに参加することで児童のアルファベットの文字知識がど
のように変化したのかを中心にみていく。まずは大文字に関していえば，参加
児童はプログラムが始まる5年次の始めにアルファベットの知識を問う大文字
のテストを受けた。1年後の6年生の初めには小文字のテストを受けた。大文字，
小文字とも出題形式は全く同じである。3回目に6年生の卒業前に大文字と小
文字を聞いて書き取るテストを受けた。

　表4.9 では5年生の初めに受けた文字のテスト（名前を聞いて文字を選ぶ31項
目と名前を聞いて文字を書く19項目，うち5項目は同じ文字）の結果と6年次の
最後に受けた大文字の名前を聞き，複数の文字を書く26項目のテストの結果
を報告している。この小学校ではすでにかなりの児童がアルファベットの大文
字には慣れ親しんでいたので，5年次初めの段階ですでに文字の読みについて

表 4.9　大文字 26 文字のテスト結果（正解率と Difference Index）

	5年初め	5年初め	6年終わり			5年初め	5年初め	6年終わり	
	大読み	大書き	大書き	書きの DI		大読み	大書き	大書き	書きの DI
A	76%	99%	97%	-0.02	N	82%	82%	96%	0.14
B	91%	97%	97%	0	O	80%	100%	100%	0
C	*	*	97%	*	P	*	55%	95%	0.4
D	80%	*	96%	*	Q	80%	*	94%	*
E	78%	*	91%	*	R	82%	79%	95%	0.16
F	76%	*	91%	*	S	77%	*	100%	*
G	*	69%	93%	0.24	T	85%	*	95%	*
H	86%	91%	98%	0.07	U	79%	*	95%	*
I	*	48%	88%	0.4	V	77%	*	61%	*
J	*	57%	76%	0.19	W	*	86%	98%	0.12
K	86%	92%	97%	0.05	X	77%	*	98%	*
L	78%	79%	92%	0.13	Y	81%	*	95%	*
M	77%	80%	90%	0.1	Z	87%	*	73%	*

は平均 81 %，書きについて 80 %の正解率であった。その中でも「読み」の正解率が低かったのは A, F（76 %），M, S, X, V（77 %）であり，「書き」については I（48 %），J（57 %），P（55 %）の正解率が低かった。6 年終りの書き取りテストで正解率が低かったのは J（76 %），V（61 %），Z（73 %）であったが，これらは B と V，J と Z の聞き違いによるものであった。

　6 年の卒業前の大文字テストでは平均正解率が 92 %であった。Difference Index（DI: 差異指数）は，知識や技能の向上を反映する度合いであるが，2 年間でどれほど大文字を書く力が伸びたのかを DI の値で見てみると 12 の文字において A と O 以外は全て正解率が伸びていたが，一番大きく変化したのは P と I だった（両方ともに DI 値 .40）。

　表 4.10 では 6 年生の最初に受けた小文字テスト（名前を聞いて文字を選ぶ 31 項目と名前を聞いて小文字を書く 19 項目，うち 5 項目は同じ文字）の結果と 6 年生の最後に受けた複数の小文字の名前を聞き，文字を書く 26 項目のテストの結果である。全体的に大文字よりできがよく，「読み」については平均 93 %，「書き」について 86 %の正解率であった。6 年の卒業前には 91 %の平均正解率であった。全ての正解率が高いが，大文字同様，v（77 %）の正解率が低かった。

表 4.10　26 文字の小文字テスト結果（正解率と Difference Index）

	6 年初め	6 年初め	6 年終わり			6 年初め	6 年初め	6 年終わり	
	小読み	小書き	小書き	書きの DI		小読み	小書き	小書き	書きの DI
a	92%	95%	99%	0.04	n	94%	83%	88%	0.05
b	96%	88%	88%	0.00	o	96%	97%	99%	0.02
c	*	*	97%	*	p	*		82%	97%	0.15
d	94%	*	91%	*	q	92%	*	83%	*
e	91%	*	91%	*	r	93%	82%	91%	0.09
f	91%	*	91%	*	s	94%	*	99%	*
g	*	74%	89%	0.15	t	94%	*	93%	*
h	94%	85%	91%	0.06	u	92%	*	94%	*
i	*	83%	93%	0.10	v	93%	*	77%	*
j	*	80%	81%	0.01	w	*	94%	99%	0.02
k	94%	90%	98%	0.08	x	94%	*	98%	*
l	94%	87%	91%	0.04	y	92%	*	90%	*
m	93%	86%	88%	0.02	z	94%	*	80%	*

原因はbとの音が聞き分けられず，bとvを混同したからだと考えられる。

1年間でどれほど小文字を書く力が伸びたのかを Difference Index（差異指数）の値で見てみると 12 の文字において b 以外は全て正解率が伸びていたが，一番大きく変化したのは p と g だった（DI 値 .15）。

表4.11 は各アルファベットのテストの記述統計であるが，全てのテストを受けた 222 名のデータである。それぞれ適切な信頼度を持つテストであった。次にそれぞれの関連性を見るためにスピアマンの相関順位相関を行った結果を表4.12 に報告している。

全ての相関係数は 1 ％水準で統計的に有意であるが，5 年の初めの大文字を書くテストと 2 年後の大文字を書くテストの相関は中程度の強さであった（r_s = .39）。同様に 6 年の初めの小文字を書くテストと 1 年後の小文字を書くテストの相関も中程度であった（r_s = .45）。

表4.11　各アルファベットテストの記述統計 (n = 222)

	項目数	平均値	中央値	標準偏差	四分位範囲	歪度	尖度	信頼度
大文字認識（T1）	31	25.78	30	7.68	9	-1.36	.52	.96
大文字産出（T1）	19	15.59	16.5	3.20	4	-1.10	.88	.81
小文字認識（T2）	31	28.96	31	5.15	1	-3.35	11.31	.96
小文字産出（T2）	19	16.73	18	3.48	3	-2.32	5.38	.89
大文字産出（T3）	26	23.92	25	2.82	3	-2.62	8.91	.82
小文字産出（T3）	26	23.64	25	3.73	3	-2.39	5.63	.88

表4.12　各アルファベットテストのスピアマンの相関

	1	2	3	4	5	6
1 大文字認識（T1）	1.00	.67**	.44**	.41**	.39**	.47**
2 大文字産出（T1）		1.00	.41**	.44**	.42**	.54**
3 小文字認識（T2）			1.00	.49**	.40**	.42**
4 小文字産出（T2）				1.00	.49**	.45**
5 大文字産出（T3）					1.00	.55**
6 小文字産出（T3）						1.00

文字知識に関する分析の最後として，文字知識がどのように発達するのかをパス分析で見ていくことにした。5年生の初め (Time 1) に測定した大文字の知識が6年生の初め (Time 2) に測定した小文字のテストのできを予測し，さらにそれらが卒業前の彼らの文字を書く力のできを予測するという仮説をたて，パス分析を行った。

Amos 5.0 を使用してモデルの適合性を検証した結果，このモデルのカイ二乗値は 4.054 で，自由度は3であった ($p = 0.256$)。これは，観測行列と推定行列が統計的に異なっておらず，データがモデルに適合していることを意味している。もう1つのモデル適合指数，Root-Mean-Square Error of Approximation (RMSEA) は 0.037 で，これも良好なモデル適合を示している。モデル比較のもう1つの指標 Comparative Fit Index は 0.998 であった。これらの指標はすべて，モデルのデータへの適合が許容範囲から良好であることを示している。

6年生最後の Time 3 段階でのアルファベットの文字知識を予測するものとして5年最初 (T1) の大文字を「書く」能力 ($\beta = .35$) と6年初め (T2) の小文字を「書く」能力 ($\beta = .46$) が検出された。また，最終的な文字知識の分散の 54 % がこのモデルで説明された。

6年終りのテストでは，参加児童は少し速めに発音された複数の文字の名前を聞いて，それらを書き取った。つまり，児童が，速く正確に文字の名前を理解し，書くことができるという自動化した力を得ていたかが測定された。最終

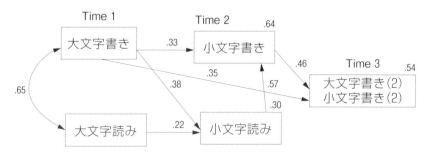

図 4.7　アルファベットの知識の向上に影響する要因

的に測定したものが「書く力」なので，Time 1 での大文字の「書く力」，また Time 2 での小文字の「書く」力が影響しているのは理解できる。しかし，大文字，小文字の「読む」力が Time 3 の「書く力」に全く影響をしていないのは，「書く」力の育成には文字を「読む」力だけでは足りないことが示唆されている。今までの研究（特に 2 章）より単語の認識には文字を「読む」力以上に「書く」力が必要であることが示唆されており，単語認識に必要な文字知識は複数文字を速く正確に把握し，さらに書くことができる自動化された力だと考え，文字学習には書く作業が不可欠だと考える。

分析 2
音韻・音素意識の発達

　文字知識同様に，参加者の音韻・音素意識を 5 年次 4 月（Time 1）と 6 年次 4 月（Time 2）に測定した。当該テストは Kirtley ら（1989）の 2 種類のテスト（Open Oddity Test & End Oddity Test）を参考に作成した。参加者は CD を聞き，3 つの単語の中から 1 つ違うものを選んだ。Open, End ともに 3 つの下位テストが用意され，それぞれ 8 項目，合計 24 項目のテストであった（第 3 章を参照）。**表** 4.13 に全てのテストを受けた 235 名のデータの記述統計を報告しているが，

表 4.13　各アルファベットテストの記述統計（n = 235）

	平均値	中央値	標準偏差	四分位範囲	歪度	尖度
Open 4 型（T1）	7.04	8	1.75	1	-2.19	4.32
Open 4 型（T2）	7.55	8	1.07	0	-3.32	12.13
Open 1 型（T1）	6.37	7	1.43	3	1.35	1.30
Open 1 型（T2）	7.24	8	1.42	1	-2.34	5.48
Open 3 型（T1）	4.22	4	1.61	2	-.20	-.49
Open 3 型（T2）	4.61	5	1.57	2	-.15	-.23
End 4 型（T1）	6.37	7	1.78	2	-1.51	2.00
End 4 型（T2）	7.15	8	1.41	1	-2.63	8.36
End 1 型（T1）	6.51	7	1.79	2	-1.55	2.22
End 1 型（T2）	7.06	7	1.29	1	-1.92	4.3
End 3 型（T1）	5.06	5	2.00	4	-.31	-.68
End 3 型（T2）	6.05	6	1.68	2	-.86	.33

（型については Kirtley らの分類による）

全体的に1年後の得点が全ての型で上がっていることがわかる。

それぞれの下位テストを5年次の4月（Time 1）のスコアと6年次の4月（Time 2）のスコアで比較するため，各データの分布をShapiro-Wilk検定とヒストグラムで見たところ正規分布していないことが判明した。そこでWilcoxon符号付順位検定で指導前後に統計的に有意差があるかを検証した。

表4.14が示すように，全ての下位テストにおいて指導前後で統計的な有意差があり，1年間の授業活動において児童が有意に音韻・音素意識を伸ばしていることがわかった。全体的に指導の効果があったのはこれらの結果でわかるが，さらに下位テストを見ていくと興味深い発見があった。

日本語と英語を比較すると，日本語は，撥音および促音で終わる以外は，CVかVで終わる開音節がほとんどである。一方英語では子音で終わる音節が全体の56％もあるといわれている（Dauer, 1983）。3章で検証したように，日本の幼児・児童は母語からの影響で英語の1音節単語を聞くとき，body-codaで分節する傾向があると推測された（例：ca/t, 母音の後で分節）。下位テストの効果量が大きいのは，End 3（r = .51），Open 1（r = .46），End 4（r = .42）であった。それらをbody-coda分節でとらえると，Open 2（ca/t – ca/n – co/t），End 1（mo/p – whi/p – lea/d），そしてEnd 3（hi/d – li/d – ti/p）となり，これらの違いを理解するには，下線を引いている音素の聞き分けをしなければならない。このことから児童はプログラムでの指導を受け，音素認識を深めていったのではないかと考えられる。

表4.14　1年間の音韻・音素意識を育てる指導の効果について（n = 235）

	Z値	有意確率	効果量 r
Open 4 型	5.510	p < .001	r = .36（medium）
Open 1 型	7.111	p < .001	r = .46（medium）
Open 3 型	3.147	p = .002	r = .21（small）
End 4 型	6.352	p < .001	r = .42（medium）
End 1 型	4.643	p < .001	r = .30（medium）
End 3 型	7.728	p < .001	r = .51（big）

音素意識の発達とフォニックス

　音素意識に関しては，sound categorization テストとして最初の音素 onset，または最後の音素 coda を 3 つの単語で聞き分ける 10 項目，また 3 つの単語を聞いて最初と最後の子音を書きだす 10 項目，さらに音素結合をして英単語が何であるか日本語で解答する 5 問と単語を音素に分解していくつの音素があるのかを答える 5 項目。合計 30 項目を用意した。テストの結果を**表 4.15** で報告する。30 項目全体の信頼度は $\alpha = .70$ であった。信頼度は少し低めであるが，分析を続け，これらの能力がどのように関連しているのかを見ることにした。

　前章でも述べたように Adams (1995) は，音韻・音素意識を測定する多くのタスクをその操作の難易度によって 5 段階に分類した。まずは，(a) 親しみのある脚韻を含む歌や詩を覚える，次に (b) 脚韻や頭韻のパターンを認識し，それらが分類できる，(c) 単語中の音素をブレンドし，分離する，(d) 単語を完全に分節する，最後に (e) 音素を追加，削除，移動し，本当の単語や擬似単語を作る，と難しさが増している。

　本研究で使用しているテストにこの分類を当てはめると，Open Oddity とEnd Oddity テストは (b) レベル，音素を結合 (blend) する力は (c) レベル，そして単語を分節する力 (segment) は (d) レベルであり，難易度が上がっている。それは今回のテスト結果を見ると明白である。

　(b) レベルの Open 1 型と End 1 型については平均値と中央値に差はあまり

表 4.15　音素意識を測るテストの記述統計 (n = 235)

テスト	平均値	中央値	標準偏差	四分位範囲	歪度	尖度
Open 1 型	3.07	3	1.30	2	-.53	-.15
End 1 型	3.11	3	1.28	2	-.60	.00
blend	1.97	2	1.22	2	-.22	-.38
segment	1.50	1	1.16	1	-.39	-.56
Phnics-onset	3.32	4	1.18	1	-1.38	1.58
Phonics-coda	2.86	3	1.16	2	-.83	-.65

(各テスト 5 問ずつ)

なく，Wilcoxon符号付順位検定の結果，統計的にも有意の差はなかった（$p = .587$）。しかし，（c）レベルの音素を操作する音素結合（blend）と（d）レベルの音素分節（segment）の能力については統計的に有意の差があり（$Z = 4.522$, $p < .001$），効果量は小さかった（$r = .30$）が，Adams の言うように単語を音素分節するほうが日本人の児童にとっても難しいことがわかる。

音と文字の関連が理解でき，文字を書く力があるのかを測った phonics-onset, phonics-coda であるが，頭子音（onset）と尾子音（coda）の書き取りには統計的に有意の差があり（$Z = 6.299$, $p < .001$），効果量は中程度であった（$r = .41$）。児童は単語の最初の子音を書き取るほうが，単語の最後の子音を書き取るより簡単だったようである。

表4.16 はそれぞれのテストの関連をスピアマンの順位相関係数で表している。まずタスクの難易度から考え，簡単な（b）レベルの Open Oddity, End Oddity 型のテスト結果と（c）レベルの音素結合を比較すると，Open-Blend では相関係数（$r_s = .082$）と統計的には有意ではなく，End-Blend では（$r_s = .168$）と統計的には有意であるが，ほとんど相関は見られなかった。また（d）レベルの音素分節との相関を見ると Open-Segment（$r_s = .066$）と End-Segment（$r_s = .119$）と統計的な相関はなかった。つまり（b）レベルの音韻・音素意識と（c）（d）レベルのそれとは関連がないことが示唆されている。

一方，音素に対応する文字を書く phonics-onset と phonics-coda を合わせた phonics-all との関連を見ると，（c）レベルの音素結合（blend）ができる能力が一番高い係数を示していた（$r_s = .54$）。（d）レベルの音素分節とは（$r_s = .081$），統計的に有意の相関はなかった。音素結合および音素分節はどちらとも音素を操作する力であるが，音素結合ではフォニックスと中程度の相関が見られたが，音素分節には相関がほとんど見られず，さらに他の音韻・音素に関する変数とも関連性がみられなかった。

音韻・音素意識に関するセクションの最後として，音韻・音素意識を測定したテストから児童がどのようにこれらの能力を発達させているのかについて考察した。そのため彼らが 5 年次の 4 月に受けた Open Oddity Test/End Oddity

表 4.16　音素能力測る各テスト相関 (n = 235)

	Open	End	Blend	Segment	Ph.-onset	Ph.-coda	Ph.-all
Open	1.00	.219**	.082	.066	.192**	.205**	.236**
End		1.00	.168**	.119	.140*	.243**	.215**
Blend			1.00	.204	.490**	.459**	.537**
Segment				1.00	.108	.052	.081
Ph.-onset					1.00	.475**	.816**
Ph.-coda						1.00	.871**
Ph.-all							1.00

Test (Time 1)，1 年後の 6 年次の 4 月に受けた Open Oddity Test/End Oddity Test (Time 2)，そして 6 年次の 10 月に測定した音に関するテスト (フォニックスの部分は削除) の関連を分析した。仮説としては Time 1 の力が Time 2 に影響し，それらの力が音素を聞き取り，操作する力に影響するというものである。

　Amos 5.0 を使用してモデルの適合性を検証した結果，このモデルのカイ二乗値は 4.012 で，自由度 4 であった (p = 0.404)。これは，観測行列と推定行列が統計的に異なっておらず，データがモデルに適合していることを意味している。もう 1 つのモデル適合指数，Root-Mean-Square Error of Approximation (RMSEA) は 0.004 で，これも良好なモデル適合を示している。さらに 2 つの指標 Comparative Fit Index は 1.00，また Normed Fit Index は .990 あった。これらの指標はすべて，モデルのデータへの適合が許容範囲から良好であることを示している。このモデルで音素意識の分散の 21％が説明されている。**図 4.8** のパス図には統計的に有効ではないパスは含まれていないので，例えば Time 1 の Open から Time 2 の Open には影響しているが (β = .29)，Time 2 の End には影響していないことになる。

　仮説どおり End Oddity Test で測定された力は 1 年後のその力を予測し (β = .60)，同様に Open Oddity Test も 1 年後のその力を予測した (β = .29)。β 係数はかなり異なるが，それぞれ 1 年後の力を予測している。

　しかし，それ以降の動きが Open Oddity と End Oddity では異なっている。Time 2 の Open Oddity Test で測定された力は半年後に測定された音素意識

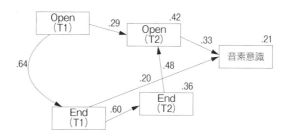

図 4.8　音韻・音素意識の発達に関するパス分析

を直接的に予測した（β = .33）。一方 Time 2 で測定された End Oddity の力は，音素意識に対して直接影響することはなく，Open Oddity に影響していた（β = .48）。しかし，Time 1 で測定された End Oddity の力は直接的に音素意識を予測した（β = .20）が，Time 1 で測られた Open Oddity Test の力は直接的には音素意識に影響していない。

Time 2 以降の関連が今の段階では明確にはわからない。しかし，Open/End Oddity Test で測定された音韻・音素意識は発達して，音素を操作する力になっていることは明示されている。

分析 3
語彙知識およびリーディング能力の発達

ここでは 5 年，6 年において実施した語彙テストやリーディングテストの結果を分析し，英語圏で主張されている音韻・音素意識とアルファベットの文字知識が語彙（スペル）やリーディング能力の育成に影響を与えるという説を検証する。

語彙知識（スペル）の変化

参加児童は文字知識，また音韻・音素意識を測定するテストの他に語彙に関するテストを受けた。書かれている絵に相当するスペルを 3 つの中から選ぶという 30 項目のテストである。したがって単語知識の中でも orthographic knowledge（正字法に関する知識）を問うテストであった。児童は5年の4月（Time 1），6年の4月（Time 2）そして卒業前（Time 3）に同じテストを受けた。その結果を**表4.17**で報告する。

表4.17　語彙テストの記述統計（n = 235）

	平均値	中央値	標準偏差	四分位範囲	歪度	尖度
語彙テスト（T1）	20.79	22	7.40	14	-.53	-.89
語彙テスト（T2）	25.61	27	4.47	5	-1.54	1.80
語彙テスト（T3）	27.79	29	3.09	3	-2.32	5.96

　平均点は上がっているが，そこに統計的な差があるのかを検証した。データはそれぞれ正規分布していなかったため Friedman Test を使って分析した。その結果，語彙テストの結果には統計的な差があり（$Z = 7.499$, $p < .001$）。ペアワイズ比較をしたところ，Time 1（平均ランク 1.25）と Time 2（平均ランク 2.06）の間，また Time 1 と Time 3（平均ランク 2.69）の間，そして Time 2 と Time 3 の間，つまり全ての間で統計的に有意な差があった。児童は授業での文字と音との学習を生かし，着実に身近な単語のスペルを理解する力を伸ばしているようであった。

文字知識および音韻・音素意識が及ぼす語彙知識（スペル）への影響

　参加児童が5年の4月に受けた文字知識と音韻・音素意識を測定するテストの結果，および6年次の最初に受けた同様の2種類のテストと語彙テストの結果を検討し，文字知識や音韻・音素意識がどのように語彙のスペルを理解する力に影響を与えるのかを分析した。**表4.18**にそれぞれのテストの記述統計を載せている。全てのテストを受けた児童は178名であった。全てのテストで1年後の得点が上がっている。

　第一言語習得で言われている音韻・音素意識と文字知識が語彙（スペル）の知識に影響するという説を検証するため，5年生4月の Time 1 で測定された音韻・音素意識と文字知識がプログラムを受けることで向上し，6年生4月の Time 2 に測定した音韻・音素意識と文字知識に影響を与えつつ，Time 3 の英

表 4.18 アルファベットテスト，音韻・音素意識テスト，語彙テストの記述統計
(n = 178)

(5年4月)	M	Mdn	sd	IQR	(6年4月)	M	Mdn	sd	IQR
音韻テスト1	36.45	38	7.16	9	音韻テスト2	40.25	41.5	5.18	7
文字テスト1	41.13	47	10.61	14	文字テスト2	45.80	48	7.48	4
語彙テスト1	21.61	23.5	7.1	11	語彙テスト2	25.17	27	5.17	6

(M = 平均値，Mdn = 中央値，sd = 標準偏差，IQR = 四分位範囲)

語の単語（スペル）を理解する力の向上に影響を与えたという仮説を立て，それを検証するためにパス分析を行った。

Amos 5.0 を使用して仮説モデルの適合性を検証した結果，このモデルのカイ二乗値は 1.608 で，自由度は 3 であった (p = 0.657)。これは，観測行列と推定行列が統計的に異なっておらず，データがモデルに適合していることを意味している。もう1つのモデル適合指数，Root-Mean-Square Error of Approximation (RMSEA) は 0.000 で，これも良好なモデル適合を示している。さらに2つの指標 Comparative Fit Index は 1.00，また Normed Fit Index は .994 あった。これらの指標は全て，モデルのデータへの適合が許容範囲から良好であることを示している。このモデルで語彙（スペル）知識の分散の55％を説明している。

図 4.9 のパス図には統計的に有効ではないパスは削除されている。5年次で測定された大文字の知識は1年後の測定された小文字の知識を予測するものであり (β = .43)，小文字の知識は6年生の音韻・音素意識を予測するものであった (β = .45)。一方5年の時に測定された音韻・音素意識は1年後の音韻・音素

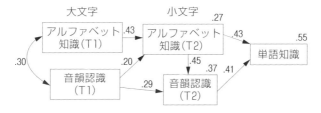

図 4.9 音韻・音素意識および文字知識と語彙（スペル）知識の関係

意識を予測するものであり（$\beta = .29$），さらに小文字の認識も予測するものであった（$\beta = .20$）。5年次で測定された音韻・音素意識が1年後のアルファベット小文字知識と音韻・音素意識に影響を及ぼすことは興味深い。

5年次で測定された音韻・音素意識と大文字知識は語彙知識に直接影響を及ぼすものではなかった。一方6年次に測定されたこの2つの変数は単語（スペル）知識に影響するものであった（文字から $\beta = .43$，音韻・音素から $\beta = .41$）。6年次のアルファベット小文字知識は直接（$\beta = .43$）および間接的に音韻・音素意識を通して単語知識の発達に影響していた。

文字知識および音韻・音素意識が及ぼす語彙知識（スペル）と読みへの影響

最終的に文字知識と音韻・音素意識が語彙知識や読みの力にどのように影響するのかを見るため，5，6年次で測定した文字知識と音韻・音素意識および2回の語彙テストとリーディングテストの関係を検証した。これら全てのテストを受けた173名の結果を**表4.19**に報告している。1年後全てのテストで得点が上がっている。

音韻・音素意識と文字知識が語彙（スペル）の知識とリーディング能力に影響するという説を検証するため，5年次4月の Time 1 で測定された音韻・音素意識と大文字知識がプログラムを受けることで向上し，6年次4月の Time 2 で測定した音韻・音素意識と小文字知識に影響を与えつつ，英語の単語（スペル）を理解する力や簡単な文を読む力に影響を与えるという仮説を立て，それを検証するためにパス分析を行った。

表 4.19　文字，音韻・音素，語彙，リーディングテストの記述統計

(n = 173)

（5年4月）	M	Mdn	sd	IQR	（6年4月）	M	Mdn	sd	IQR
音韻テスト1	36.00	37	7.00	8	音韻テスト2	39.66	41	5.72	6
文字テスト1	41.06	47	10.61	14	文字テスト2	45.18	48	8.60	5
語彙テスト1	20.36	22	7.48	13	語彙テスト2	24.97	27	5.22	7
					Read（6年3月）	10.03	10	4.53	7

（M = 平均値，Mdn = 中央値，sd = 標準偏差，IQR = 四分位範囲，音韻48項目，文字50項目，語彙30項目）

Amos 5.0 を使用して仮説モデルの適合性を検証した結果，このモデルのカイ二乗値は 10.546 で，自由度は 8 であった ($p = 0.229$)。これは，観測行列と推定行列が統計的に異なっておらず，データがモデルに適合していることを意味している。もう1つのモデル適合指数，Root-Mean-Square Error of Approximation (RMSEA) は 0.040 で，これも良好なモデル適合を示している。さらに2つの指標 Comparative Fit Index は .996，また Normed Fit Index は .985 あった。これらの指標は全て，モデルのデータへの適合が許容範囲から良好であることを示している。このモデルでリーディング力の分散の 60 %を説明している。

図 4.10 のパス図には統計的に有効ではないパスは削除されている。5 年次で測定された大文字の知識は1年後の測定された小文字の知識 ($\beta = .45$) と音韻・音素意識を予測するもの ($\beta = .17$) であった。2 章でも同様の結果がでたが，文字学習を通して児童は音韻・音素に対する敏感性を高めている可能性を示唆している。一方 5 年次に測定された音韻・音素意識は1年後の音韻・音素意識を予測した ($\beta = .53$)。5 年次で測定された文字知識と音韻・音素意識はそれぞれ語彙（スペル）知識を予測した（文字知識 $\beta = .31$，音韻・音素 $\beta = .43$）。ここでは音韻・音素意識のベータ係数のほうが文字知識のそれよりも高い。

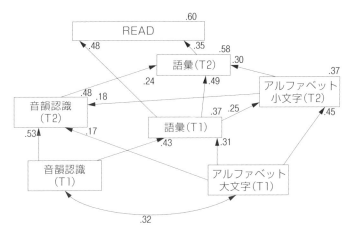

図 4.10　音韻・音素意識，文字知識，語彙知識とリーディング能力の関係

6年次で測定された小文字の知識は6年生の音韻・音素意識（$\beta = .18$）と6年の語彙知識（$\beta = .30$）に影響した。また，6年で測定された音韻・音素意識は6年の語彙知識に影響した（$\beta = .24$）。ここでは5年とは反対に文字知識のベータ係数のほうが音韻・音素意識のそれよりも若干高い。

語彙知識とリーディングの関係に関しては，5年次の語彙知識は6年次の語彙知識を予測し（$\beta = .49$），さらにリーディング能力を直接的（$\beta = .48$）または間接的に予測した。6年次に測定された語彙知識もリーディング能力を予測した（$\beta = .35$）。以上のことをまとめると，次のようになる。

1. 大文字でも小文字でも文字知識は音韻・音素意識の発達に関連していた。
2. 文字知識と音韻・音素意識は，Time 1 および Time 2 ともに語彙知識に影響していた。
3. 語彙知識は1年後，また2年後のリーディング能力に影響していた。
4. 文字知識と音韻・音素意識は語彙知識を通してリーディング能力の発達に影響していた。

まとめ

本研究では公立小学校の児童を対象にリタラシーの基礎的知識・技能である文字知識や音韻・音素意識がどのように関連し，発達していくのかを調査した。参加児童は東京都の公立小学校に通っていた高学年児童である。研究対象校が所在する地域は義務教育を通して9年間の一貫した英語教育に取り組んでおり，その地域の全ての児童は小学校1年生から英語を教科として学んでいた。当該小学校はそのような地域でも英語教育を推進するモデル校であった。

最初に文字知識に関する調査結果であるが，最終的に必要な文字知識・技能として，複数の文字の名前を聞いて速く正確に書くことができる自動化した力を獲得することを目指していた。その自動化した文字知識・技能の獲得に影響するのは，大文字，小文字ともに，文字を「読む」力ではなく，「書く」力であることがわかった。

次の音韻・音素意識の発達についてであるが，指導を受けて児童は音韻・音素意識を伸ばしており，その力が単語の文字の書き取りに影響していることがわかった。さらに異なるタスクで音素意識を測ったところ，アダムスの分類どおり，テスト結果は (1)「脚韻や頭韻のパターンを認識する」タスク，(2)「音素を結合する」タスク，そして (3)「単語を音素で分解する」タスクの順番で正解率が下がっていた。今回測定された音の書き取りでは「音素を結合する」タスクと関連が一番強かったが，今回行ったように頭文字および尾子音の 1 文字の書き取りではなく，単語のスペルを書く力になるとどのタスクとの関連が高いのかについてはこれからの研究課題になるであろう。

　最後に文字知識，音韻・音素意識と語彙知識およびリーディング力の関連性については，文字知識と音韻・音素意識が語彙知識を通してリーディング能力に影響していたことがわかった。分析結果は長年英語圏で主張されてきた初期段階のリーディングにおける音韻・音素意識と文字知識の重要性を改めて伝えるものとなった。日本人の児童にとってもこれら 2 つの能力を育てることが重要で，これらの基礎能力を土台に語彙知識が増え，語彙を通してリーディングの力を培っていることが研究から見えてきた。

4章のまとめ

　本章では，日本の児童を対象に彼らのアルファベットの文字知識と音韻・音素意識および語彙知識やリーディング能力の関連性について調査した3つの研究を紹介した。

　研究4.1は本書で扱っている研究で最も古いものになるが，1998年，3つの私立小学校および2つの英会話教室に通う児童1年生から6年生700名を対象にした横断研究である。その目的は，(1) 年齢と英語の音韻・音素意識の関連について，(2) 性差による音韻・音素意識とリーディング能力の関連について，そして (3) リーディングの能力にどのような要因が関連しているのかについて調べることであった。

　まずはそれぞれの能力の発達についてみたところ，(a) 音韻・音素意識の発達は，2年と3年の間に大きな変化がおき，(b) 語彙知識に関しては4年と5年の間で変化が大きく，そして (c) リーディングに関しては3年と4年の間，そして5年と6年の間で大きくその能力が変化していたことがわかった。次に性差についてであるが，音韻・音素意識およびリーディング能力，どちらとも女子の優位性が認められた。

　リーディング能力に関連する要因として「年齢」「性」「幼稚園での英語授業の有無」「学校外での英語学習の有無」，そして「Body Test」「Rhyme Test」「Word Recognition Test」がどのように影響するのかを分析した。1年〜6年生のデータを使った分析では，「年齢」が直接的，また間接的にリーディング能力に大きく影響していた。リーディングには直接的に「語彙知識」が最も大きく影響し，他に「年齢」「ライム意識」そして「学校外での学習経験」が影響していた。つまり，外で英語を学習して，学年が上で，ライム意識が高いほどリーディングの力が高いと予測された。音韻・音素意識については，「Body Test」，これは母音までを含めての音の違いを見つけるテストなので，モーラ

単位での聞き取りになるが，このテストは「語彙知識」に影響せず，さらにリーディングにはとても弱い係数ではあるが，負の予測，つまりこのテストのスコアが高いほどリーディングのテストの結果が悪いという関連性が見つかった。これは多くの L1 研究，および本書で報告している研究の結果と異なるものである。音韻意識を測定したもう 1 つの「Rhyme Test」は「語彙知識」に直接影響しており，さらにリーディング能力には間接的，また直接的に影響していたのがわかり，これは音韻・音素意識が高い学習者ほど高いリーディング能力を持つとの L1 研究を支持する結果であった。

　音韻認識テスト（特に Body Test）を受けた低学年児童がテストの意味がわからず戸惑っていたという報告が担当教員からあったこともあり，1 年生と 2 年生のデータを取り除き，3 年生〜 6 年生計 370 名で再度パス分析を行った。「年齢」「性」，および「課外での英語学習経験」の影響は全学年のデータを使った分析結果とほぼ同じであったが，音韻・音素意識と語彙知識およびリーディングの関係には違いが見られた。3 年生以上のデータでは「Body Test」は「語彙知識」に直接プラスに影響を及ぼし，リーディングにはマイナスの影響を及ぼしていなかった。「Body Test」からは「語彙知識」に直接影響するパスと「Rhyme Test」への影響を通して間接的に影響するパスがみつかった。またライム意識については，全学年のデータを使用して分析した結果同様に，「語彙知識」とリーディングに直接影響し，さらに「語彙知識」を通してリーディング能力に間接的に影響しているのがわかった。したがって，3 年生〜 6 年生のデータからは，音韻・音素意識を測定した 2 つのテストがともに「語彙知識」に影響しており，音韻・音素意識が高い学習者ほどのちに高いリーディング能力を持つとする L1 研究を支持する結果となった。

　次の研究 4.2 は国立大学附属小学校へ通う 130 名の 5 年生を対象に 2 年間英語の読み書き指導しながら，彼らの英語の音韻・音素意識と文字知識がどのように語彙知識に影響するのかを調べた縦断研究である。音韻・音素意識を 2 回，文字知識を 3 回測定しながら，参加児童のそれぞれの能力の発達と，それらの関連について調査した。

他の研究とは異なり，語彙知識を３つの異なるテストで測り，それらで「語彙知識」という潜在変数を，また Open/End Oddity テストの６種類の下位テストより「音韻・音素意識」という潜在変数を，さらに文字を読む力と文字を書く力の２つの変数から「文字知識」という潜在変数を想定し，構造方程式モデリング（Structural Equation Modeling）を使い，それらの関連性をさぐった。その結果，音韻・音素意識と文字知識が語彙知識に影響するという L1 研究の定説を支持する結果となった。その際文字知識からのベータ係数は，音韻・音素意識からの係数よりも高かった。また音韻・音素意識だけで語彙知識を説明するモデルでは，５年初めの音韻・音素意識が６年初めの音韻・音素意識の発達に影響し，それが最終的に語彙知識に影響するというものであったが，３つのテストで測られた語彙知識の分散の 48 ％，つまり半分ちかくを音韻・音素意識で説明する結果になり，改めて音韻・音素意識の重要性を知る結果となった。

最後の研究 4.3 は公立小学校へ通う 253 名の児童を対象に 5，6 年の２年間をかけた縦断研究である。２年間のリタラシー指導で彼らの音韻・音素意識，文字知識がどのように変化し，語彙知識およびリーディング能力とどのように関連していたのかを探った。

まずは文字知識に関する結果であるが，文字は「読む」力を土台に，「書く」力を育てることが必要であることが示唆された。また，音韻・音素意識の発達については，これらの技能はトレーニング可能な能力であり，指導を受けて児童はその能力を伸ばしていたことがわかった。さらに音素意識を測る数種類のタスクに対する児童の反応の違いから，L1 研究同様，音素意識に関する技能は共通の音を分類する（sound categorization）という力だけではなく音素を結合したり，分節したりする力を養うことが必要であることが示唆された。

最後に文字知識，音韻・音素意識と語彙知識およびリーディング能力との関連性について検証した。文字知識と音韻・音素意識は語彙知識を通してリーディング能力の発達に影響していたことが示唆された。

本章の全ての研究結果より，日本の児童を対象とした英語教育においてもア

ルファベットの文字知識や音韻・音素意識が後に発達する語彙知識やリーディング力を獲得するために必要な基礎的な能力・スキルであることが明確になった。これらの知識・技能を基に文字と音との関連を学習することが，初期リタラシー指導の鍵であると確信した。

5章 音を大切にしたリタラシープログラムの効果検証

　筆者は長年幼稚園や公立小学校の現場に関わり，日本の幼児・児童の英語リタラシーについての研究を続けている。その間，研究 4.2 で紹介した指導プログラムの開発を皮切りに，教材や指導法の改善を重ね，研究 4.3 で紹介したような本格的なプログラムを構築してきた。

　本章では開発したプログラムの効果を検証した 3 つの研究を紹介する。研究 5.1 と研究 5.2 は 4 章で紹介したリタラシープログラムの効果を検証するものである。開発したプログラムを実施した小学校とそうでない小学校を比較することからその効果を検証した。

　また，現行の学習指導要領により，高学年の外国語（英語）は教科になり英語の授業が週 1 回から週 2 回に増えた。研究 5.3 では，授業回数が増えたことで児童がどのようにリタラシー能力を高め，プログラムが拡大していったのかを検証している。検証研究の報告に入る前にこれらの研究に関わる理論，プログラムの特徴，効果の検証方法，またどのような過程を経て比較検証が可能になったのかなどについて述べる。

本リタラシープログラムを支える理論：
文字知識，音韻・音素意識・フォニックスについて

　2 章でも書いているようにリタラシーの基礎知識・技能としてアルファベットの文字知識を得ることは重要である。リタラシー指導は，文字と文字の名称を学習する活動，つまり大文字・小文字の字形を認識し，文字の名前を（英語の音で）理解し，文字を見て（英語の音で）名前を言う活動から始まり，名前を聞いて文字を書く活動へ移る。これらは学習指導要領（文部科学省，2018），で

示されている「読むこと」の目標ア「活字体で書かれた文字を識別し，その読み方を発音することができるようにする」(p.78) と「書くこと」の目標アの一部「大文字，小文字を活字体で書くことができるようにする」(p.81) に対応するものでもあり，現在使用されている小学校外国語科用文部科学省検定済教科書でもそれらの学習ができるように活動が組み込まれている。

　他の章で述べたように，アメリカでは5歳児までのリーディング能力の発達について全国調査委員会が設置され，関連する研究結果をメタ分析した。その結果，次の6つの能力が後に発達する読み書き能力に影響すると報告している (National Early Literacy Panel, 2008)。それらはアルファベットの文字とその名称と音に関する知識，音韻意識 (phonological awareness)，文字や数字へ素早く反応する力 (rapid automatic naming of letters or digits)，物や色の名前を素早く言える力 (rapid automatic naming of objects or colors)，言われた文字や自分の名前が書ける力，話されたことを短時間覚えている力 (phonological memory) である。この調査結果により，母語話者にとっても文字の字形と名称そして音を理解する力を育てることの重要性が改めて認識された。

　アルファベットの文字を正確に理解していること (accuracy) に加え，それをすばやく処理する力 (fluency) が必要であり，自動化された力を得ることが大切である。それは，複数の文字を自動的に理解できる子どもは，単語を文字のパターンとして把握することができ，単語全体で何を意味しているのか考え，覚えることができるからである (Adams, 1995)。

　次にリタラシーの基礎知識・技能として大切なことは，3章で詳しく見てきたように，音韻・音素意識を育てることである。アメリカでは小学校の低・中学年の児童のリーディング能力を調査するために設置された全米調査委員会 (National Reading Panel)，そしてさきほど紹介した5歳児までの子どものリタラシー発達について研究した全国調査委員会 (National Early Literacy Panel)，どちらの報告書も読む力を支えるものとして音韻・音素意識の重要性を主張している。つまり幼い頃に高い音韻・音素意識を持っていた子どもは，後に高いリーディング能力を手に入れる可能性が高く，その反対に低い音韻・音素意識

しか持たない子どもは，読み能力が伸びない可能性が高いということである。

　日本人学習者を対象にした研究として，池田 (2018) は小学校 1 年～ 6 年の 27 名を対象に音韻の削除タスクと置き換えタスクを行った結果，「音声言語をモーラ単位で区切るという日本語の音声処理特徴の影響がうかがえることが分かった」(p. 64) と報告している。小学 2 年生 101 名を対象とした村上・宮谷・チェン (2017) の研究においても，児童が英語の語彙を認識する際，日本語のモーラの影響が大きいことを指摘している。さらに Allen-Tamai (2012) は，3 つの異なる中学校に通う生徒 324 名を対象に音韻・音素意識を測定するテストを行い，" … that Japanese children segment English words after a vowel (CV/C), instead of by making onset-rime (C/VC) distinction." (p. 16) と，彼らが英語の単語を聞く際，日本語の音韻単位であるモーラで聞き分けていると分析している。これらの研究と 3 章で報告した一連の研究は同様の結果を導きだしており，日本語の音韻体系からの影響を裏付けるものである。

　最後に，英語のリタラシーを育てるうえで大切な基礎知識・技能は，文字と音との関係を知る力であり，4 章でも説明をしたフォニックスが重要になってくる。フォニックスは「文字と音との間に体系的で予測のつく関係があることを理解する力を育てる方法」だと定義されている (Chall, 1967; Armbruster, Lehr, Osborn, & Adler, 2001)。Snow らは，初期段階でリーディングにつまずく英語の母語話者は，アルファベットの文字が規則的に音声を表しているという文字と音との関係 (alphabetic principle) が理解できず，その知識をうまく使うことができないと指摘している (Snow, Burns, & Griffin, 1998)。前述の National Reading Panel もリーディング能力を育てる上でのフォニックスの有効性を報告しているが，中でも体系的 (systematic) で明示的 (explicit) なフォニックスが，読解力およびスペリングの力を伸ばすと結論づけている。

　日本人児童を対象としたシンセティック・フォニックスの実証研究として，加藤らは，Jolly phonics を導入した 5, 6 年生 (指導群 267 名) と導入しなかった 5, 6 年生 (統制群 63 名) の日本語の書字・音韻意識・音韻操作能力と英語の音と文字との習得状況を比較した。その結果，指導群のほうが英語のテストのみ

ならず，日本語のテストにおいても有意に対照群よりも良い結果を示し，他の要因がある可能性を認めながらも当該フォニックス指導の有効性を報告している（加藤・入山・山下・渡邊，2020）。また，アレン玉井（2013）も公立小学校で週1回の英語の授業で10分程度の文字指導およびフォニックスを実施し，5年生が，1年後音韻・音素意識と単語認識を統計的に見ても有意に発達させたと報告している。4章でもフォニックスを取り入れたプログラムの効果を検証した縦断研究からフォニックスが重要であることを報告している。

日本の児童のために開発したリタラシープログラム

　リタラシープログラムの説明の前に，まず筆者が開発した公立小学校での英語プログラムの全体像について説明をする。本リタラシープログラムは，2009年度より東京都の1つの公立小学校で開発された英語教育プログラムの主要な部分である。筆者は，実践を始める前に当該小学校の校長および研究主任と話し合い，英語の時間は他教科同様に「学び」を大切にした時間にすることを確認し，以下の4つの目標を立てた。

① 児童は，自分の言語能力を評価し，言語学習に対して基本的な振り返りができる。

② 児童は，自律した言語学習者として自分の学習に責任を持つ。

③ 児童は，国際共通語としての英語が自分にとって重要な言葉であると理解する。

④ 児童は，英語を通して他国の人や文化などを知ろうとする態度を育成する。

　具体的には物語を通して音声言語を育み，中学校との連携も視野に入れ，本章で紹介する体系的なリタラシー指導を組み入れた。また学級担任との協働授業であるため，レッスン前後の打ち合わせの時間を確保し，ルーティン活動を多く取り入れた。

　リタラシープログラムは帯時間として毎時間10分程度必ず行われ，読み書きのボトムアップスキルとトップダウンスキルを伸ばすことを目標とした。

本リタラシープログラムについては，**表 5.1** に全体像を示し，それぞれの活動についても説明を加えている。本プログラムでは明示的なフォニックスを実施しているが，英語の母語話者が 1 音節の英単語を分節する際，まずはオンセットとライムで分節するという研究報告に基づき，onset-rime phonics を導入し，文字と音との関係を教えている。またほかの特徴としては，「音素体操」がある。これは文字の名称に含まれる音素に気づき，名称の中に含まれている文字の音を認識する活動であり，音素意識を育て，文字の名称から音への学習につなげるものである（アレン玉井，2010）。音素意識を伸ばす具体的な活動はアレン玉井（2019）で紹介している。

参加児童は音素意識を高める活動を楽しみ，獲得した力を利用して単語を読んだり書いたりするゲームをとても役に立つと評価していた。また学級担任は「4 年生くらいになると，ゲーム活動などで楽しめなくなる子，ふざけてしまう子が，読み書き指導を受けたことで「知的好奇心が満たされていく子」「英語の授業なんだという意識をもって受ける子」に変わっていく」と評価し，学びに向かう児童の様子が報告された（アレン玉井，2015，p. 91）。次に各活動を簡単に紹介する。

表 5.1　高学年対象のリタラシープログラム概要

	アルファベットの知識	音韻意識	フォニックス
5 年	大文字の一文字認識[*1]	オンセット（頭子音）ゲーム[*4]	
	大文字の複数文字認識	ライム（rime）ゲーム[*5]	
	大文字を書き取り	音素体操[*6]	
	小文字の一文字認識[*2]		子音[*9]
	小文字の複数文字認識		
	小文字を書き取り		
6 年	小文字書き取り	音素結合ゲーム[*7]	短母音[*10]
	小文字・大文字書き取り[*3]	音素分節ゲーム[*8]	2 字 1 音[*11]
			長母音・二重母音[*12]

*1　大文字の知識

アルファベット大文字に関する指導では，まずは 1 文字の認識から始める。弁別特徴の複雑さに気を付けながら，文字の字形と名前を教える。その際児童は，英語の発音で文字の名前を学習することが重要である。これが後の文字と音を教えるときの基礎となる。さらに文字認識が自動化するように複数の文字を認識するさまざまな活動を取り入れる。

*2　小文字の知識

大文字の指導と同様で，字形と名前を教える。字形の認識に関しては小文字になると弁別特徴が少なくなり認識が難しくなる。さらに大文字にはない特徴としては，文字の高さが意味を持つことである。4 線上に正しく書くことも含めて指導する。そのため，大文字に関しては半年すぎると多くの児童は名前を聞いてわかり，名前を言い，言われた名前を聞いて大文字が書けるようになる。しかし，小文字に関しては，6 年の最後まで続けて指導し，特に書くことに時間をかけて指導した。筆者の長年の経験から，小文字の習得は大文字と比べ 3 倍近い時間が必要だと感じる。

*3　大文字と小文字の知識

6 年後半からは大文字と小文字が組み合わさった単語，例えば人名，土地名，月，曜日などのスペルを言って，書かせるような活動を行う。例えば，教師は M-o-n-d-a-y と一文字ずつ割と早いスピードで言い，児童はそれを 1 文字ずつ書く。これは単語のスペルを覚えさせるための活動ではなく，あくまでも複数の文字を速く，正確に書き取ることができる力を伸ばすために行う活動である。

*4　オンセット (頭子音) ゲーム

大文字の学習が進んだころ (本研究では 5 年の 2 学期より) 音素意識を高めるためのゲームを行う。外国語活動でもよく使われている Key Word Game のルールを使い，1 音節単語の頭子音を聞き分けるゲームである。児童は 2 人 1 組になり，真ん中に消しゴムを置き，単語の中に目標としている音が含まれていなかったら消しゴムをいち早く取るというものである。毎回 target sound を決めて取り掛かる。例えば target sound が /b/ とすると，「bear, baby, book, bag,....」と /b/ で始まる単語を続けた後に「sun」と言う。その時，児童はけ

しゴムを取らなければならない。

＊5　rime（ライム）ゲーム

　オンセットゲームに慣れてきたころ音韻意識を高めるため，もう１つのゲームを行う。こちらもペアで音を聞いて反応するが，今度は１音節単語のライムを聞き分けるものである。毎回目標とするライムをあらかじめ決めておく。児童は２人１組になり向かい合って座る。指導者が目標ライムを含まない単語を言ったら，いち早く向き合っているペアの人と手を合わせるというものである。例えば target rime が /et/ とすると，「pet, wet, get, jet」と /et/ で終わる単語を続けた後に「pan」と言う。その時，児童はパートナーと手を合わせる（high ten）。指導者は「どのペアが一番早く high ten ができるかな」等と言って児童の関心を高めることができる。

＊6　音素体操

　これは本プログラムの特徴的な活動である。第一言語習得研究より，子どもたちが文字の名前を学習しながら音素意識を高めていくという示唆を得ている（Treiman, Tincoff, & Richmond-Weltry, 1997 など）。筆者はそこに注目してこの活動を開発した。児童がアルファベットの大文字が認識でき，また書ける力を得た後に導入する。

　まず，それぞれの文字の名前に含まれている音素に従ってアルファベット26文字を分類した。例えば，文字 B の名前 /biː/ にはこの文字の音である /b/ とともに /iː/ の音が含まれている。同様に C, D, E, G, P, T, V, Z というアルファベットには全て /iː/ という母音が含まれており，それを取るとその文字の音（/s/, /d/, /dʒ/, /p/, /t/, /v/, /z/）となる。同様に F, L, M, N, S, X は母音 /e/ から始まっており，それを取るとその文字の音になる（/f/, /l/, /m/, /n/, /s/, /ks/）。この活動はこのようなアルファベットの特徴を利用して，まずはアルファベットの名前を音素で区切り，それぞれの共通母音を任意に決めた動作で表し，あとは１音素を１手拍子であらわすシステムを作った（アレン玉井，2010, pp. 190-192）。この活動を通して，児童は音素という単位を実感しながら，英語の音素を産出し，音と文字との関連を学習していく。H, W, R, Y のように名

前の中に音が含まれていない文字や C, G, のように 2 つ音をもつ文字, そして短母音の練習や digraph (sh などの 2 文字 1 音) は別に行わなければならない。しかし, 音と文字との関係を文字の名前を使いながら指導するこの方法は, 身体を動かし, 視覚, 聴覚を刺激する audio-visual-kinesthetic な方法であり, 児童は好んで練習し, 音と文字との関連を学習していく。

＊7　音素結合ゲーム

　フォニックスを通して, 音素意識を育てる活動である。1 つは音素を合わせて単語をつくる blending game である。指導者が「/p//e//n/」のように音素を提示し, 児童にどの単語になるのかを当てさせるゲームである。

＊8　音素分節ゲーム

　上記の音素結合ゲームとは逆で指導者が「pen」と言って, それを児童が「/p//e//n/」のように 3 つの音素に分けて発音するというゲームである。それぞれ活動自体は長く行わないが, 毎回少しずつ導入し, 彼らの音素意識が高まっていくように指導する。

＊9　フォニックス (子音)

　フォニックス指導については明示的にかつ体系的に指導できるように考えた。まずは日本人の児童にとっても聞き分けやすく, ほとんどが 1 文字 = 1 音素対応をしている子音字を導入した。毎回ワークシートを使用し, 子どもに馴染みある単語の onset 音を聞き取るという活動を行った。例えば b の音である /b/ の音を学習するワークシートには butterfly, balloon, dog, fish, banana, cow, bus, hat, bird を表す絵が描かれており, 指導者が番号に従ってその単語を言い, 児童は単語が /b/ の音で始まっていたらその絵に丸をする, もしくは B, b という文字を書き込むなどの指示に従った。導入はアルファベットの順番で母音字を除く (b, c, d, f, g, h, j, k, l, m, n, p, q, r, s, t, v, w, x, y, z) の 20 文字と 20 音である。その後, C と G についてはそれぞれ /s/ と /ʤ/ を導入する。

＊10　フォニックス (短母音)

　次に母音字 a, e, i, o, u について短母音 /æ/, /e/, /ɪ/, /ɑː/, /ʌ/ を導入する。短母音について, 児童は a /æ/, o /ɑː/, u /ʌ/ の聞き分けが難しいようである。

また短母音を導入した後は、母音の後に既習の子音をつけて、at, en, ig など
ライムを作り（cat, hat, mat）、（pen, ten, hen）、（pig, big, fig）などライムする言
葉を読むことで、文字と音との学習を続ける。ある程度アルファベット原則
（alpahbetic principle ＝ 文字と音との関係）がわかれば、単語を読むことができ、
児童は積極的に活動に取り組むようになる。

　授業ではアルファベット小文字 26 個を別々に書いたカードと at, an, ip, ig,
en, et, un, ug, op, ot など rime にあたるカードを用意し、onset-rime の組み合
わせで単語を作る活動を行う。例えば at と書かれているカードの前に c, h, f
などをあわせて、cat, hat, fat などの単語を作り、それを decode（書かれている
文字の音を出し、解読すること）する練習を繰り返す。基本的には児童が既に知
っている単語を取り扱うが、意味は知らなくても読める単語も少しずつ増やし、
1 人で decode ができる力を養成する。例えば児童は ig のカードの前に p を置
くと pig となり音を出しながら、意味が理解できる。しかし、f のカードを置
くと fig となり多くの子どもたちは音を出しても、意味がわからない。しかし
このように知らない単語を音にすることができる力を身につけることは、初期
の語彙習得からみても重要であり、児童の学習意欲が高まる。

＊11　フォニックス（2字1音）

　短母音の導入のあとは子音を表す次のような 2 字 1 音を導入する：sh, ch, ph,
th（有声音と無声音）、wh, ck, ng。ここでも児童は onset-rime で ship-tip-dip,
when-pen-then, king-ring-sing などを読み、単語が読めるという経験をする。

＊12　フォニックス（長母音）

　長母音もしくは 2 重母音の学習に進むが、週 1 回の指導では十分に説明およ
び練習ができなかった。母音字に少なくとも 2 つの読み方があること、また「1
つの単語に 2 つ以上の母音または半母音があれば、通常最初の母音を名前読み
し、後の母音は消える」というルールを、単語を見せながら説明するにとどま
った。週 2 回の授業になってから長母音についての説明および練習が十分にで
きるようになり、児童もより多くの単語が decode できることに喜びを感じ、
学習意欲が高まり、中学校 1 年生レベルの教科書を音読できるようになった。

本研究の経緯

　本プログラムは，研究 4.3 でも述べたように，東京都にある公立の A 小学校において 2010 年から 2014 年の 5 年間実施された。高学年生用に開発された当該プログラムを受けた児童は，2 年間で読むこと・書くことの基礎スキルである「大文字・小文字の認識と産出する力」「音韻・音素意識」を獲得し，さらにそれらのスキルを基に「語彙認識」も伸ばしていた（アレン玉井，2013）。プログラムの効果を検証するためには，プログラムを受けた児童とそうでない児童の能力を比較する必要があるが，小学校現場では教授法等の効果を検証するため実験群と統制群に分けて授業を進めることは難しく，また他の小学校との比較も簡単ではない。

　そのようななか，中学生の学習到達度を測る共通テストの結果より A 小学校の卒業生が他の小学校の卒業生より英語の成績が良かったこと，また特にその差は学習があまり得意ではない生徒の間で顕著だったことが，教育委員会の調べで明らかになった。教育委員会での検討の結果，A 小学校で実施していた英語教育プログラムを同地域にある全ての小学校で実施する計画がたてられ，2014 年から 2017 年の 4 年間をかけて順次導入された。

　これにより，本プログラムが導入されている小学校とそうでない小学校を比較することが可能になり，筆者は教育委員会と協力し，各小学校校長の許可および各小学校で勤務する英語専科教員の協力を得て，本プログラムの効果を検証することが可能になった。

　したがって，研究 5.1 には 2014 年度にプログラムを導入した 3 校からの児童（149 名）とまだ導入されていない学校からの児童（604 名）が参加して，プログラムの効果を検証した。研究 5.2 は研究 5.1 の再現研究であり，2014 年度，2015 年度にプログラムが導入された 8 校からの児童（457 名）とプログラムが導入されていない学校からの児童（412 名）が参加した。

| 研究 **5.1** | 比較研究 1（2014–2015） |

　研究サイトは東京都の1つの区であるが，2003年度より「構造改革特別区域研究開発校」制度を利用して英語教育を始め，2008年度以降は「教育課程特例校」制度を使い，独自の英語学習環境を整えてきた。公立の小学校ではあるが1年生から週1回の英語の授業が設置され，初めから英語は教科として取り扱われていた。

　前述したように本プログラムは，筆者が2010年度から2014年度A小学校で開発および実施し，その効果を検証してきたものである（結果は研究4.3に報告）。当該地域の教育委員会の決定により，本プログラムは同地域の全小学校に2014年度より2017年度の4年間をかけて順次導入された。2014年度にA小学校を含める計3校のパイロット校にプログラムが導入され，続いて2015年度は11校，2016年度は14校，そして2017年度に最後の7校においてプログラムが導入された。

　同地域の3年生以上の英語の授業では学級担任と日本人の英語専科教員がチーム・ティーチングをしており，読み書き能力を高める本プログラムについては，教育委員会が英語専科教員に対して研修を行う一方，担任に対しては同地域の教員で構成されている自主研修会でプログラムの説明が行われた。

　本研究では初年度にプログラムを導入した学校群とそうでない学校群の比較を試みた。研究目的は以下の5つである。

(1)　当該プログラムを1年受けた児童と受けていない児童の間で，文字とその名称の理解と産出能力に違いがみられるか。（文字知識の比較）

(2)　当該プログラムを受けた児童と受けていない児童の間で音韻・音素意識の発達に違いがみられるか。（音韻・音素意識の比較）

(3)　当該プログラムを受けた児童と受けていない児童の間で語彙知識の発

達に違いがみられるか。(語彙知識の比較)

(4)　当該プログラムを 2 年受けた児童と 1 年受けた児童の間でリーディング能力に違いがみられるか。(リーディング能力の比較)

(5)　当該プログラムを受けた児童と受けていない児童の間で基礎スキルとリーディング能力の関連性に違いがあるのか。(両グループのパス分析比較)

研究参加者：本研究には，実験群として 2014 年度にプログラムが導入されたパイロット校 3 校に在籍していた 6 年生児童 149 名 (男児 84 名，女児 60 名，不明 5 名) と統制群として 2015 年度にプログラムが導入された 11 校のうち 8 校に在籍していた 6 年生児童 604 名 (男児 261 名，女児 261 名，不明 82 名) が参加した。

検証に使用したテスト

検証には研究 4.3 で使用した下記のようなテストを本研究でも使用した。

文字知識の測定 (Appendix-6)

文字が読める力を測る項目では，参加児童は CD から流れてくる文字の名前を聞いて，その順番に番号を書いた。文字が書ける力を測る項目では，参加児童は CD から流れてくる文字の名前を聞いて，文字を書いた。

音韻・音素意識の測定

Kirtley et al. (1989) を参考に作成したテスト。3 つの単語を聞いて，1 つ異なる音を持つ単語を選ぶ。単語の最初の部分に異なる要素がある Open Oddity Test と単語の後半部分に異なる要素がある End Oddity Test の 2 種類を用意した。

語彙知識の測定 (Appendix-7a & 7b)

絵を表す単語の正しいスペルを 3 つの中から選ぶ語彙テスト 1 と書かれている単語の意味を日本語で書く語彙テスト 2 を用意した。

リーディング能力の測定 (Appendix-8a & 8b)

絵を見て，それを表している文を選ぶ問題と，2 文を読んでその内容を表す

絵を選ぶ問題で構成されている Reading 1 と，正誤問題や文を完成させる問題，また内容を日本語でまとめる問題で構成されている Reading 2 を用意した。

研究手続き：テストおよびアンケートの実施に先立ち，プログラムの効果を検証するという研究目的，ならびに本測定のため ① 通常授業に大きな支障をきたさないこと，②結果は正課の成績には影響しないこと，③ 個人情報は匿名化され適切に管理されることを文書と口頭で教育委員会に説明し，参加の同意を得た。各校には教育委員会より協力の依頼がされ，各校の英語専科教員により実施された。

結果と考察

ここでは，研究目的に合わせて分析結果を報告する。まずは，実験群および統制群を比較し，リーディングの基礎スキル（文字の認識と産出，音韻・音素意識）と語彙知識およびリーディング能力の獲得に違いがあるのかを検証する。次に両群において基礎スキルがどのようにリーディング能力の発達に影響しているのかを検証する。

プログラム 1 年目の検証―読み書きの基礎スキルの発達について

参加児童は 6 年次の 4 月，読み書きの基礎スキルである文字知識と音韻・音素意識，そして語彙知識を測るテストを受けた。実験群の児童は 5 年次にすでにこのプログラムに参加していたが，統制群の児童は参加していなかった。したがって，ここではプログラム 1 年間の効果を検証することになる。**表 5.2** にそれぞれのテストの記述統計と統計結果をまとめる。

小文字の認識と産出する力について

小文字を読むテストの信頼度は $\alpha = .97$ であり，書くテストの信頼度は $\alpha = .90$ と，それぞれ十分な信頼度であった。それぞれのグループが正規分布して

5章　音を大切にしたリタラシープログラムの効果検証　　195

表 5.2　各テストの記述統計と検定の効果量

テスト	群	人数	平均値	標準偏差	中央値	四分位範囲	p 値	効果量
文字	実験群	142	28.75	4.43	31	2	$p < .001$	$r = .20$
(認識)	統制群	583	23.95	9.02	29	13		
文字	実験群	142	16.82	3.04	18	3	$p < .001$	$r = .28$
(産出)	統制群	583	13.79	4.83	15	7		
Open	実験群	142	19.15	3.28	20	3	$p < .001$	$d = .54$
(音韻)	統制群	582	16.58	5.06	18	6		
End	実験群	142	19.63	3.77	20	4	$p < .001$	$d = .39$
(音韻)	統制群	582	17.88	4.69	19	5		
語彙 1	実験群	142	22.0	5.76	22.5	8	$p < .001$	$d = .30$
	統制群	583	20.14	6.25	21	10		
語彙 2	実験群	142	9.43	8.11	8	14	$p = .034$	$r = .08$
	統制群	581	8.02	8.0	5	13		

いるのかを調べるために Shapiro-Wilk 検定とヒストグラムを見たが，両テストともに正規分布を仮定できなかった。そのためノンパラメトリック検定である Mann-Whitney U 検定を使用した。その結果，読むテストでは両群の間に統計的な差があることが判明した（実験群：31(2)，統制群：29(13)，$p < .001$，$r = .20$）。また書くテストにおいても両群間に統計的に有意の差があった（実験群：18(3)，統制群：15(7)，$p < .001$，$r = .28$）。しかし，どちらのテストにおいてもその効果量は小さなものであった。

　統制群と比べ実験群のほうが小文字を読み，そして書く力が高く，そこには統計的に有意の差があることが確認できた。読むこと・書くことの基礎的なスキルである小文字の学習について，プログラムの有効性が立証された。

音韻・音素意識について

　音韻・音素意識を測定した 2 つのテストの信頼度は，Open Oddity Test が $\alpha = .86$，End Oddity Test は $\alpha = .84$ であり，それぞれ十分な信頼度であった。それぞれのテスト結果が，グループごとに正規分布しているのかを調べるために Shapiro-Wilk 検定とヒストグラムを見たが，2 つのテストともに正規分布が仮定できたので，パラメトリック検定である t 検定を使用した。その結果，

Open Oddity Test では両群の間に統計的な差があり（$t = 7.446$, $df = 324.087$, $p < .001$, $d = .54$），中程度の効果量が認められた。また End Oddity Test でも統計的に両群間に有意差があったが（$t = 4.717$, $df = 258.413$, $p < .001$, $d = .39$），効果量は小さいものであった。

　統制群と比べ実験群の音韻・音素意識が高く，そこには統計的に有意の差が確認できた。読むこと・書くことの基礎的なスキルである音韻・音素意識についてもプログラムの有効性が立証されたことになる。

語彙知識について

　絵に合う単語のスペルを選ぶ語彙テスト１の信頼度は $\alpha = .88$ であり，スペルを見て単語の意味を日本語で書く語彙テスト２の信頼度は $\alpha = .96$ と，それぞれ信頼度は十分であった。それぞれのテスト結果が，グループごとに正規分布しているのかを調べるために Shapiro-Wilk 検定とヒストグラムを見たが，語彙テスト１では正規分布が仮定できたが，語彙テスト２では正規分布が仮定できなかった。したがって語彙テスト１では t 検定を使用したが，語彙テスト２では Mann-Whitney U 検定を使用した。その結果，語彙テスト１では両群の間に統計的な差があったが（$t = 3.394$, $df = 228.781$, $p < .001$, $d = .30$），効果量は小さなものであった。語彙テスト２でも両群間に統計的に有意の差が確認できたが（実験群：8(14)，統制群：5(13)，$p < .034$, $r = .08$），その効果量はほとんどなかった。

　統制群と比べ実験群の語彙知識が高く，そこには統計的に有意の差が確認できた。読むこと・書くことの基礎的なスキルを使い，語彙の認識を始めると考えられるが，その点からもプログラムの有効性が立証されたことになる。

プログラム２年目の検証─リーディング能力の発達について

　参加児童は６年次の３月，２つのリーディングテストを受けた。実験群の児童は５年次からプログラムに参加していたのでプログラムに参加して２年が過ぎたことになる。一方統制群の児童はプログラムに１年間のみ参加した。した

がって，ここでは2年間参加した児童と1年間参加した児童を比較してプログラムの効果を検証することになる。**表5.3** にそれぞれのテストの記述統計と分析の結果をまとめている。

表5.3　リーディングテストの記述統計と統計結果

テスト	群	人数	平均値	標準偏差	中央値	四分位範囲	p 値
Read 1	実験群	141	11.1	4.58	11	9	$p = .391$
	統制群	585	10.62	4.9	11	8	
Read 2	実験群	141	9.67	5.98	9	7	$p = .460$
	統制群	536	9.26	5.13	8	5	

　文と絵を合わせるリーディングテスト1の信頼度は$\alpha = .90$であり，十分の信頼度であった。また文を読んで正誤解答をしたり，適切な単語を選んだりしたリーディングテスト2の信頼度は$\alpha = .82$であり，こちらの信頼度も十分であった。それぞれのテスト結果が，グループごとに正規分布しているのかを調べるためにShapiro-Wilk検定とヒストグラムを見た結果，リーディングテスト1では正規分布が仮定できなかったが，リーディングテスト2では正規分布が仮定できた。したがってリーディングテスト1ではMann-Whitney U検定を使用した。その結果，両群間に統計的な差はなかった（実験群：11(9)，統制群：11(8)，$p = .391$）。リーディングテスト2ではt検定を使用し，こちらも両群間に統計的な差は確認できなかった（$t = .741$，$df = 197.669$，$p = .460$）。

　統計処理の結果，リーディング能力を測る2つのテストにおいて，平均点では若干実験群が統制群より高いものの，両群の間には統計的に有意な差は確認できなかった。つまりリーディング能力の育成に関してはプログラムの有効性は実証されなかった。

　リーディング能力において両群の差がなかった理由として，1つは統制群児童も1年間のプログラムの体験を得て，基礎的な読み書きのスキルを伸ばしていた可能性があり，その力を使って語彙認識やリーディングに取り組んだと考えられる。またもう1つの理由としては，活動時間の少なさが考えられる。当該プログラムは毎回帯活動として実施していたが，所要時間はわずか10分程

度であった。週1回の授業では年間でも5.3～5.8時間と6時間以下の授業時間しかない。基礎スキルを使いリーディング能力を育てるためには十分な活動時間とは到底言えず，リーディングに必要な語彙知識や文法に気づく力などを身につけるためにはもっと多くの時間が必要だったと分析した。

プログラムの経験年数からみた基礎スキルとリーディング能力の関係

　前述したように参加児童は6年次の4月に読み書きの基礎スキルテストおよび語彙テスト，そして3月にリーディングのテストを受けた。実験群の児童は5年次からプログラムに参加していたのでプログラムを2年間経験し，統制群の児童は1年間プログラムを経験していた。

　ここでは文字の知識（認識と産出）と音韻・音素意識（OpenとEnd）という基礎スキルが語彙知識およびリーディング能力に与える影響を検討するために，プログラムの経験年数別にSPSS Amos 25.0を使用し，パス分析を行った。

実験群の基礎スキルとリーディング能力の関係

　実験群の参加児童は5年次および6年次においてプログラムに参加したので，2年間プログラムを経験したことになる。**表5.4**に読み書きの基礎スキルである文字知識と音韻・音素意識の関連性を報告している。それぞれのスキルは相互に関係しており，統計的に有意の相関係数を示した。しかし，音韻・音素意識を測る2つのテストの相関（$r_s = .67$）と文字を読む・書くの相関（$r_s = .70$）の強さは中から強であった一方，文字知識と音韻・音素意識の相関の強さは小であった（$r_s = .30 \sim .50$）。

表5.4　文字知識と音韻・音素意識の相関（実験群）

	文字書き	音韻 (open)	音韻 (end)
文字読み	.70	.30	.43
文字書き		.36	.50
音韻 (open)			.67

　パス分析の結果として，**図5.1**には標準化偏回帰係数（β）が有意なものだ

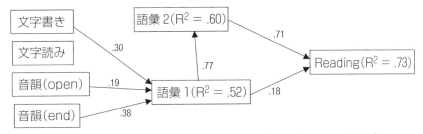

図 5.1　実験群の基礎スキルと語彙およびリーディングの関係を表すパス図

けを載せている。このモデルの適合度を示す指標はカイ二乗値（CMIN）＝1.041, $df=9$, $p=.404$, CFI ＝.998, RMSEA ＝.017 であり，それぞれの値がこのモデルが妥当であることを示した。つまり，実験群では音韻・音素意識が語彙知識獲得に影響していることがわかる（音韻 open →語彙1：$\beta=.19$）。特に End で測定されたライム認識力が強く影響していることがわかる（音韻 end →語彙1：$\beta=.38$）。さらに文字知識に関しては，文字を読む力は語彙およびリーディング能力には影響していないが，書く力は語彙の認識に影響している（文字書き→語彙1：$\beta=.30$）。しかし，このような基礎的なスキルは語彙認識テスト2（語彙2）には影響していないことがわかった。語彙テスト間では意味からスペルを選ぶ力がスペルから意味を理解する力へ大きく影響し（語彙1→語彙2：$\beta=.77$），さらにそれぞれの語彙知識がリーディング能力へ影響していることがわかった（語彙1→リーディング：$\beta=.18$，語彙2→リーディング2：$\beta=.71$）。

　パス分析の結果，図 5.1 が示すようにプログラムに2年間参加した児童のデーターからは音韻・音素意識が高い児童，小文字の名称を聞いて書く力がある児童ほど語彙の認識が高く，さらにリーディング能力も高いことが判明した。このモデルにおいてリーディング能力の 73％ が説明できる（決定係数：$R^2=.73$）ということから，やはり文字知識や音韻・音素意識といった基礎的スキルの育成は重要である。

統制群の基礎スキルとリーディング能力の関係

　統制群の参加児童は6年次においてのみプログラムに参加したので，1年間

プログラムを経験したことになる。表5.5に読み書きの基礎スキルである文字知識と音韻・音素意識の関連性を報告している。それぞれのスキルは相互に関係しており、統計的に有意な相関係数を示した。しかし、音韻・音素意識を測る2つのテストの相関 (r_s = .68) と文字を読む・書くの相関 (r_s = .74) は強い相関があった一方、アルファベット知識と音韻・音素意識の相関は弱いものであった (r_s = .38〜.44)。基礎的なスキルのそれぞれの相関は統制群も実験群と同様の傾向にあった。

表 5.5　アルファベット知識と音韻・音素意識の相関（統制群）

	文字書き	音韻 (open)	音韻 (end)
文字読み	.74	.39	.38
文字書き		.44	.44
音韻 (open)			.68

パス分析の結果として、**図5.2**には標準化偏回帰係数 (β) が有意なものだけを載せている。このモデルの適合度を示す指標としてカイ二乗値 (CMIN) =1.329, df = 7, p = .231, CFI = .999, RMSEA = .023 であり、それぞれの値がこのモデルが妥当であることを示した。実験群同様、統制群でも文字を読む力はどの能力にも直接影響していなかったが、文字を書く能力は語彙1に大きく影響していた（文字書き→語彙1：β = .51）。その一方で、実験群とは異なり統制群では文字書き能力は語彙知識2やリーディング能力にも直接影響していた（文字書き→語彙2：β = .19, 文字書き→リーディング：β = .11）。

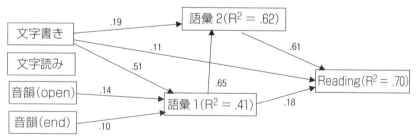

図 5.2　統制群の基礎スキルと語彙およびリーディングの関係を表すパス図

音韻・音素意識は実験群同様に語彙テストのみに影響を及ぼしていたが（音韻 open →語彙 1：β = .14，音韻 end →語彙 1：β = .10），実験群と比べるとライム認識が含まれる End Oddity Test からの影響が極端に小さかった。

実験群同様，語彙テスト間では意味からスペルを選ぶ力がスペルから意味を理解する力へ大きく影響し（語彙 1 →語彙 2：β = .65），さらにそれぞれの語彙知識がリーディング能力へ影響していた（語彙 1 →リーディング：β = .18，語彙 2 →リーディング 2：β = .61）。

パス分析の結果，**図 5.2** が示すようにプログラムに 1 年間参加した児童のデーターからは音韻・音素意識が高い児童，小文字の名称を聞いて書く力がある児童ほど語彙の認識能力が高く，さらにリーディング能力も高いことが判明した。これは 2 年間参加した実験群の児童の結果と同様である。このことは，統制群のモデルにおいてもリーディング能力の 70 ％が説明できる（決定係数：R^2 = .70）ということから，やはり基礎的スキルが語彙知識やリーディング力の発達に影響していると考えられる。

実験群と統制群の顕著な違いとして，1 年間参加の統制群では小文字を書く力が語彙知識（語彙テスト 2）およびリーディング能力に直接影響していたことがある。さらに音韻・音素意識，特にライム意識が語彙知識（語彙テスト 1）に与える影響力が統制群で弱くなっていたこともある。これらのことは何を意味しているのだろうか。

プログラム 1 年目では文字知識，つまり字形と名称の学習，特に小文字の学習に重点を置く。さらに音韻・音素意識を高める活動を行い，2 年目に入り本格的に文字と音との関係を学び，それらの力を使って語彙や文を読む学習へすすむ。統制群はプログラム 1 年目にあたるので文字知識を獲得することに時間を費やし，音と文字との学習については実験群ほど進んでいなかったと想像できる。したがって統制群の児童は教えられた文字知識を最大限に使って問題を解決しようとし，プログラム 2 年目で音と文字との関係をより深く学んだ実験群の児童はその知識を使ってテストに答えたと考えられる。

単語を認識するには単語のスペルと意味そしてその音を理解することが必要

になる。知らない単語を見たとき，文字を音に変換させて発音し，単語の意味を探る方法があり，それは phonological route と呼ばれる。一方文字群を見ただけで意味がわかる direct route と呼ばれる方法もある。同じ単語に何度も出会うことで phonological route で理解していた単語を direct route で理解できるようになるとも言われている（Soura, 2014）。実験群の児童は彼らの音韻・音素意識を使いながらフォニックスで得られた文字と音の知識を使い，単語を音声化しようと試みていたのではないかと考える。一方統制群の児童は文字から直接単語の意味を理解する direct route を使っていたのではないかと想像する。

　つまり両群の児童は教えられ，鍛えられた力を使い，問題を解決していたと考えられる。残念ながらリーディング能力には両群に違いが認められなかったが，実験群の児童は語彙や文を読む過程で音の存在を意識，音と文字との関係についての知識を使って問題を解答していたと想像する。その観点からしても音と文字との関係をていねいに教えている本プログラムの効果は出ていたと考えられる。

結　論

　本研究では公立小学校で行われている読み書き指導の効果について検証した結果を報告している。研究が行われた地域は，2003 年度より地域の全小学校に 1 年生から外国語科を導入し，積極的に英語教育に取り組んでいる。筆者は2006 年よりこの地域の小学校英語に関わっているが，2010 年より本格的に読み書き能力を育成するための公立小学校用のプログラムを開発し，実践そしてその効果について検証してきた。教育委員会の指導のもと，そのプログラムが同地域の全ての小学校で実施されることが決定され，4 年間をかけて導入された。教育委員会と協力し，プログラムの効果を検証するために，2015 年から 3 年間データが収集された。

　本研究は 2014 年と 2015 年にプログラムに参加した児童の能力を比較することでプログラムの効果を検証することを目的とした。参加した児童は 6 年次の

4月の段階で読み書きの基礎スキルである「文字知識」「音韻・音素意識」，そして「語彙に関する知識」を測るテストを受けた。プログラムを受けていた実験群の児童と受けていなかった統制群の児童のデータを比較した結果，全てのテストにおいて実験群の児童の得点が高く，両群には統計的に有意の差が認められた。つまり実験群児童は，読み書きの基礎スキルである文字知識と音韻・音素意識を伸ばし，それらのスキルを基に語彙を認識する力を獲得していた。この結果よりプログラムの効果が立証されたことになる。

　しかし，6年の終わりに実施した2つのリーディングテストからは，両群間において統計的に有意の差は見つからなかった。現実的にはプログラム参加2年の実験群と1年の統制群を比べたことになるが，両群のリーディング能力には差が見られなかった。つまり，リーディング能力の育成における当該プログラムの有効性については結論がでなかったことになる。原因としては指導時間の少なさが考えられる。文字とその名称の関係を学習するのと比べると文字とその音の関係を学ぶことは難しく，時間がかかる。さらにその知識を使って単語を読む，つまり文字を音声化（decode）するには音と文字に関する知識を十分に理解し，その知識を自動化されたスキルとして身につけなければならない。自動化したスキルを獲得するにも多くの練習時間が必要である。

　また，基礎スキルと語彙知識やリーディング能力の関係を調べたパス分析からは，基礎スキルが単語知識やリーディング能力の発達に影響していることがわかった。この分析からも読み書きの基礎スキルを育成することの重要性が確認できた。また，両群のパス図の比較から興味深い発見もあった。それは，プログラム参加2年目の実験群の児童のデータからは，音韻・音素意識，なかでもライム意識が，単語やリーディングの力に影響していた。プログラム参加1年の統制群児童については，彼らのアルファベットを書く力が語彙知識やリーディング力に直接影響していた。ここに1年間のプログラム経験の違いが表れており，実験群の児童は文字と音との知識を生かし，単語や文を読もうとしている姿が想像できる。それは，音を大切にした当該プログラムの特徴が出た結果だと解釈している。

新課程の中学校英語では導入される単語および文法事項が増え，現場では教科書が読めない，授業についていけないという生徒が今までよりも早い段階で多く出ていると聞く。中学校以降の英語学習を楽しいと思い，学習動機を保持していくためにも小学校での基本的な読み書き指導が非常に大きな意味をもってくる。本研究は公立小学校で体系的な読み書き指導を実施し，児童がどのようにリーディング能力を伸ばしたのかを検証した大規模な研究であり，極めて重要な教育的示唆を与えてくれる。

| 研究
5.2 | 比較研究 2（2015–2016） |

　本研究は研究5.1の再現研究（replication study）であり，研究5.1とは異なる参加者を対象とし研究5.1と同様の研究目的，研究方法，研究手続きで遂行した。すでに述べたが，研究サイトでは，教育委員会により2014年度より2017年度の4年間をかけて筆者が開発した英語プログラムが地域の全小学校に導入された。2014年度には当該プログラムを開発，実践，検証をしたA小学校を含める計3校のパイロット校にプログラムが導入され，続いて2015年度は11校，2016年度は14校，そして2017年度に最後の7校においてプログラムが導入された。

　研究5.1では2014年度にプログラムが導入された3校のパイロット校に在籍していた全ての6年生児童と2015年度に導入された11校のうち8校の全6年生が参加し，教育委員会の協力を得，それぞれの能力を測定するテストを準備した。

　本研究では2014年，2015年にプログラムを導入した学校群と2016年に導入した学校群の比較を試みた。研究目的は研究5.1同様に以下の5つである。

(1) 当該プログラムを1年受けた児童と受けていない児童の間で文字とその名称の理解と産出能力に違いがみられるか。（文字知識の比較）

(2) 当該プログラムを受けた児童と受けていない児童の間で音韻・音素意識の発達に違いがみられるか。（音韻・音素意識の比較）

(3) 当該プログラムを受けた児童と受けていない児童の間で語彙知識の発達に違いがみられるか。（語彙知識の比較）

(4) 当該プログラムを2年受けた児童と1年受けた児童の間でリーディング能力に違いがみられるか。（リーディング能力の比較）

(5) 当該プログラムを受けた児童と受けていない児童の間で基礎スキルとリーディング能力の関連性に違いがあるのか。（両グループのパス分析比較）

研究方法

研究参加者：本研究には，実験群として 2014 年度にプログラムが導入された 3 校のうち 3 校全て，および 2015 年度にプログラムが導入された 11 校のうち 5 校の 6 年生児童 457 名と統制群として 2016 年度にプログラムが導入された 14 校のうち 5 校から 6 年生児童 412 名が参加した。

検証に使用したテスト（Appendix-6, 7a, 7b, 8a, & 8b）

検証には研究 5.1 で使用した 4 種類のテスト（アルファベットの文字知識を測るテスト，音韻・音素意識を測る Sound Oddity Tests，語彙力を測る 2 つのテスト，そしてリーディング能力を測る 2 つのテスト）を使用した。

研究手続き：テストおよびアンケートの実施前に，プログラムの効果を検証するという研究目的，ならびに本測定のため通常授業に大きな支障をきたさないこと，個人情報は匿名化され適切に管理されることを文書と口頭で教育委員会に説明し，参加の同意を得た。各校には教育委員会より協力の依頼がされ，各校の英語専科教員により実施された。

結果と考察

研究目的に合わせて分析結果を報告する。まずは，実験群および統制群を比較し，リーディングの基礎スキル（文字の認識と産出，音韻・音素意識）と語彙知識およびリーディング能力の獲得に違いがあるのかを検証する。次に両群において基礎スキルがどのようにリーディング能力の発達に影響しているのかを検証する。

プログラム 1 年目の検証―読み書きの基礎スキルの発達について

参加児童は 6 年次の 4 月，読み書きの基礎スキルである文字知識と音韻・音

5章 音を大切にしたリタラシープログラムの効果検証 207

表5.6 6年初めの各テストの記述統計と検定の効果量

テスト	群	人数	平均値	標準偏差	中央値	四分位範囲	p 値	効果量
文字	実験群	444	28.47	5.32	31	2	$Z = 6.825$	$r = .24$ (小)
(認識)	統制群	386	25.43	7.75	30	10	$p < .001$	
文字	実験群	444	15.82	3.68	17	5	$Z = 7.267$	$r = .25$ (小)
(産出)	統制群	385	13.76	4.62	15	7	$p < .001$	
Open	実験群	446	18.83	3.25	19	3	$Z = 6.168$	$r = .21$ (小)
(音韻)	統制群	392	16.87	4.56	18	6	$p < .001$	
End	実験群	446	19.94	3.55	21	5	$Z = 6.382$	$r = .22$ (小)
(音韻)	統制群	392	18.48	3.92	19	4	$p < .001$	
語彙1	実験群	446	21.35	6.20	22	10	$p = .613$	(n.s.)
	統制群	388	21.07	6.34	22	9		
語彙2	実験群	447	9.34	8.43	7	13	$Z = 2.197$	$r = .08$ (なし)
	統制群	385	8.07	8.05	5	13	$p = .028$	

素意識，そして語彙知識を測るテストを受けた。実験群の児童は5年次にすでにプログラムに参加していたが，統制群の児童は参加していなかった。したがって，ここではプログラム1年間の効果を検証することになる。**表5.6**にそれぞれのテストの記述統計と統計結果をまとめている。

小文字の認識と産出する力について

それぞれのグループが正規分布しているのかを調べるためにShapiro-Wilk検定とヒストグラムを見たが，2つのテストともに正規分布を仮定できなかった。そのためノンパラメトリック検定であるMann-Whitney U検定を使用した。その結果，文字を読むテストでは両群の間に統計的な差があることが判明した（実験群：31(2)，統制群：30(10)，$p < .001$，$r = .24$）。また書くテストにおいても両群間に統計的に有意の差があった（実験群：17(5)，統制群：15(7)，$p < .001$，$r = .25$）。しかし，どちらのテストにおいてもその効果量は小さなものであった。

分析の結果，統制群と比べ実験群のほうが小文字を読み，そして書く力が高く，そこには統計的に有意の差があることが確認できた。リタラシーの基礎的なスキルである小文字の学習について，プログラムの有効性が立証された。

音韻・音素意識について

音韻・音素意識を測定した2つのテスト結果が，グループごとに正規分布しているのかを調べるためにShapiro-Wilk 検定とヒストグラムを見たが，2つのテストともに正規分布が仮定できなかったので，ノンパラメトリック検定であるMann-Whitney U 検定を使用した。その結果，Open Oddity Test では両群の間に統計的な差があり（実験群：19(3)，統制群：18(6)，$Z = 6.168$，$p < .001$），小さな効果量（$r = .21$）が認められた。またEnd Oddity Test でも統計的に両群間に有意差があったが（実験群：21(5)，統制群：19(4)，$Z = 6.382$，$p < .001$），効果量は小さなもの（$r = .22$）であった。

分析の結果，統制群と比べ実験群の音韻・音素意識が高く，そこには統計的に有意な差が確認できた。読むこと・書くことの基礎的なスキルである音韻・音素意識についてもプログラムの有効性が立証されたことになる。

語彙知識について

絵に合う単語のスペルを選ぶ語彙テスト1とスペルを見て単語の意味を日本語で書く語彙テスト2のテスト結果は，グループごとに正規分布しているのかを調べるためにShapiro-Wilk 検定とヒストグラムを調べたが，2つのテストともに正規分布していなかったのでMann-Whitney U 検定を使用した。その結果，語彙テスト1では（実験群：22(10)，統制群：22(9)，$p = .613$），両群の間に統計的な差はなかった。語彙テスト2では両群間に統計的に有意の差が確認できたが（実験群：7(13)，統制群：5(13)，$Z = 2.197$，$p = .028$），その効果量はほとんどなかった（$r = .08$）。

分析の結果，語彙1テストにおいては実験群と統制群の間には統計的な差はみられず，語彙2テストでは統制群と比べ実験群の語彙知識が高く，そこには統計的に有意の差が確認できたが，効果量はほとんどなかった。この結果より実験群の児童はリタラシーの基礎的なスキルを使い，語彙の認識を始めていることが示唆されている。

プログラム2年目の検証―リーディング能力の発達について

　参加児童は6年次の3月，2つのリーディングテストを受けた。実験群の児童は5年次からプログラムに参加していたのでプログラムに参加して2年が過ぎたことになる。一方統制群の児童はプログラムに1年間のみ参加した。したがって，ここではプログラムの効果を，2年間参加した児童と1年間参加した児童の間で検証することになる。研究5.1では実施できなかったが，本再現研究では参加者の数は減少したが，それぞれのテストを再度6年の終了時に実施することができたのでその結果を**表5.7**に報告する。

　全てのテストが正規分布をしていなかったので，Mann-Whitney U検定を行った結果，小文字の認識（読みのみ），音韻・音素意識（OpenおよびEndとも），語彙テスト1および2に統計的に有意の差が見つかり，実験群の得点が高いことが判明した。ただ効果量からすると全て小さな値で，6年の初めに測定した結果と比べると全て実験群と統制群の差は小さなものとなっていた。統制群の児童も1年間の指導は受けたので，両群の差が小さくなるのは理解できる。しかし，1年経ったのちも，これらの基礎的リタラシーの知識・技能に関しては両群に統計的に有意の差があること，また2つの語彙テストでも両群に有意の差が出たことは興味深い。次にリーディングテストの結果を**表5.8**にまとめている。

表 5.7　6 年次終了時の各テストの記述統計

テスト	群	人数	平均値	標準偏差	中央値	四分位範囲	p 値	効果量
文字	実験群	321	29.74	3.75	31	0	$Z = 3.295$	$r = .12$（小）
（認識）	統制群	371	28.40	5.92	31	1	$p < .05$	
文字	実験群	321	17.27	2.57	18	2	$Z = 1.124$	
（産出）	統制群	371	16.80	3.46	18	3	$p = .261$	(n.s.)
Open	実験群	321	19.99	2.87	21	3	$Z = 5.240$	$r = .19$（小）
（音韻）	統制群	371	19.01	9.79	20	3	$p < .001$	
End	実験群	321	21.26	2.96	22	3	$Z = 4.379$	$r = .16$（小）
（音韻）	統制群	371	20.42	3.59	21	4	$p < .001$	
語彙 1	実験群	321	24.7	5.08	26	7	$Z = 2.495$	$r = .09$（なし）
	統制群	371	23.62	5.46	25	7	$p = 0.13$	
語彙 2	実験群	321	14.51	8.16	15	14	$Z = 3.597$	$r = .13$（小）
	統制群	371	12.12	8.23	12	14	$p < .001$	

表 5.8　リーディングテストの記述統計と統計結果

テスト	群	人数	平均値	標準偏差	中央値	四分位範囲	p 値
Read 1	実験群	369	11.11	5.05	12	9	$p = .130$
	統制群	386	10.62	5.03	11	8	
Read 2	実験群	369	9.98	6.51	8	7	$p = .085$
	統制群	386	9.04	5.94	8	6	

　文と絵を合わせるリーディングテスト 1 では，正規分布が認められなかったので Mann-Whitney U 検定を使用した。その結果，両群において統計的な有意な差は見つからなかった（実験群：12(9)，統制群：11(8)，$p = .130$）。リーディングテスト 2 も正規分布していなかったので Mann-Whitney U 検定で分析した結果，その傾向は見られたものの統計的な有意差は見つからなかった（実験群：8(7)，統制群：8(6)，$p = .085$）。

　統計処理の結果，リーディング能力を測る 2 つのテストにおいて，平均点では若干実験群が統制群より高いものの，両群の間には統計的に有意な差は確認できなかった。つまりリーディング能力の育成に関してはプログラムの有効性は実証されなかった。

　リーディング能力において両群の差がなかった理由として，研究 5.1 と同様の分析になるが，1 つは統制群児童も 1 年間のプログラムの体験を得て，基礎的な読み書きのスキルを伸ばしていた可能性があり，その力を使って語彙認識やリーディングに取り組んだと考えられる。またもう 1 つの理由としては，研究 5.1 と同様，授業はまだ週 1 回のみだったので活動時間の少なさが考えられる。基礎スキルを使いリーディング能力を育てるための十分な活動時間を確保できなかった。リーディングの力に必要な語彙知識や文法に気づく力などを身につけるためにはもっと多くの時間が必要であることを再確認した。

プログラムの経験年数からみた基礎スキルとリーディング能力の関係

　研究 5.1 同様に，本研究でも参加児童は 6 年次の 4 月に読み書きの基礎スキルテストおよび語彙テスト，そして 3 月にリーディングのテストを受けた。実

験群の児童は5年次からプログラムに参加していたのでプログラムを2年間経
験し，統制群の児童は1年間プログラムを経験していた。

　ここでは文字の知識（認識と産出）と音韻・音素意識（Open と End）という基
礎スキルが語彙知識およびリーディング能力に与える影響を検討するために，
プログラムの経験年数別に SPSS Amos 25.0 を使用し，パス分析を行った結果
を報告する。

実験群の基礎スキルとリーディング能力の関係

　実験群の参加児童は5年次および6年次においてプログラムに参加したので，
2年間プログラムを経験したことになる。**表5.9** に6年生最初の段階で測定し
た読み書きの基礎スキルである文字知識と音韻・音素意識の関連性を報告して
いる。それぞれのスキルは相互に関係しており，統計的に有意の相関係数を示
した。しかし，音韻・音素意識を測る2つのテストの相関（$r_s = .44$），と文字
を読む・書くの相関（$r_s = .55$）は中程度の相関であった。一方，アルファベッ
ト知識と音韻・音素意識の相関はそれらより弱いものであった（$r_s = .35 \sim .46$）。

表5.9　文字知識と音韻・音素意識の相関（実験群）

	文字書き	音韻 (open)	音韻 (end)
文字読み	.55**	.37**	.35**
文字書き		.46**	.39**
音韻 (open)			.44**

　パス分析の結果として，**図5.3** には標準化偏回帰係数（β）が有意なものだ
けを載せている。このモデルの適合度を示す指標はカイ二乗値（CMIN）= 7.959,
$df = 7$, $p = .336$, CFI = .999, NFI = .995, RMSEA = .017 であり，それぞれ
の値がこのモデルが妥当であることを示した。

　実験群では音韻・音素意識が語彙知識の獲得に影響していることがわかる。
1つは音韻・音素テストから語彙1に向けてのパスであり（音韻 open →語彙1：
$\beta = .28$，音韻 end →語彙1：$\beta = .13$），もう1つは音韻・音素意識から語彙テス
ト2へのパスである（音韻 open →語彙2：$\beta = .10$，音韻 end →語彙2：$\beta = .07$）。

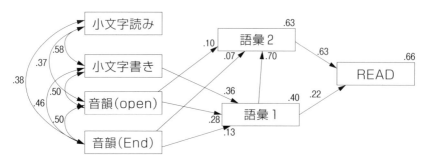

図 5.3　実験群の基礎スキルと語彙およびリーディングの関係を表すパス図

こちらのパス係数は小さな値であるが，有効なパスであり研究5.1 (図5.1) には見られなかった。

　文字知識に関しては，文字認識 (読む力) は語彙およびリーディング能力には影響していないが，書く力は語彙テスト1に影響している (文字書き→語彙1：$\beta = .36$)。が，語彙テスト2には影響していなかった。

　研究5.1同様，語彙テスト間では意味からスペルを選ぶ力がスペルから意味を理解する力へ大きく影響し (語彙1→語彙2：$\beta = .70$)，さらにそれぞれの語彙知識がリーディング能力へ影響していることがわかった (語彙1→リーディング：$\beta = .22$，語彙2→リーディング：$\beta = .63$)。

　パス分析の結果，図5.3が示すようにプログラムに2年間参加した児童のデーターからは音韻・音素意識が高い児童，小文字の名称を聞いて書く力がある児童ほど語彙の認識が高く，さらにこれらの能力が間接的にリーディング能力に影響することが判明した。研究5.1の結果と比較すると，文字知識よりも音韻・音素意識の予測率のほうが高い結果となっている。特にOpenテストで測定した力がどちらの語彙テストにも影響していたのは興味深い。このモデルにおいてリーディング能力の66％が説明できる (決定係数：$R^2 = .66$) ということから，やはり基礎的スキルの育成は重要であると考える。

統制群の基礎スキルとリーディング能力の関係

　統制群の参加児童は6年次においてのみプログラムに参加したので，1年間

プログラムを経験したことになる。表5.10に6年次最初に測定した読み書きの基礎スキルである文字知識と音韻・音素意識の関連性を報告している。それぞれのスキルは相互に関係しており，統計的に有意の相関係数を示した。しかし，音韻・音素意識を測る2つのテストの相関 (r_s = .49) と文字を読む・書くの相関 (r_s = .64) は中程度の相関があった一方，文字知識と音韻・音素意識の相関は弱いものであった (r_s = .34 ～ .42)。基礎的なスキルのそれぞれの相関は統制群も実験群と同様の傾向にあった。

表 5.10　文字知識と音韻・音素意識の相関（統制群）

	文字書き	音韻 (open)	音韻 (end)
文字読み	.64	.35	.34
文字書き		.41	.42
音韻 (open)			.49

パス分析の結果として，図5.4には標準化偏回帰係数（β）が有意なものだけを載せている。このモデルの適合度を示す指標としてカイ二乗値（CMIN）= 11.882，df = 8，p = .157，CFI = .997，NFI = .991，RMSEA = .034であり，それぞれの値がこのモデルが妥当であることを示した。

実験群同様，統制群でも文字認識（読む力）はどの能力にも直接影響していなかったが，文字産出（文字を書く力）は語彙1に大きく影響し（文字書き→語彙1：β = .51），語彙2にも影響していた（文字書き→語彙2：β = .18）。その一方

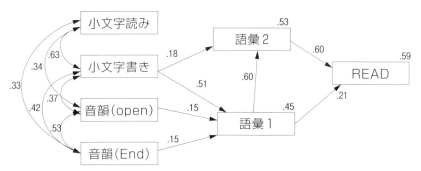

図5.4　統制群の基礎スキルと語彙およびリーディングの関係を表すパス図

で，音韻・音素意識は語彙1のみに影響していた（Open→語彙1：β = .15，End →語彙1：β = .15）。

　実験群同様，語彙テスト間では意味からスペルを選ぶ力がスペルから意味を理解する力へ大きく影響し（語彙1→語彙2：β = .60），さらにそれぞれの語彙知識がリーディング能力へ影響していた（語彙1→リーディング：β = .21，語彙2→リーディング2：β = .60）。

　パス分析の結果，**図5.4** が示すようにプログラムに1年間参加した児童のデーターからも音韻・音素意識が高い児童，小文字の名称を聞いて書く力がある児童ほど語彙の認識力が高く，さらにリーディング能力も高いことが判明した。これは2年間参加した実験群の児童の結果と同様である。このことは，統制群のモデルにおいてもリーディング能力の59％が説明できる（決定係数：R^2 = .59）ということから，やはり基礎的スキルが語彙知識やリーディング力の発達に影響していると考えられる。

　実験群と統制群の顕著な違いとして，音韻・音素意識が語彙知識（語彙テスト1）に与える影響力が統制群で弱くなっていた。プログラム1年目ではアルファベット知識，つまり字形と名称の学習，特に小文字の学習に重点を置いている。さらに音韻・音素意識を高める活動を行い，2年目に入り本格的に文字と音との関係を学び，それらの力を使って語彙や文を読む学習へすすむ。統制群はプログラム1年目にあたるのでアルファベット知識を獲得することに時間を費やし，音と文字との学習については実験群ほど進んでいなかったと想像できる。したがって統制群の児童は教えられたアルファベット知識を最大限に使って問題を解決しようとし，プログラム2年目で音と文字との関係をより深く学んだ実験群の児童はその知識を使ってテストに答えたのだと考えられる。この傾向は研究5.1でも見られたことである。

　リーディング能力には両群に違いが認められなかったが，語彙や文を読む過程で音の存在を意識，音と文字との関係についての知識を使っていたのは明らかに実験群の児童であった。そう考えると音と文字との関係をていねいに教えている本プログラムの効果は出ていたと考えられる。

結　論

　本研究では公立小学校で行われている読み書き指導の効果について検証した結果を報告している。研究5.1の再現研究となったが，結果は全体的には研究5.1と同じであった。まずは実験群がプログラムを1年間経験し，統制群の児童はまだ何も経験していない6年生の初めの段階においては下記のように実験群の優位性が証明される結果となった。

1. 小文字の認識（読む）と産出（書く）において，統制群よりも実験群のほうの得点が高く，そこには統計的に有意の差があった。これは研究5.1と同じ結果であった。

2. 音韻・音素意識を測るテストにおいて，統制群よりも実験群のほうの得点が高く，そこには統計的に有意の差があった。これも研究5.1と同じ結果であった。

3. 語彙知識を測るテストにおいては，スペルから意味を書くテスト（語彙テスト2）においては実験群のほうの得点が高く，そこには統計的に有意の差があり，研究5.1と同様の結果であった。しかしスペルを選ぶ語彙テスト1においては両群に統計的な有意の差はなく，研究5.1とは異なる結果となった。

　研究5.1では実施できなかったが，本研究では6年最後に各テストを再度実施した。17％程度の参加児童の減少があったものの，1年間の変化がみられ，下記のような結果がでた。

4. 小文字の認識（読む）テストにおいては，統制群よりも実験群の得点が高く，そこには統計的に有意の差があったが，書くテストにおいては両群の差は見られなかった。

5. 音韻・音素意識を測るテストにおいて，統制群よりも実験群の得点が高く，そこには統計的に有意の差があり，6年次最初の結果と同じではあったが，その効果量は小さいものになっていた。

6. 語彙知識を測るテストにおいては，2つのテストとも実験群のほうの得

点が高く，そこには統計的に有意の差があった。

　以上のように，実験群は2年間，統制群も1年間このプログラムを経験した時点で，小文字の書くテスト以外，全てのテストにおいて実験群の優位性が認められた。このことは，当該リタラシープログラムの有効性を明確に示すものである。

　6年の終わりに実施した2つのリーディングテストからは，両群間において統計的に有意の差は見つからなかった。これも研究5.1と同様の結果となったが，今回の再現研究でより難しいリーディングテスト2において両群に差がでる傾向が見られた。しかし，リーディング能力の育成における当該プログラムの有効性については十分な結論がでなかったことになる。原因としては研究5.1でも述べたように指導時間の短さが考えられる。

　また，基礎スキルと語彙知識やリーディング能力の関係を調べたパス分析からは，両群ともに基礎スキルが単語知識やリーディング能力の発達に影響していることがわかり，これも研究5.1と同様の結果となった。これら両研究の結果より読み書きの基礎スキルであるアルファベットの文字知識や音韻・音素意識を育成することの重要性を改めて強調したい。

　また，両群のパス図を比較すると，研究5.1とは異なり，実験群の参加児童の音韻・音素意識は2つの語彙テストに影響を与えていた。これらの力を使い語彙の理解を深めているのに対し，統制群の児童はアルファベット知識を使い語彙認識を深めようとしていることが示唆された。研究5.1では統制群の児童の小文字を書く力がリーディング能力まで直接予測していたが，本再現研究ではそのパスは統制群でさえ見つからなかった。

　本研究は公立小学校で体系的に読み書き指導を実施し，児童がどのようにリーディング能力を伸ばしているのかを検証した大規模研究であり，初期英語学習者のリタラシー指導に極めて重要な示唆を与えてくれるものと考える。

研究 5.3	指導時間の増加によるプログラムの効果検証

新学習指導要領の導入により，公立小学校の高学年では外国語が教科となり，授業時数が週1回から2回に増えた。さらに「読むこと」「書くこと」の指導も始まっている。本研究では授業時数が2倍になったことで，プログラムで取り扱う学習内容がどのように変化し，それによって児童の英語学習がどのように促進されたのか検証することを目的としている。6年生を対象に授業時数が増えたことで当該プログラムに参加した児童の読み書き能力がどのように変化したのかを検証した結果を報告する。具体的には2つの異なる授業時数のもと英語を学習した2つのグループの児童の英語能力を測定し，比較した。

授業時数の変化に応じて小学生の英語力もしくは情意的な側面に変化があったのかを研究した和田ら（2021）の研究では，2017年度卒業生，2018年度卒業生，そして2019年度卒業生を対象に彼らの聴解力，自己評価，英語学習に対する意識の点からどのような変容が起こるのかを調査した。参加児童は，それぞれの年度で異なる英語の授業時数を経験していた。聴解力においては学年度差が認められたものの授業時数によるものかは明らかではなかったと報告している。また英語学習に対する意識については，全てのグループで「英語の授業や活動の好き，楽しい」は学年が進行するにつれて下がり，時間数が多いグループでより低くなったと報告している。さらに授業時数の影響については，「ほとんどの観点において，単純に時間数の要因が変容に影響しているとは考えられなかった」(p. 141)と結論付けている。

本研究の場合は英語の授業の中でも7分程度で行われているリタラシー活動にしぼって検証するため，その変化は特定しやすいものと考える。

研究方法

　当該プログラムでは，学習指導要領改訂に関わらず，同様のカリキュラムが実施され，研究参加児童は全員筆者の授業を受け，同様の教材を使い，同様の指導法のもと英語のリタラシーのボトムアップスキルを獲得していった。本研究では，週2回の授業になったことで児童がどのようにリタラシーのボトムアップスキルを向上させたのかを確認するため，つぎのような4つの仮説を検証することとした。

1. 授業回数が増えたことで児童は，大文字の理解・産出する能力を向上させた。
2. 授業回数が増えたことで児童は，小文字の理解・産出する能力を向上させた。
3. 授業回数が増えたことで児童は，単語を理解する能力を向上させた。
4. 授業回数が増えたことで児童は，リーディング能力を向上させた。

研究サイトと研究参加者：研究サイトは東京都の1つの区であるが，当該地域は2003年度より「構造改革特別区域研究開発校」制度を利用して英語教育を始め，2008年度以降は「教育課程特例校」制度を使い，特殊な英語学習環境を整えている。公立の小学校ではあるが1年生から週1回の英語の授業が設置され，当初より英語は教科として取り扱われていた。

　本研究の参加者はこの地域にある2つの小学校に通う6年生の児童244名である。そのうち週1回の授業を受けた参加児童としてA小学校6年生の64名（2013年度卒）と54名（2014年度卒）の合計118名。一方，週2回の授業を受けた参加児童はB小学校の6年生61名（2019年度）と65名（2020年度）の合計

表5.11　参加者

授業時数	参加児童	合計
週1時間（A校）	64名（2013卒）と54名（2014年度卒）	118名
週2時間（B校）	61名（2019卒）と65名（2020年度卒）	126名

126 名であった。当該地域では新課程への移行期間の 2018 年と 2019 年，高学年は年間 50 時間で対応していたが，B 小学校では 2019 年度より独自の試みとして週 2 回の英語の授業を実施していた。

測定方法

　本研究では年間の総復習として最後の授業で行った次のようなテストの結果を分析に使用した。これらのテスト結果を用いて週 1 回と週 2 回の授業の効果を比較した。

1) 大文字の理解と産出を問うテスト：参加児童は発音される文字の名前を聞いて対応する文字を書く。アルファベットは無作為に 3 文字〜 4 文字の群をある程度の速さで発音された。2 回繰り返された後，書く作業に約 7 秒間与えられた。(26 項目)

2) 小文字の理解と産出を問うテスト：大文字と同様。(26 項目)

3) 語彙テスト 1：絵を見てそれを表す正しいスペルを 3 つのうちから選ぶ。(30 項目) このテストのみ 6 年生の初めに行ったテストであり，今回の分析では共変量 (covariate) として使用。(Appendix-7a)

4) 語彙テスト 2：スペルを見て，その意味がわかれば日本語で書く。(26 項目) (Appendix-7b)

5) リーディングテスト 1：1 文を読んでそれに合う絵を選ぶ問題 (12 項目) と 2 文を読んでそれに合う絵を 3 つのうちから選ぶ問題 (5 項目) (合計 17 項目) (Appendix-8a)

6) リーディングテスト 2：1 つの絵を見て 5 つの文の正誤問題 (5 項目)，文の意味を成り立たせるために適切な語を 3 つの中から選ぶ問題 (10 項目)，2 〜 5 文を読んで何を表しているのかを日本語で答える問題 (4 項目) (合計 20 項目) (Appendix-8b)

テストの実施に先立ち，当該プログラムの効果を検証するという研究目的，ならびに，本測定のため通常授業に支障をきたさないこと，結果は正課の成績には影響をしないこと，個人情報は匿名化され適切に管理されることを文書と

口頭で校長先生と担任の先生方に説明し，参加の同意を得た。テストの結果は
後に担任，校長に報告した。

結果と考察

　本研究においては，5年生までに身につけた能力の影響を取り除き6年生で
の週2回の授業の効果のみを検証することとした。そのために6年生の4月に
行った語彙テスト1の得点を共変量として分析をすることにした。また他のテ
ストは6年生最後に実施したテストであったため，到達度が高くShapiro-Wilk
検定，およびヒストグラムを見た結果，全てのテストで正規分布していないこ
とがわかりノンパラメトリック検定を行う必要があると判断した。その結果ノ
ンパラメトリック検定の共分散分析であるQuade's ANCOVAを使用した。

文字知識

　無作為に3～4文字を群として，児童は聞いた大文字を書くテストだが，信
頼度係数は$\alpha = .81$であり，小文字のテストの信頼度係数は$\alpha = .88$であった。
また週1回群と週2回群の記述統計は**表5.12**が示すとおりである。

　大文字に関しては分析の結果この2つのグループには統計的に有意な差があ
った（$F(1, 233) = 10.572, p = .001$）。つまり週2回群の得点が週1回群のもの
より高く，増加した授業時数の効果が見られる結果となった。しかし小文字に関
しては分析の結果この2つのグループには統計的に有意な差はなかった（$F(1,$

表5.12　文字の知識についての各群の記述統計

群	人数	平均値	標準偏差	中央値	四分位範囲
大文字の産出（書く）					
週1回群	118	23.84	2.80	25	3
週2回群	117	24.24	2.25	25	3
小文字の産出（書く）					
週1回群	118	23.77	3.25	25	3
週2回群	117	22.66	4.16	24	5

233) $= 0.695$, $p = .405$）ため，増加した活動時間の効果は見られなかった。

語彙知識

語彙知識を測るテストにおいては全体の信頼係数は$\alpha = .96$であった。週1回群と週2回群の記述統計は**表5.13**が示すとおりである。このテストは2019年度生が受けていなかったので，ここだけ2020年度卒業生と2014年度卒業生を比較することにした。その結果，この2つの群には統計的に有意な差があった（$F (1, 117) = 22.991$, $p < .001$）。つまり週2回群の得点が週1回群のものより高く，そこには統計的に有意な差があり，増加した活動時間の効果が見られる結果となった。

表5.13　語彙知識についての各群の記述統計

群	人数	平均値	標準偏差	中央値	四分位範囲
語彙知識					
週1回群	54	13.02	8.28	13	16
週2回群	65	14.89	7.89	15	14

リーディング能力

Reading 1 のテストの信頼係数は$\alpha = .88$であり，Reading 2 のテストの信頼係数は$\alpha = .81$であった。週1回群と週2回群の記述統計は**表5.14**が示すとおりであり，Reading 1 に関しては，分析の結果この2つのグループには統計的に有意な差があった（$F (1, 236) = 32.285$, $p < .001$）。つまり週2回群の得点が週1回群のものより高く，そこには統計的に有意な差があり，増加した活動時間の効果が見られる結果となった。

また，分析の結果 Reading 2 についても2つのグループには統計的に有意の差があった（$F (1, 236) = 12.519$, $p < .001$）。つまり週2回群の得点が週1回群のものより高く，そこには統計的に有意な差があり，このテストにおいても増加した活動時間の効果が見られる結果となった。

表 5.14　大文字の理解と産出力についての各群の記述統計

群	人数	平均値	標準偏差	中央値	四分位範囲
Reading 1					
週 1 回群	118	13.37	3.62	14	6
週 2 回群	124	14.15	3.57	16	4
Reading 2					
週 1 回群	118	10.94	4.87	10	8
週 2 回群	126	11.13	4.77	10.5	8

　以上のような分析の結果，授業時数が週 1 回から週 2 回に増えたことで，当該プログラムにかける時間も当然増え，参加していた児童は「大文字の理解と産出」「語彙知識」，そして「リーディング能力」を有意に伸ばしていたことがわかった。活動時間の増加により児童はリタラシーの基礎知識・技能を伸ばし，それを語彙知識やリーディング力の発達に生かしていることがわかる。

　「小文字の理解と産出」で 2 つの群について差が見られなかったことに関しては，週 1 回の時には教科書を使うこともなくリタラシー活動と物語を使用した活動を中心に行っており，リタラシー活動には最低 10 分，時にはそれ以上の時間を使って指導していた。特に中学校との連携を考え小文字の書きの練習には時間を取って指導していた。新課程で週 2 回にはなったが教科書を使う時間を十分に確保するためにリタラシー活動は毎回行う活動であったが 7 分以上をかけないようにしていた。また文字学習は 3 年生から開始するようになったので，高学年では小文字の書き練習には以前ほど時間を取って指導をしていなかった。小文字の学習に関してはそのような理由から統計的な差がでなかったと考える。どちらにしても大文字，小文字とも平均で 85 ％以上の正解率なので，児童は必要な力を獲得したと考えられる。

週 2 回の新課程に対応したプログラムの改革

　改訂された学習指導要領では，高学年での外国語の授業時数が増えたことに加え，中学年でも外国語活動が新設された。そのため小学生は卒業するまでに 4 年間にわたり 210 授業数（157 時間と 30 分）の外国語教育を受けることになった。

当該地域では前述しように 2003 年より継続して第 1 学年から週 1 回の英語教育が導入されていたが，高学年の児童に対し 2018 年と 2019 年は年間 50 回の授業時間で対応していた。しかし B 小学校では 2018 年は年間 50 回であったが 2019 年からは週 2 回の授業が実施された。授業では 2019 年度は文部科学省が作成した『We Can!』を使用し，2020 年度からは東京書籍の『New Horizon Elementary』を使用した。教科書が導入されたことでリタラシー活動は 7 分程度に縮小されたが，筆者が作成したワークシートを使用して，毎回授業の初めに活動を継続している。

リタラシープログラムについては，プログラムが導入された 2010 年から 5 年次より開始していたが，2020 年以降 3 年次から開始し，中学年では文字学習を中心とした活動が行われている。高学年での授業時間が倍になっただけではなく，プログラムの開始が 3 年生からになったため，表 5.15 で示すようにプログラムで取り扱う内容が深化している。以前は，① 大文字・小文字の名称がわかり，言えて，書ける，② 音韻・音素意識を高める，③ 英語の音（音素）が理解でき，発音できる，④ 文字と音（音素）の関係がわかり，⑤ 初見の単語を音読できるように指導したが，長母音が含まれる単語について教える時間はなく，児童は中学校の教科書などを自分で読めるというところまでは到達しなかった。

しかし表 5.15 が示すように高学年で週 2 回の授業時間数が確保され，プログラムの開始が 3 年から始まったことで，高学年では今まで大文字の学習から始めていたところ，現在では 5 年生では大文字・小文字の復習から始め，子音や短母音および 2 字 1 音の学習まで終え，6 年ではその復習から単語認識の時間をとり，さらに長母音の学習を夏休み前には始めることができている。具体的には表 5.15 の ⑤ 短母音・長母音の理解を深める活動を行い，単語を早くまた正確に音読すること，⑥ サイトワードの学習，⑦ 単語を音声化しながら，意識して単語や文が書けること，⑧ 音声で慣れ親しんだ文だけでなく，初めての文が読めるように指導することができるようになった。その結果児童が読むことを楽しむ土壌がより豊かに育まれている。

表 5.15　週 2 回リタラシープログラムで行われる活動の概要（ボトムアップスキル）

指導内容	指導内容
3 年生（後半）	4 年生
大文字の名称読み活動（単数文字）	大文字の名称書き活動（複数文字）
大文字の名称読み活動（複数文字）	音素体操
大文字の名称書き活動（単数文字）	音韻認識認識を高める活動（オンセット）
	音韻認識認識を高める活動（ライム）
	小文字の名称読み活動（単数文字）
	小文字の名称読み活動（複数文字）
	フォニックス（数個の子音を個別に教える）
5 年生	6 年生
小文字の名称書き活動（単数文字）	子音・短母音・2 字 1 音の復習
小文字の名称の書き活動（複数文字）	onset-rime フォニックス（音から語を書く）
フォニックス（残りの子音を教える）	フォニックス（長母音）
フォニックス（短母音）	onset-rime フォニックス（音から語を書く）
onset-rime フォニックス（子音を書く）	サイトワード
onset-rime フォニックス（ライムを書く）	読める単語の復習
フォニックス（二字一音子音）	

結　論

　本研究では授業時間数が児童のリタラシー発達にどのような変化をもたらすのかを探るため，週 1 回の授業を受けていた児童群（2013 年度および 2014 年度卒業生）と週 2 回の授業を受けていた児童群（2019 年度と 2020 年度卒業生）に読み書きのボトムアップスキルを測るテストを実施し，比較した。その結果，「小文字を産出する力」以外は週 2 回群の児童のほうが「大文字を産出する力」「語彙知識」「リーディング能力」において得点が高く，2 つの群には統計的に有意な差があった。これらの結果は授業時間数が増えたことでリタラシーの活動時間が増え，関連する知識・技能が向上したことを示し，中学校の教科書を音読できるレベルにまで到達していると考えられる。これは今後の初期段階におけるリタラシー教育の方向性を考えるうえでも重要なことだと考える。

　授業時間が倍増したことから高学年では，リタラシー活動にかける時間がおおよそ 1.5 倍増えた。しかし，本プログラムが深化したのは高学年での授業時

間の増加よりも開始年齢が下がったことで全体的にリタラシー活動を行う時間が増えたことに負うところが大きいと考える。そのおかげで高学年では文字と音についての学習をより丁寧に行うことができ，リタラシーのトップダウン的な活動も含め，意味のある読み書きの活動を展開することができるようになった。リタラシーのボトムアップ的な能力を育てる活動を体系的に構築することで，中学年と高学年を結ぶ小・小連携を有益なものにし，さらに中学校とのよりスムーズな連携を可能にするであろう。

　授業回数が増え，さらに中学年でもリタラシー活動を展開することで，全体的に今まで以上に丁寧にボトムアップスキルを指導することができ，多くの児童たちは単語や文を音読できることを通して学習意欲を高めている。授業活動の中でリタラシー関連活動を最も好むと答えた児童たちの下記のような回答からもリタラシー活動を通して彼らが自律した学習者として成長していることがわかる。

（リタラシー活動が英語の授業の中で一番良いと思ったのは）
　＊英語を学んでいくための土台になると思うから。
　＊読みのワークブックが一番やりやすかったから。
　＊たくさん単語を覚えられたから。
　＊読む力が伸びる気がしたから。
　＊やっている感覚があるから。
　＊読みのワークブック。単語を結構知れたから。
　＊5年生のころできなかったことができるようになった実感ができたから。

　最後のコメントに表れているようにリタラシーのボトムアップ能力を伸ばす活動を通して，児童は自分の力を把握し，自己調整を行いながら学習を進めているのではないかと考える。引き続き英語活動を通して成長していく児童の学びの姿を検証していきたい。

5章のまとめ

　本章では3つの研究を紹介したが，2章から4章で紹介した研究を続けながら開発してきたリタラシープログラムの効果を検証したものである。筆者は2010年より1つの小学校で公立小学校用のリタラシープログラムを構築し，実践していたところ，4年後，その成果を見て当該地域の教育委員会が地域の全小学校にこのプログラムを4年間かけて順次導入することを決定した。そこで導入時期により実験群（プログラムに参加した学校の児童）と統制群（プログラムが導入されていない学校の児童）に分け比較する稀な研究環境が与えられた。それぞれの参加児童が5，6年次のときさまざまなテストを実施し，プログラムの効果を検証した。

　最初の研究5.1（2015年）には，実験群としてプログラムを導入した3校から6年生児童149名とプログラムが導入されていない8校から同じく6年生児童604名が参加した。2015年4月の段階で実験群の児童は5年次において1年間プログラムを経験していたが，統制群の児童は何も経験していなかった。したがってプログラム1年間分の指導効果を見ることができる。2016年3月に行われたテストでは実験群の児童は2年間分のプログラム，一方統制群の児童は1年間分のプログラムを経験していた。4月の測定では，文字知識を問うテスト，音韻・音素意識を測定したテストと語彙テストを実施したが，全てにおいて実験群の児童の得点が高く，両群に統計的に有意の差があった。参加者は6年次の終わりに2つのリーディングテストを受けたが，実験群の平均点は高いものの両群間において統計的に有意の差は認められなかった。パス分析より実験群と統制群どちらも音韻・音素意識と文字を書く力が語彙知識を予測し，語彙知識を通して間接的にリーディング能力を予測していた。両群の顕著な違いとしては，統制群では小文字を書く力がリーディング能力に直接影響していたが，実験群ではその影響は見られなかった。また統制群に比べ，実験群の音韻・音

素意識が語彙テストへ及ぼす影響力が強かった。

　研究 5.2（2016 年）は研究 5.1 の再現研究である。参加した児童は実験群 6 年生 457 名と統制群 6 年生 412 名であった。研究 5.2 においても 2016 年 4 月に行われた 1 年間の指導の効果をみるテストにおいては，1 つの語彙テスト以外全てのテストにおいて実験群の児童の得点が高く，統計的に有意の差が認められた。2017 年 3 月に行った 2 つの語彙テストではどちらとも実験群の得点が高く，統計的に有意の差が見られたが，2 つのリーディングテストでは研究 5.1 同様，実験群の平均点は高いものの両群間に統計的に有意の差はなかった。しかし，1 つのテストでは統計的な有意差がでる傾向は見られた。研究 5.1 同様，パス分析で検証したところ，どちらのグループも音韻・音素意識と文字を書く力は語彙知識を予測していた。詳しく見ると統制群では小文字を書く力が 2 つの語彙テストに影響し，音韻・音素意識は簡単な語彙テストのみに影響していた。一方，実験群では小文字を書く力は簡単な語彙テストのみに影響し，音韻・音素意識は 2 つの語彙テストに影響していた。どちらの研究からも両群の違いとして，実験群では語彙知識に関して，小文字の書く力より音韻・音素意識がより強く影響していたのに対して，統制群ではその反対に音韻・音素意識より小文字を書く力がより強く影響していた。これらの語彙知識はリーディング能力に直接影響しているので，間接的にリーディング能力に与える音韻・音素意識と小文字を書く力の影響は実験群と統制群で異なることがわかる。

　2 つの研究からリーディングテストでは実験群と統制群の間に統計的に有意な差はなかった。その原因としては指導時間の少なさが考えられる。単語を読む，つまり文字を音声化（decode）するには音と文字に関する知識を自動化したスキルとして身につける必要がある。本プログラムのリタラシー活動は毎回 7 〜 8 分を使って継続的に行われているルーティン活動である。つまり，年間でも 4 時間程度，2 年間で 8 時間程度の指導では，自動化したスキルを獲得することは難しいと考えられる。では指導時間が増えると彼らのリーディング能力は変化するのだろうか，それを探ったのが研究 5.3 である。

　研究 5.3（2013 〜 2020 年）では週 1 回授業を受けた児童（118 名）と新課程で週

2回の授業を受けた児童 (126名) の文字知識，音韻・音素意識，語彙知識，そしてリーディング能力を比較した。分析した結果，週2回授業を受けた児童は，週1回授業を受けていた児童と比べ「大文字の理解と産出」「語彙知識」，そして「リーディング能力」のスコアが高く，統計的に有意の差があった。授業時数の増加により児童はリタラシーの基礎知識・技能を伸ばし，それを語彙やリーディングの力の発達に生かしていることが示唆された。指導した文字知識や音韻・音素意識に関わる力が実際にリーディングをする際役立つ力になるには，何度も練習を重ね，力を自動化させる必要があり，それには適切な授業回数，授業時間が必要となる。

　以上の3つの研究により，筆者が開発したボトムアップ的アプローチのリタラシー指導，すなわち文字知識と音韻・音素意識を高め，onset-rime フォニックスを用いて，子音，短母音，2字1音子音，長母音 (2字1音母音) の順に文字と音の関係を丁寧に教える方法により，児童が着実にリタラシー能力を伸ばしていることが示された。ただし，ここで明記しておきたいのは，児童が同時に物語を通して音声言語を育み，高学年では学習した物語のテキストを読む活動を通じてトップダウン的なリタラシー指導も受けている点である。これら2つの活動が相互に影響し合うことで，リタラシー学習が円滑に進み，児童は「読める」「書ける」という自信を持ち，自律した学習者として成長していく。

6章 自己評価からみた児童の リタラシー発達

　2020年4月より全国19,218（文科省，令和2年学校基本調査より）の公立小学校において，中学年では週1時間の「外国語活動」，そして高学年には週2時間の「外国語」が2年間の移行期間が終わり，完全実施された。日本の公立小学校に通う児童は第3学年より英語に触れ，4年間，合計210授業時数（実質157時間30分）の外国語指導を受けることになる。

　外国語では，新しく「読むこと」「書くこと」が導入されたが，音声を中心とした指導から文字指導にどのようにつなげれば良いのか，また，「読むこと」「書くこと」についてどのように評価すればよいのかに関する研究はまだ少ない。2〜5章では音声を大切にしたリタラシー指導を実施すべく開発したプログラムの理論的な背景，および効果について論じ，幼児・児童がどのようにリタラシーの基礎知識や技能を獲得するのかについても論じてきた。本章では参加した児童がどのように自分のリタラシーを自己評価しているのかという観点から彼らのリタラシー発達について検証する。

　研究6.1（2011〜2014年度）では6年生（249名）に文字と名前また文字と音についての知識・技能をリッカート尺度で自己評価してもらい，それらのスキルを測定したテスト結果と比較した。リッカート尺度での自己評価の正確性を探った研究である。

　研究6.2ではリッカート尺度での自己評価を行ったグループ（6年生58名，2016年度）とCan-Do評価尺度で自己評価を行ったグループ（6年生68名，2020年度）を比較し，どちらの尺度がより能力を正確に反映しているのかを調査した。

　研究6.3（2022年度）では6年生（93名）を対象に新たなCan-Do評価尺度とリッカート尺度をバランスよく配置し，文字知識や文字と音の知識・技能だけで

なく彼らの単語を読む力（decode）の自己評価と実際のテストとの関連を調査した。

　児童の自己評価は，彼らの本当の能力を表すものではないとする報告が多いが，果たしてそうであろうか。本章では，実際の読み書き能力と彼らの自己評価との比較を通して，リタラシーの基礎能力に関する彼らの自己評価の正確性について考察する。

学習指導要領とリタラシー指導

　2017年3月31日に公示された学習指導要領により，5・6年生を対象に教科として外国語が導入され，「読むこと」「書くこと」を含む指導が求められている。「読むこと」の目標は，文字の字形とその名前を理解し，また読めること，そして簡単な語句や基本的な表現の意味がわかるようなることである。また，「書くこと」の目標は，大文字，小文字を活字体で書くこと，語順を意識しながら音声で十分に慣れ親しんだ簡単な語句や基本的な表現を書き写すこと，自分のことや身近で簡単な事柄について，例文を参考に，簡単な語句や基本的な表現を用いて書くこと，である。

　さらに，学習指導要領解説の「言語活動及び言語の働きに関する事項」では，「読むこと」「書くこと」の活動が紹介されてる（文部科学省，2018，pp. 100-113）。「読むこと」では，文字学習の具体的な活動を紹介した後，（ウ）日常生活に関する身近で簡単な事例を内容とする掲示やパンフレットなどから，自分が必要とする情報を得る活動や（エ）音声で十分に慣れ親しんだ簡単な語句や基本的な表現を，絵本などの中から識別する活動が紹介されている。

　「書くこと」では，文字学習に関する活動が紹介された後，（ウ）相手に伝えるなどの目的をもって，音声で十分に慣れ親しんだ基本的な表現を書き写す活動や（エ）相手に伝えるなどの目的をもって，名前や年齢，趣味，好き嫌いなど，自分に関する簡単な事項について，音声で十分に慣れ親しんだ簡単な語句や基本的な表現を用いた例の中から言葉を選んで書く活動が紹介されている。（エ）

の活動として，具体的に自分が好きな人やことを他者に紹介する活動において，「I like baseball. My favorite baseball player is 〜.」を例としながら，自分の考えや気持ちを表現するために，語順を意識しながら，baseball などの語を替えて，「I like music. My favorite musician is 〜.」と書く活動が紹介されている。いずれも，段階的で丁寧な文字指導を通して，相手に伝える目的をもったコミュニケーションの手段としてのリタラシー活動を行うことが目的とされている。

　しかし，週2回（1回45分）の授業だけではこのようにコミュニケーションの手段として使えるほどの読み書き能力を獲得することは簡単ではない。実際の教室では，教科書（または副教材）を使用しながら音声指導中心の授業が展開されている。リタラシー指導に関しては文字とその名前を教える以上の指導は，系統的には行われているところは少ないと思われる。

　Chall (1983) が説くように，基礎的な段階 (Learning to Read) が十分に発達していなければ，読み書き能力を使って学ぶ段階 (Reading to Learn) には到達できない。音声言語を獲得している母語話者でさえ，小学校2年生までは音と文字との関係を学習し，それを使って単語を認識できる力 (decode) を獲得することがリーディングの第一目標となる。この力がついていない児童はそれ以降の読み書きに大きな障害を持つことになる。つまり，母語話者または第二言語学習者に関わらず，初期学習者を対象としたリタラシー指導においては，文字と音との関係を知り，それを使いこなし，単語を音声化 (decode) または音声化された単語を書く (encode) 力をつけることが最も重要である。

　文字とその名前に関しては，学習指導要領でも「文字の識別と読み方の発音ができる」や「大文字，小文字を活字体で書くことができる」と読み書きの目標とされている。さらに「英語の文字には名称と音がある。児童が語句や表現の意味がわかるようになるためには，当然のことながらその語句や表現を発音する必要があり，文字の音の読み方は，そのための手掛かりとなる。（中略）文字が示す音の読み方を指導することとする。その際，中学校で発音と綴りとを関連付けて指導することに留意し，小学校では音声と文字とを関連付ける指導に留めることに留意する必要がある」（文部科学省，2018．p. 78）と，文字と音

の関係を教えることは必要だとされている。しかし，綴り字を読んだり書いたりする指導は中学からだとされている。つまりフォニックスは導入してもよいが，単語を読み，書くという指導は中学から始めると解釈できる。具体的に考えると「p は /p/ という音だから pen という言葉にはこの音があるな」と気づく力を育てればいいということであろうか。

　しかし，児童がフォニックスに意義を見出すのは単語（または文）を音読でき，意味がわかるようになるからである。彼らは音と文字のルール学習だけだと興味を示さないが，その知識から「p は /p/，e は /e/，n は /n/ だから pen はペン」と書かれた単語を音声化し（この段階を phonological recoding として decoding と分けるときもある），その単語の意味を理解したとき，喜びを感じるようである。もちろん中学校からその指導を始めることもできる。Allen-Tamai (2012) は中学 1 年生を対象とした横断研究（324 名）においてもリタラシーの基礎的な知識・技能であるアルファベットの文字学習と音韻・音素意識が単語認識に影響していることを報告している。小学校で始めようと，中学校で始めようと，音素と文字の関係を教え，音素を結合させて，学習者が単語が読めるようになるには，また音素分節をして単語が書けるようになるには，かなりの時間と練習，そして何よりも系統的なプログラムが不可欠である。

自己評価について

　学習者中心の授業や自律学習への関心が高まるにつれ，自己評価の有用性について注目が集まるようになってきた。伝統的な学習理論においては，学習者，特に幼い学習者が自分自身の能力を正確に把握することは困難だとして，自己評価は正確性に欠ける評価法と考えられてきた。しかし自律した学習者に成長するには，自分の学習過程を理解し，また調整していく力が必要になり，自己評価はそのような自らの学習を振り返る力を育てるために有効だとする考え方が唱えられるようになってきた (Brown, 2007；Deci et al., 1991；Shin & Crandall, 2014；泉ら 2015, 2016 など)。

伝統的なテストによる能力測定に慣れている教師は，学習者の主観的な自己評価で学習者の本当の能力が測定できるのかという点について疑問を抱く。しかし，学習者自身が自分の学習をモニターし，必要な修正をするための情報を得，自己調整を有効に行うスキルを身につけるためにも自己評価は大切であり，学習の振り返りが推奨されている（Brown, 2007）。

大人を対象とした研究からは，自己評価と最終的な成績や教師の評価が概ね相関していることが報告されているが，それでも自己評価の項目の中には関連性の低いものもある。一方，研究自体が少ないのだが，子どもの学習者を対象とした自己評価に関する研究では，就学前の子どもたちの自己評価は非常にポジティブで，7～9歳から少し減少傾向になり，11～13歳に降下すると報告されている（まとめとしてButler, 2016）。ピアジェの発達理論を参考にしてこの傾向を考えると，自分の視点のみで外界を把握する，いわゆる ego centric な幼児は自分の能力を高く評価するが，自己中心性から脱却し，自分を客観的に見ることができるようになる7歳以降からは自己評価が厳しくなると解釈できる。また，子どもは「なりたい自分」と「本当の自分」を区別することができず，「なりたい自分」の姿で自分の能力を判断してしまうともいわれている。

一方，学習者が自分の学習状況を把握し，次の学習を組み立てていくのに役立つ形成的評価（formative evaluation）としての自己評価（self-assessment for learning）がある。近年，形成的評価として自己評価を使用することで，どのように学びが向上するのかについて関心を持つ研究者が増えている。Butler（2016）は自己評価が小学生の英語学習者にとっても自己調整学習を促進するものだと提唱している。

Ross（1998b）は，自己評価を実施するにあたり，正確さを高める条件として，① 自己評価の項目が実際の場面に即していること，そして ② 学習者が授業で実際に体験した内容であることが重要だとしている。また，児童はおおむね自分の能力を正確に評価できるが，なかには厳しく評価する傾向も見られることから，自己評価による評価を行う際は，求める知識や到達の規準やタスクの内容を明確にする必要がある（湯川・高梨・小山，2009）という指摘もある。

研究 **6.1**	リタラシーの基礎スキルに関する児童の自己評価について (1) **リッカート尺度による自己評価**

泉ら (2015, 2016) は，児童に自己評価を行わせる際には，その時間の指導目標に対する評価規準に基づいて，児童が評価しやすいように 4 段階程度の具体的な評価項目を用いて評価基準を作成し，それぞれに自己評価を行わせることが効果的だと考えている。さらに児童に Can-Do 評価をさせることは，自己の成長を感じることができ，より具体的に到達度が示されるので自律した学習者として成長していくうえでも有効であると指摘している。

Can-Do 到達指標については，文部科学省より CEFR (Common European Framework of Reference for Languages: Learning, teaching, assessment) を基に，「外国語」等における小・中・高等学校を通じた国の領域別の目標（イメージ）のたたき台が出された。小中高一貫した英語教育の高度化を目指し，「英語を用いて何ができるようになるか」を意識して指導と評価を行うことが重要になってきた。本研究ではその中から，リタラシーに対する自己評価を Can-Do の形で実施した結果を報告する。本研究で使われた Can-Do 項目は，2015・2016 年度，研究開発学校に配布された文部科学省が作成した副読本 *Hi, friends! Plus* にある次のようなリタラシーに関する Can-Do 項目と呼応している：① アルファベット 26 種類の読み方を聞いてどのアルファベットの大（小）文字かわかる，② アルファベット大（小）文字 26 種類を見てそれを読むことができる。③ アルファベット大（小）文字 26 種類を正確に書くことができる。

本研究では以下のことを明らかにしたいと考えた。

1. 公立小学校に通う児童がどのように自分の文字の読み書き能力，また文字と音に関する認識を自己評価するのだろうか。
2. 公立小学校に通う児童の文字の読み書き能力，また文字と音に関する認識を測った客観的なテストと彼らの自己評価の間にどのような関係があ

るのだろうか。

研究方法

研究サイトと研究参加者：研究の対象となった小学校は東京都内にあるが，その地域では，2003年度より「構造改革特別区域研究開発校」制度や「教育課程特例校」制度を適応し，教科としての英語教育を実施している。第1学年から英語の授業があり，当該小学校はこの地域の中でも特に積極的に英語教育に取り組んでいた小学校であった。筆者は，当該小学校で実施されていた英語プログラムの開発者であり，学級担任とともに授業を行った。研究に参加した小学校教員は全員英語教育に高い関心と理解を示した。

研究参加児童は上記の公立小学校第6学年に2011年から2014年に在籍していた6年生，総計249名（男子112名，女子137名）である。彼らは全員1，2年生の時に年間20回程度，3年生から週1回，年間で約35回の英語の授業を受けた。4年生まで学級担任と外国語指導助手（ALT）とのチーム・ティーチング形態で英語の授業を受けていた。

本研究に関係するプログラムでは，アルファベットの文字学習から始め，音韻・音素意識を高め，文字と音の関連について教え，体系的に指導した（アレン玉井，2022）。これらの活動は独自のワークシートを使用して進められ，各授業の最初10分程度を使い，実施された。したがって参加児童は，5年生から2年間，週1回，合計67回程度の授業で，約12時間のリタラシー指導を受けたことになる。

測定方法：本研究では，前述のようなプログラムを受けた児童が，どのような文字の読み書き能力，また文字と音に関する認識を獲得したのか，またそれをどのように自己評価したのかを，6年の学年度末に調査した。具体的には，研究参加児童は，アルファベットの文字とその名称に関する知識とまたその音に関する知識を測るテストを受けた。**表6.1**にそれぞれのテストの内容を簡単に

表 6.1　文字と名前および文字と音についての知識の測定方法

技能	測定方法
アルファベット（大）	児童はアトランダムに言われた複数の文字の名前を聞いて，文字を書く。 【例：GLQ】　それぞれ正しい文字を書いていれば 1 点とし，26 文字全部正解すると 26 点満点。
アルファベット（小）	児童はアトランダムに言われた複数の文字の名前を聞いて，その文字を書く。 【例：glq】　それぞれ正しい文字を書いていれば 1 点とし，26 文字全部正解すると 26 点満点。
フォニックス	児童は言われた音を持つ文字を小文字で書く。 【例：/p/ と聞いて p と書く】　母音を表す文字（3），1 文字で子音を表す文字（9），2 字一音子音（5）を尋ねた。中には /f/ を表す，f と ph，/s/ を表す s と c，/dʒ/ を表す g，j，/k/ を表す c，k が入っている。この場合はそれぞれ 1 点ずつの配点となり，全部正解すると 20 点になる。

表 6.2　文字と名前および文字と音についての知識に関する自己評価

自己評価	
サブ技能	Can-Do Statements
アルファベット大文字	アルファベット大文字を読むことができる 【1 全然できない・2 できない・3 まあできる・4 よくできる】
	アルファベット大文字を書くことができる 【1 全然できない・2 できない・3 まあできる・4 よくできる】
アルファベット小文字	アルファベット小文字を読むことができる 【1 全然できない・2 できない・3 まあできる・4 よくできる】
	アルファベット小文字を書くことができる 【1 全然できない・2 できない・3 まあできる・4 よくできる】
フォニックス	アルファベットの文字と音の関係が理解できる 【1 全然わからない・2 わからない・3 まあわかる・4 よくわかる】

まとめている。さらに**表 6.2** のように参加児童は，それぞれの能力について自分がどの程度の能力を有しているか 4 件法のリッカート尺度で自己評価した。これらの調査データは 2011 年から 2015 年にかけて，その年の 2 月に収集したものである。

手続き：これらのテストおよび自己評価アンケートは，授業の一環として各年度の授業内に実施された。実施に先立ち管理職および担任の教員に本研究の目的と意義を文書と口頭で説明し，さらに通常授業に支障をきたさないこと，結果は正課の成績には影響しないこと，個人情報は匿名化され適切に管理され

6章　自己評価からみた児童のリタラシー発達　　237

ることを約束して研究参加への同意を得た。

分析と考察

　ここでは，それぞれの客観的なテストとCan-Doによる自己評価の結果，そしてその2種類のデータを比較した結果を報告し，また考察を述べる。

アルファベットの文字知識についてのテスト結果
アルファベット文字とその名前についての認識・産出能力

　参加児童は指導者（筆者）が言うアルファベットの名前を聞き，その文字（大文字，小文字）を書いた。参加児童は全て同一の指導者の発音を聞き，解答した。プログラムでは文字認識の自動化を図る目的から，複数の文字を早く，正確に認識・産出するように指導していた。今回の測定でも，授業活動を反映する形で，複数文字で出題した。1つの文字を認識して書く作業よりも，複数文字を書く作業のほうが難易度は高く，能力の自動化が要求される。参加児童は，3～4の連続した文字の名前を2回聞き，そののち約7秒間で文字を書いた。解答用紙には，4線ではなく1つ線を引いていただけなので，字形が正しく書けていれば正解とした。**表6.3**はその記述統計である。平均で大文字，小文字ともに91％以上の正解率であることは児童がある程度の速さで言われても，十分に理解し，文字を書く力を得ていたことを示している。また大文字，小文字ともに信頼度のあるテストになっていた。

表6.3　各文字テストの結果

	人数	項目数	平均値	標準偏差	最大値	最小値	信頼度（α）
大文字	237	26	23.91	2.8	26	8	.83
小文字	237	26	23.57	3.64	26	6	.89

　次にそれぞれの文字の認識にどのような差があるのかを見るため，正解率を表す項目困難度Item Difficultyを求めた。大文字「O」は全員正解であった。

26 文字中 22 文字までが正解率が 90％以上であり，正解率が低いのは V，Z，
J であった。ここでの誤りは G と Z と，また V を B と書いた誤答が目立った。
これは音の聞きわけができないためにおこった誤りだと考えられる。

表 6.4　大文字の項目困難度（正解率の高い順）

大文字	O	S	W	X	H	K	B	C	P
正解率	1.00	0.99	0.98	0.97	0.97	0.97	0.97	0.97	0.97
大文字	A	N	D	T	R	U	Y	Q	G
正解率	0.96	0.96	0.96	0.95	0.94	0.94	0.94	0.94	0.93
大文字	L	E	F	M	I	J	Z	V	
正解率	0.92	0.91	0.9	0.9	0.87	0.76	0.73	0.61	

　次に各項目がどれほど成績の良い学習者と悪い学習者を分けるのかを見るた
め，項目弁別度（Item Discrimination）を求めた。**表 6.5** に結果を報告しているが，
数字が大きいほどその弁別度が高いことを示す。例えば値が 1 とすると上位の
学習者が全員正解しているが，下位の学習者が一人も理解していないことを表
す。最後の大文字「O」の 0.00 というのは全員が正解しているので，上位の学
習者の正解率と下位の学習者の正解率が同じことを意味している。下記の弁別
度を見ると困難度同様，V，J，Z の 3 つの文字の弁別度が高い。つまり，こ
れらの 3 つの文字は文字学習が進んでいる児童とそうでない児童を明確に分け
ている。

表 6.5　大文字の弁別度（弁別度の高い順）

大文字	V	J	Z	I	M	F	E	L	Q
弁別度	0.71	0.58	0.48	0.3	0.28	0.27	0.25	0.24	0.19
大文字	G	Y	R	N	U	A	T	D	P
弁別度	0.15	0.15	0.14	0.13	0.13	0.11	0.1	0.1	0.09
大文字	K	B	X	C	W	H	S	O	
弁別度	0.09	0.09	0.08	0.06	0.05	0.05	0.03	0.00	

　小文字についても，字形と名称についての知識を測り，項目分析を行った。
表 6.6 に項目困難度（正解率），および**表 6.7** に項目弁別度の結果を報告している。

6 章　自己評価からみた児童のリタラシー発達　　239

表 6.6　小文字の項目困難度

小文字	a	s	w	o	x	k	c	p	u
正解率	0.99	0.99	0.99	0.98	0.98	0.98	0.96	0.96	0.94
小文字	t	i	f	l	h	r	d	e	y
正解率	0.92	0.92	0.91	0.91	0.91	0.91	0.9	0.9	0.9
小文字	g	n	m	b	q	j	z	v	
正解率	0.89	0.88	0.88	0.87	0.82	0.81	0.8	0.77	

表 6.7　小文字の項目弁別度

小文字	v	q	z	j	m	n	e	b	d
弁別度	0.48	0.46	0.44	0.43	0.33	0.3	0.29	0.28	0.28
小文字	g	l	y	h	f	t	r	i	u
弁別度	0.27	0.27	0.27	0.27	0.24	0.23	0.22	0.2	0.15
小文字	p	c	x	k	o	a	s	w	
弁別度	0.11	0.1	0.06	0.06	0.05	0.04	0.04	0.04	

　大文字同様，小文字でも 26 文字中 18 文字が 90 ％以上，22 文字が 85 ％以上の正解率であったが，大文字の理解度の定着と比べると少し低めであった。正解率の低い文字は，大文字同様，v，z，j であった。よく混同が指摘される，b（.87），d（.90），p（.96），q（.82），においては他と比べて正解率が若干落ちるものもあるが，全ての文字で 80 ％以上の正解率であった。これらは小文字の学習，特に書く学習に時間をかけていた効果であろう。

　また，項目弁別度から小文字の学習が難しい児童は，大文字同様 v，z，j の理解が足りないようである。小文字でも正しく音素を聞き取ることが重要であることがわかる。また大文字とは異なり，小文字の「q」の弁別度が高かった。弁別度の高い文字を見ることから，学習に困難を抱える児童の躓きをいち早く見つけることができる。

アルファベットの文字とその音の関係についての知識
　授業では文字とそれに対応する音の関係について，児童は 5 年の 2 学期後半ぐらいから，① 子音，② 短母音，③ 二字一音，④ 長母音・二重母音の順番で

指導を受けた。また，rhyming words を使用しながら，onset-rime 意識を高め，単語の音構造に気づかせながら，文字と音素の関係を教える方法がとられた。

測定では，児童は指導者が言った音素を聞き，それを表す文字を書いた。こちらも通常の授業活動を反映する形で能力測定を行った。**表 6.8** に記述統計，**表 6.9** に項目困難度，そして**表 6.10** に項目弁別度を報告している。平均で 68 ％の正解率を示しており，文字の名前に関する知識を測るテスト結果と比べるとかなりその正解率が低くなっている。

表 6.8　文字の音に関する知識を測るテスト結果

	人数	項目数	平均値	標準偏差	最大値	最小値	信頼度（α）
文字と音	237	20	13.45	3.77	20	1	0.77

参加児童の正解率が低かったのは ph（/f/），th（/θ/），o（/ɑː/），c（/s/），g（/ʤ/），ch（/ʧ/）であった。「ph」に関しては，/f/ という音を聞いて「f」と書いた児童が 63 ％に対して，「ph」を書いた児童は 17 ％ であった。同様に，/ʤ/ の音を聞いて「j」を書いた児童は 76 ％，「g」を書いた児童は 54 ％であった。また /s/ の音を聞いて「s」を書いた児童は 74 ％，「c」を書いた児童は 49 ％であった。このように文字が 2 つ以上の音を持っているもの，また反対に 1 音素が 2 つの文字を持っているもの（二字一音），および認識の難しい短母音の正解率が低かった。しかし /k/ の音をもつ「c」と「k」の解答や「sh」や「ng」，および「a」の正解率は高い，これはこれらの文字で始まる単語が多いこと（c̲ook，k̲ing，s̲hop など）や，授業中児童たちが興味を示した（/æ/ と /ŋ/）音であったことが関係していると思われる。

表 6.9　文字の音に関する知識を測る項目困難度

文字と音	h	k	c/k/	sh	ng	r	a	e	j	s
正解率	0.9	0.87	0.86	0.83	0.82	0.81	0.81	0.77	0.76	0.74
文字と音	v	w	l	f	ch	g/ʤ/	c/s/	o/ɑ/	th	ph
正解率	0.73	0.68	0.68	0.63	0.56	0.54	0.49	0.44	0.42	0.17

また，項目弁別度では，ch（/ʧ/），th（/θ/），l（/l/），g（/ʤ/），o（/ɑː/），c

(/s/), sh (/ʃ/), j (/dʒ/) の値が高い。なかでも、「sh」(99 %)、「l」(95 %)、「j」(95 %)、「ch」(90 %) については、総合得点が高いグループの児童は高い正解率 (カッコ内の数字参照) を出しているが、総合得点の低い児童の正解率が低い。これらの項目の定着には、個人差がより出やすいことを留意したい。

表 6.10 文字の音に関する知識を測る項目弁別度

文字と音	ch	th	l	g/dʒ/	o	c/s/	sh	j	e	ng
弁別度	0.72	0.66	0.61	0.56	0.49	0.44	0.43	0.43	0.39	0.37
文字と音	v	w	ph	r	s	k	a	c/k/	f	h
弁別度	0.35	0.34	0.34	0.33	0.3	0.3	0.28	0.25	0.24	0.22

Can-Do 設問による自己評価

次に「～できる」という自己評価であるが、本研究では 4 レベルに分けて、児童に自己評価をしてもらった。表 6.11 はその結果であり、図 6.1 はそれをわかりやすくグラフ化したものである。それぞれのテストおよびアンケートを

表 6.11 各サブスキルに対する Can-Do の 4 つのレベル

	%（人数）	4	3	できる	2	1
大文字読み	100 (235)	84.7 (199)	14.5 (34)	【99.2】	0.9 (2)	0 (0)
大文字書き	100 (234)	79.1 (185)	19.7 (45)	【98.8】	1.3 (2)	0 (0)
小文字読み	100 (233)	73.4 (171)	23.2 (53)	【96.6】	3.0 (6)	0.4 (1)
小文字書き	100 (233)	65.2 (152)	30.5 (71)	【95.7】	3.9 (9)	0.4 (1)
文字と音	100 (220)	30.9 (68)	58.6 (129)	【89.5】	7.7 (15)	2.7 (6)

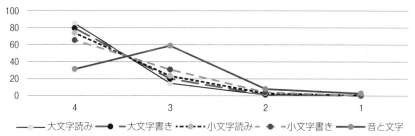

図 6.1 各サブスキルに対する Can-Do の 4 つのレベル

受けた児童の数が若干異なるのでグラフでは割合 (%) の数字を使用している。
4つのレベルを2つのレベルに分け，レベル1，2をあわせて「できない」，レ
ベル3，4をあわせて「できる」としており，**表6.11** の「できる」という項目
はレベル3，4をあわせた数値である。文字と名前に関しての理解・産出につ
いては全て95％を越え，文字と音に関しても90％に近い数値になっている。

　ほとんどの参加者が「よくできる」「だいたいできる」と答えているので，
その2つについて詳しく見ていく。アルファベット大文字では「読み」に関し
ては「よくできる (84.7 %)」「まあまあできる (14.5 %)」，「書き」では「よく
できる (79.1 %)」「まあよくできる (19.7 %)」であった。小文字では「読み」
に関して「よくできる (73.4 %)」「まあできる (23.2 %)」，「書き」で「よくで
きる (65.2 %)」「まあよくできる (30.5 %)」であった。レベル4と3の差が最
も大きい「アルファベット大文字読み」の差は70.2であるのに対し，最も少
ない「アルファベット小文字書き」の差が34.7と，おおよそ2倍の違いがあ
った。「できる」とする中でもこれほど差がある実態を踏まえ，自己能力を判
断する力がまだ十分に獲得されていない年齢の学習者に対しては2択ではなく
レベル分けし，細かく見ていく必要があると思われる。

　「文字と音との関連が理解できる」という項目については文字と名前の学習
とは異なり，「よくわかる (30.9 %)」「まあわかる (58.6 %)」になっている。こ
の反応から，多くの参加児童が文字と音に関しては学習を続ける必要性がある
技能と捉えていることがわかる。彼らを実際に教えた経験から，彼らが抱える
困難は短母音の理解の難しさからくるものが大きい。授業では短母音と長母音
を意識的に教えたが，単語の中で中核音として使われている短母音を認識・知
覚することが難しいようだった。多くの日本人学習者は英語の音素を理解した
り，言ったりすることを苦手とするが，その原因は日本語と英語の音素の量的，
質的な違いに加え，それを習得するための学習時間が絶対的に足りないことだ
と考えられる。英語音の認識に関しては，認識のみではなく産出も繰り返して
行うことが必要だと考える。

客観的テストと自己評価の関連について

　児童が自分たちのアルファベットの知識を適切に自己評価できるのかを検証するため，アルファベットの文字（大文字と小文字）と名称の関係，および文字と音の関係についての知識を問うテスト結果をCan-Do評価のレベルごとに分類し，その得点を比較することにした。具体的にはそれぞれのレベルを独立変数にし，サブスキルのスコアを従属変数にした分散分析を行った。しかし，ある程度の学習が終了した時点でのCan-Do評価であったため，ほとんどの児童が「できる」と自己評価していた。そのためレベルによっては集団が成り立たないものもあり，集団内の人数に大きなばらつきが見られた。そこでレベル1，2を削除し，「できる」と評価したレベル3と4のみを使用し，ノンパラメトリックのMann-Whitney検定を行った。**表6.12**に検定結果を報告している。

表6.12　Mann-Whitney 検定の結果

	大文字読	大文字書	小文字読	小文字書	音と文字
レベル3の中央値	23	23	23.5	24	13
レベル4の中央値	25	25	25	25	15
p 値	$p < .001$	$p < .001$	$p < .001$	$p < .001$	$p < .001$
r（効果量）	0.26	0.31	0.34	0.36	0.37

　検定の結果，全ての評価レベル3とレベル4において統計的な差が確認できた。つまり「よくできる」と自己評価した児童と「まあできる」と自己評価した児童のテストに統計的に有意な差があった。効果量からみると大文字の読みについては「よくできる」と「まあできる」の間で小さい効果量であるが，あとは全て中程度の効果量となっている。これにより参加児童がアルファベット知識や音と文字との関連について自分の能力を適切に判断していることがわかる。

まとめ

　本研究ではそれぞれの項目について「できる」「できない」の2択ではなく，4段階のレベルの評価項目を使用した。多くの児童が「できる」と回答してい

たものの，その「できる」に統合された「まあできる」と「よくできる」の間に大きな違いがあった。Mann-Whitney 検定を行った結果，全ての評価の「まあできる」と「よくできる」の間に統計的な有意差があった。これは，参加者たちが自分たちの能力を適切に評価していることの裏付けとなった。この発見は興味深く，またこれからの小学校英語教育に教育的示唆を与えるものだと考える。

　小学校英語が教科になることから，今後知識や技能を効果的に測定する必要も出てくる。しかし小学校では，中・高等学校と比べ，読み書きについてスキルテストを行うことはさまざまな理由で簡単ではない。これからも多くの場合，授業の一環として数問のクイズを行うか，授業態度の見取りで児童の理解度を判断していくと思われる。本研究で示したように「文字とその名称」および「文字とその音」に関するリッカー尺度による Can-Do 評価は実際の能力を反映しているので，このような自己評価を行うことで児童の理解度をより深く読み取ることができ，教師，児童にとって大きな助けになると考えられる。「振り返り」の時間に今回取り上げたような評価を含め，実施することは教師および児童にとっても負担が少なく，取り組みやすいであろう。その際，小学生にとって自分の能力を絶対的に評価すること自体難しいため，ある程度の指標となるレベル設定を文言で与えることが必要になると思われる。

　今回の研究は 6 年の学年度末に今までの学習の成果をみるために実施した総括的評価（summative assessment）でもあったので，「よくできる」から「全然できない」をレベル化して尋ねたが，今後は，より形成的評価（formative assessment）ができるように読み書き能力に関する Can-Do 項目を考えていきたい。量的に「全てできる」「半分ぐらいできる」「全然できない」等という表現より，それぞれの段階が学習目標に到達するまでの流れを示すようなものがより相応しい。学習目標に到達するまでの流れを示すように段階レベルを設定し，より児童の学習を支えるものにしたいと考えている。

6 章　自己評価からみた児童のリタラシー発達　　245

> **研究**
> **6.2**

> リタラシーの基礎スキルに関する児童の自己評価について (2)
> ## リッカート尺度と Can-Do 評価尺度による自己評価の比較

　本研究では児童の文字に関する知識やスキルを測定し，彼らのそれらに対する自己評価と比較し，自己評価の信頼性または正確性について 2 つの STUDY から検証している。具体的には Study 1 ではリッカート尺度による自己評価を行ったグループと Can-Do 評価尺度による自己評価を行ったグループを比較し，その正確性を検証した。Study 2 では Can-Do 評価尺度での自己評価の信頼性を再び検証するとともに，5 年生と 6 年生を対象にその学年差，つまり学習歴の違いにより自己評価にどのような違いがでるのかを検証した。

STUDY　1

目的

　Study 1 では，児童が行う自己評価の信頼性について検証するため，文字の名前，また音についてのテスト結果と自己評価を比較した。具体的にはリッカー尺度と Can-Do 評価尺度によって測定した自己評価との関連性について研究した。

研究参加者：本研究には 2 つのグループの小学 6 年生が参加している。1 つのグループはリッカート尺度での自己評価を行ったグループであり，東京都内の公立小学校に通う 6 年生 58 名（男子 23 名，女子 33 名，不明 2 名）が参加した。彼らは小学校 1 年から 6 年まで週 1 回の英語の授業を受けており，2016 年 2 月，最後の授業で文字に関するテストを受け，リッカート尺度による自己評価を行った。

　もう 1 つのグループは Can-Do 評価尺度での自己評価を行ったグループであり，東京都内の公立小学校に通う 6 年生 68 名（男子 32 名，女子 26 名，不明 10 名）が参加した。1 年から 4 年までは週 1 回の英語の授業を受け，5 年のときは年間

50 回，6 年では週 2 回の授業を受けており，2020 年 3 月，最後の授業で文字に関するテストを受け，Can-Do 評価尺度による自己評価を行った。

　両グループとも，筆者より直接リタラシー指導を受けており，最初に文字の字形とその名称を理解し書くことができるように指導された。次に音韻・音素意識を育てる活動を経験し，明示的，また体系的なフォニックスのもと，参加児童は全員文字と音との関係を意識的に学習した。どちらのグループでもリタラシー学習は毎回の授業で帯活動として 7 分ぐらいの時間をとって実施され，筆者と学級担任とのチーム・ティーチングで授業は進んだ。このプログラムは，文字の名前から文字の音の学習に移るときに行う音素体操と onset-rime phonics が特徴である（アレン玉井，2013）。

測定用テストと自己評価

　アルファベットの文字と名称についての知識・スキルの測定のため，児童は 4 文字程度の名称を続けて聞き，それを書きとった。例えば /kei/，/el/，/eks/，/bi:/ と 2 回聞いたのち，7 秒以内に「klxb」と書くことになる。大文字と小文字ともに 26 文字を同様の形式で測定した。

　次にアルファベットの文字とその音についての知識・スキルを測るために，2 つのテストが開発された。1 つはリッカート尺度グループに使用され，児童は音を聞いてそれに相当する文字を書くというテストを受けた。例えば /b/ と聞くと「b」を書いた（20 項目）。もう 1 つのテストは Can-Do 評価尺度のグループで実施された。児童は言われた 3 つの単語に共通する最初の音を表す文字を書いた。例えば「bag, blue, bed」と 3 つの単語を聞き，児童は「b」を書いた（21 項目）。

　次に今回使用した自己評価方法であるが，1 つはリッカート尺度を使用したものである。内容としては文字とその名称，また文字とその音について (1) 理解できるかと問う receptive knowledge に関するものと，(2) 口頭で言えたり，書けたりするかという productive skill を問うもので児童は Can-Do 文について 4 件法で自分の力を評価した。下の例が示すようにそれぞれの知識・スキル

についての Can-Do Statement について，児童は「全然できない」から「とてもよくできる」という 4 段階で自分たちの力を評価した。

（例）　名称を聞いてどの文字かわかる。

一方 Can-Do 評価尺度では，文字の名称と音に関する知識・スキルについて，4 つのレベルに分けて書かれている Can-Do 文を読み，児童は該当するものを選んだ。下の例に示すように第一レベルの「名称を聞いてもどの文字かわからない」から第 4 レベルの「複数の文字の名称を早く言われてもどの文字か正確にわかる」まで，記述文を読み，児童は自分の知識・スキルに相当するレベルを選択した。

（例）　文字の名称を聞いてどの文字かわかる。

手続き：これらのテストおよび自己評価アンケートは，授業の一環として各年度の授業内に実施された。実施に先立ち管理職および担任の教員には本研究の目的と意義を文書と口頭で説明し，さらに通常授業に支障をきたさないこと，結果は正課の成績には影響しないこと，個人情報は匿名化され適切に管理されることを約束して研究参加への同意を得た。

分析と考察

ここでは測定したそれぞれのスキルと 2 つの尺度での自己評価を比較することにより，児童の自己評価の正確性について報告する。

名称を聞き大文字を書くスキルの測定と自己評価

　リッカート尺度での自己評価グループとCan-Do評価尺度での自己評価グループの大文字書き取りテストの得点をレベルごとに比較した。**表6.13**に記述統計を載せている。

表6.13　リッカート尺度とCan-Do評価尺度のレベル分けによる大文字書きテストの結果

	人数	%	平均	中央値	標準偏差	四分位範囲
リッカート尺度						
レベル　2	1	1.9	*	*	*	*
レベル　3	17	31.5	22.7	24	3.41	6
レベル　4	36	66.7	24.6	25	1.52	2
Can-Do 評価尺度						
レベル　2	6	10.2	23.5	24.5	2.35	3
レベル　3	20	33.9	23.7	24	2.46	3
レベル　4	33	55.9	25.3	26	0.95	1

　どちらの尺度でも，レベルが上がるにつれ平均値も上がっており，児童が自分の力を正しく評価していることを示唆している。次に，それぞれのレベルの得点に統計的な差があるかを調べた。レベル間に違いがみられるということは，児童はそれなりに自分の力を正しく評価していることを示す。各レベルの得点が正規分布をしていないので，ノンパラメトリックのKruskal Wallis検定でレベル間を比較したところ，リッカート尺度でのレベル間には統計的に有意の差が見られなかった (p = .103) が，Can-Do評価尺度ではレベル間に統計的な有意差が認められ (p = .002)，それはレベル2と4 (p = .047) とレベル3と4 (p = .008) の間の差であり，レベル2と3には差は見られなかった。名称から大文字を書くスキルに関してはCan-Do評価尺度での自己評価の正確性が示された。

名称を聞き小文字を書くスキルの測定と自己評価

　小文字の書きとりテストについてもリッカート尺度での自己評価グループとCan-Do評価尺度での自己評価グループをレベルごとに比較した。**表6.14**にその記述統計を載せている。

6章　自己評価からみた児童のリタラシー発達　　249

表 6.14　リッカート尺度と Can-Do 評価尺度のレベル分けによる小文字書きテストの結果

	人数	％	平均	中央値	標準偏差	四分位範囲
リッカート尺度						
レベル　2	5	9.4	16.4	15	5.46	8
レベル　3	19	35.8	21.9	23	3.86	5
レベル　4	29	54.7	24.4	25	1.62	3
Can-Do 評価尺度						
レベル　2	10	16.9	21.8	22	2.53	3
レベル　3	18	30.5	23.7	24	2.24	3
レベル　4	31	52.5	24.2	25	3.82	2

　どちらの尺度でも，レベルが上がるにつれ平均点と中央値が上がっており，児童が自分の力を正しく評価していることを示唆している。各レベルで統計的な差があるかを調べるためノンパラメトリックの Kruskal Wallis 検定で分析した。その結果，リッカート尺度でのレベル間で統計的に有意の差があった（$p = .007$）が，それはレベル 2 と 4 のみの差（$p = .008$）であった。Can-Do 評価尺度でもレベル間に統計的な有意差が認められ（$p = .004$），こちらもレベル 2 と 4 のみの差（$p = .003$）であった。名称を聞いて小文字を書くスキルに関しては Can-Do 評価尺度およびリッカート尺度に自己評価の正確性が示された。

文字の音とその小文字を書くスキルの測定と自己評価

　最後に音素を聞いて小文字を書き取るテストについて，リッカート尺度グループと Can-Do 評価尺度グループをレベルごとに比較した。**表 6.15** にその記述統計を載せている。

　リッカート尺度では，レベルが上がるにつれ平均点も上がっており，児童が自分の力を正しく評価していることを示唆している。しかし，Can-Do 評価尺度ではレベル 3 の平均点がレベル 2 よりも低く，平均点からはレベル 2 から 4 の間の違いが明確に見られない。

　ノンパラメトリックの Kruskal Wallis 検定でレベル間を比較したところ，リッカート尺度でのレベル間で統計的に有意の差が見られた（$p = .010$）が，それはレベル 3 と 4 のみ（$p = .007$）であった。一方 Can-Do 評価尺度では，レベ

表 6.15　リッカート尺度と Can-Do 評価尺度のレベル分けによる音―文字テストの結果

	人数	%	平均	中央値	標準偏差	四分位範囲
リッカート尺度						
レベル　1	2	3.8	10.5	10.5	7.78	
レベル　2	6	11.5	11.8	12	4.17	11
レベル　3	34	65.4	12.26	12	2.7	4
レベル　4	10	19.2	16.3	17	2.71	6
Can-Do 評価尺度						
レベル　1	2	3.4	13	13	2.83	
レベル　2	10	16.9	18.5	20	2.27	3
レベル　3	25	42.4	17.4	17	2.55	4
レベル　4	22	37.3	18.4	20	2.2	4

ル間に統計的な差がある傾向が見られたものの，有意差は認められなかった（$p = .069$）。前述したように音を聞いて文字を書きとるテストについては2つのグループが異なる様式のテストを受けたためにその正確性を単純に比べることはできないが，リッカート尺度に自己評価の正確性が示された。

　Can-Do 評価尺度のレベル間に差が認められなかった一因にテストが簡単すぎて天井効果が出たことが考えられる。また Can-Do 評価尺度で使用していた記述文が児童の振り返りに役立つものであったのかを吟味する必要がある。

　リッカート尺度と Can-Do 評価尺度で自己評価を行ったグループのテスト結果を各レベルで分析した結果，大文字と小文字の学習については，Can-Do 評価尺度を用いた自己評価が児童の実際の力をより正確に反映していることがわかった。しかし，音を聞いて文字を書くスキルに関しては，使用したテストが異なるため，単純に比較はできないもののリッカート尺度の正確性がより高いものとなった。それは，使用したテストが簡単すぎたことと，Can-Do 評価尺度に用いた記述文の内容が適切でなかったことが要因と分析した。

　しかし，Can-Do 評価尺度に基づく4段階の自己評価では，教師は授業活動を反映させて記述文を作成することができ，また記述文を通してそれぞれのスキル向上に向けて学習者にどのように学習目標を立てればよいのかを提示する

ことができる。また学習者にとっては，記述文を読むことで自分の能力をより正確にまた具体的に判断することができ，次の目標を立てることができ，形成的な自己評価としても有効だと考えられる。

STUDY 2

目的

Study 2 では東京都の公立小学校に通う 5 年生と 6 年生を対象に Study 1 で行った Can-Do 評価尺度による自己評価と実際の能力との関連について調査した。その目的の 1 つは，Study 1 の Can-Do 評価尺度について再度検証することであり，もう 1 つの目的は年齢，また学習量がどのように自己評価に影響を与えるのかを検証することである。

研究参加者：本研究には東京都内の小学校に在籍する 5 年生 94 名（男子 40 名，女子 45 名，不明 9 名）と 6 年生 97 名（男子 41 名，女子 42 名，不明 14 名）が参加した。参加児童は 1 年から 4 年まで週 1 回の授業，5 年からは週 2 回の授業を受けていた。したがって 6 年生は 5 年生より約 70 回授業数が多くなる。彼らは 2022 年 3 月の最後の授業において Can-Do 評価尺度の自己評価と文字に関するテストを受けた。両学年とも Study 1 で説明したリタラシープログラムを受けており，授業形態は筆者を含め英語専科教員と学級担任とのチーム・ティーチングであった。

使用したテストと自己評価

名称と文字についての知識・スキルの測定には，Study 1 と同様のテストを使用した。しかし，音と文字との関係に関する知識を測るために，Study 2 では担当教員が発する音素を表す文字を 3 つの中から選ぶテストを実施した。例えば，教員が /t/，/t/ と発音し，児童は紙面に書かれている「f，t，p」の中から「t」を選び丸で囲むというものである。音は 2 回繰り返され，問題の間には 3 秒おかれた。問題はすべて子音に関するもので，6 年生では 20 項目，5 年生

では18項目を出題した。(Appendix-9a)

　音と文字との関係に関するスキルを測るテストとしてStudy 1のCan-Do評価尺度グループに使用されたものを使用した。児童は，3つの単語を聞き，最初の共通する音を表す文字を紙面に書く。例えば「bag, blue, bed」と聞き，「b」を書くというものであった。全て子音に関する問題だが，5年生では12項目，6年生では21項目出題した。(Appendix-9b)

　Study 2ではStudy 1のCan-Do評価尺度を使用した。実際に使用したものは下記のようなものである。

（例）　音を聞いて文字を書く場合

(1)	(2)	(3)	(4)
文字は全然書けない	ゆっくり一文字ずつなら書ける	複数の文字を速く言われても，書ける	複数の文字を速く言われても，正確に書ける

手続き：これらのテストおよび自己評価アンケートは，授業の一環として最後の授業で実施された。実施に先立ち管理職および担任の教員には本研究の目的と意義を文書と口頭で説明し，さらに通常授業に支障をきたさないこと，結果は正課の成績には影響しないこと，個人情報は匿名化され適切に管理されることを約束して研究参加への同意を得た。

分析と考察

　最初にそれぞれの知識・スキルを測定したテストの得点とCan-Do評価尺度の関連性について，学年別に分析した。次に年齢の違いにより，自己評価に変化があるのかを見ていった。

スキルの測定とCan-Do評価尺度による自己評価の信頼性について

　ここではそれぞれの学年でStudy 1同様，自己評価のレベル間でスキルの得

6章　自己評価からみた児童のリタラシー発達　253

点に統計的な有意差があるのかを調査した。まずは名称を聞いて大文字を書く
スキルと自己評価を比較したところ，評価レベルが上がるにつれ平均点と中央
値が両学年とも上がっているのが見られた。**表6.16** に記述統計を載せている。

表6.16　Can-Do 評価尺度のレベル分けによる大文字書きの結果

	人数	平均	中央値	標準偏差	四分位範囲	平均ランク
5年生						
レベル　2	19	20.95	22	4.37	6	28.58
レベル　3	48	23.33	25	3.10	3	43.91
レベル　4	13	23.38	25	3.33	4	45.35
6年生						
レベル　2	12	21.75	22	2.90	4	21.13
レベル　3	40	23.98	24	1.97	3	39.16
レベル　4	27	24.93	25	1.11	2	49.63

　両学年ともにレベル1を選んだ児童はおらず，また全体の平均点から考えて
も児童は十分に大文字を学習していた。統計的には，データが正規分布してい
なかったのでノンパラメトリックの Kruskal-Wallis 検定で各レベルに差がある
のかを分析した。

　分析の結果，5年生ではレベル間に統計的な有意差がみられ（$p = .034$），さら
に詳しく調べるとレベル2とレベル3の間に差があることがわかった。6年生
についてもレベル間に統計的な有意差がみられ（$p = .001$）。レベル2とレベル3，
およびレベル2とレベル4の間に統計的な有意な差がみられた。したがって大
文字に関しては両学年ともに Can-Do 評価尺度で正確に自分の能力を評価して
いるようである。

　次に名称を聞いて小文字を書くスキルとその自己評価について検証したとこ
ろ，こちらも両学年ともに評価レベルが上がるにつれ平均点と中央値が上がっ
ていた。**表6.17** に記述統計を載せている。5年生では 9.5 %，つまり約1割の
児童がレベル1を選んでいるが，6年生では一人もレベル1を選んでいない。
学年が進むにつれて小文字の学習が定着していることがうかがえるとともに，
大文字に比べ小文字の習得には時間がかかることもわかる。こちらもノンパラ

メトリックの Kruskal Wallis 検定で分析した。

表 6.17　Can-Do 評価尺度のレベル分けによる小文字書きの結果

		人数	平均	中央値	標準偏差	四分位範囲	平均ランク
5年生							
レベル	1	8	14.5	16.5	5.83	11	11.75
レベル	2	22	19.77	20	3.99	6	29.8
レベル	3	41	22.95	24	3.38	3	50.28
レベル	4	13	23.92	25	2.93	3	58.38
6年生							
レベル	2	14	21.72	21	7.6	4	20.36
レベル	3	42	24.19	25	2.17	3	40.57
レベル	4	23	24.96	26	2.01	1	50.91

　分析の結果，5年生ではレベル間に統計的な有意差がみられ，($p < .001$)，さらに詳しく見るとレベル1とレベル3，レベル1とレベル4，そしてレベル2と4の間に差があることがわかった。6年生についてもレベル間に統計的な有意差がみられた（$p < .001$）。レベル2とレベル3，およびレベル2とレベル4の間に統計的に有意な差がみられた。小文字に関しても両学年ともにCan-Do評価尺度で正確に自分の能力を評価しているようである。

　次に音を聞いてその文字を選ぶテストから測定した文字と音の知識とその自己評価について分析した。5年生ではレベルが上がるにつれ平均点と中央値が上がる傾向にあり，音を聞いて文字がわかる力が身についていると自己評価している傾向にある。一方6年生ではレベル間での得点に違いが見られず，テストに天井効果があった。**表 6.18** に記述統計を載せている。また5年生では7名，6年生では1名の児童がレベル1を選んでいた。例外が少ない子音と文字との関連であるが，その学習には小文字の学習同様にある程度の時間が必要であることがうかがえる。ここでもデータが正規分布していないのでノンパラメトリックの Kruskal Wallis 検定で分析した。

　分析の結果，5年生ではレベル間に統計的な有意差がみられ，（$p = .004$），さらに詳しく見るとレベル1とレベル3，レベル1とレベル4の間に差があることがわかった。6年生についてはレベル間に統計的な有意差がみられなかった

6章　自己評価からみた児童のリタラシー発達　255

表 6.18　Can-Do 評価尺度のレベル分けによる音—文字選びの結果

	人数	平均	中央値	標準偏差	四分位範囲	平均ランク
5年生						
レベル　1	7	13.71	15	4.11	9	19.36
レベル　2	26	16.65	17	1.26	2	36.12
レベル　3	39	17.31	18	1.004	1	48.31
レベル　4	12	17.42	18.93	0.996	1	50.96
6年生						
レベル　1	1	*	*	*	*	*
レベル　2	15	19.53	20	1.64	2	38.1
レベル　3	39	19.51	20	1.39	3	36.73
レベル　4	24	19.96	20.5	1.43	2	44.88

($p = .340$)。音を聞いて文字を選ぶ 21 点のテストで 6 年生は平均で 19.61 点と天井効果を示した。つまり，テストが簡単すぎたためにレベル間で差がつかず，自己評価の正確性を見ることができなかった。

　最後に音を聞いて文字を書くスキルに関するテストとそのスキルに関する自己評価について検証した。表 6.19 に記述統計を載せている。5 年生ではレベルが上がるごとに平均点と中央値が上がっているが，レベル 4 よりレベル 3 の平均値が高くなっている。6 年生ではレベルが上がるごとに得点と中央値が上がっており，児童が自分の能力を正確に評価していたと思われる。ここでもノ

表 6.19　Can-Do 評価尺度のレベル分けによる音—文字書き結果

	人数	平均	中央値	標準偏差	四分位範囲	平均ランク
5年生						
レベル　1	11	6.36	7	4.34	9	18.36
レベル　2	31	10.06	10	1.26	2	36.11
レベル　3	32	11.13	12	1.31	2	54.69
レベル　4	10	10.9	11	1.29	2	49.85
6年生						
レベル　1	3	12.67	14	4.16	*	18.50
レベル　2	22	15.05	15	1.4	2	26.93
レベル　3	37	17	17	2.33	5	45.78
レベル　4	17	17.24	16	2.33	5	45.59

ンパラメトリックの Kruskal Wallis 検定で分析した。

　分析の結果，5年生ではレベル間に統計的な有意差がみられ（p = .000），さらに詳しく見るとレベル1とレベル3，レベル1とレベル4，そしてレベル2とレベル3の間に有意差があった。前述したようにレベル4よりレベル3の得点が高いが，そこには有意な差はなかった。6年生についてもレベル間に統計的な有意差がみられ（p = .002）。レベル2とレベル3，およびレベル2とレベル4の間に統計的な有意な差がみられた。音を聞いてその文字を書くというスキルに関しては両学年ともに Can-Do 評価尺度で正確に自分の能力を評価しているようである。

　以上の分析結果をまとめると，名称を聞いて大文字また小文字を書くというスキルに関しては両学年とも分析の結果，Can-Do 評価尺度評価に信頼性があることが示唆された。これは Study 1 と同様の結果であった。
　一方，音と文字との関係については，音を聞いて文字を書くスキルに関しては，両学年とも Can-Do 評価尺度の自己評価の正確性が示唆されたが，音を聞いて文字を選ぶ知識に関しては，統一した結果がでなかった。5年生では Can-Do 評価尺度による自己評価の正確性が示されたものの，6年生ではテストの平均点が高く天井効果を示したため，自己評価の正確性を示すことができなかった。しかし Study 1 からも音と文字との Can-Do 評価尺度では十分にその信頼性を示すことができなかったことから，テストおよび Can-Do 評価尺度の記述文を再考する必要性がある。

学年による自己評価の変化
　5年生と6年生の Can-Do 評価尺度による自己評価を比較したところ，学年による差が見られた。そこで児童のレベル別の自己評価をそれぞれの知識・スキルごとに分けて学年別に回答を比較してみた。ここでは全体の有効回答数に対する各レベルの回答数をパーセンテージで示し，**表 6.20** 載せている。**図 6.2 ～ 6.5** に知識・スキルごとに学年ごとの変化がわかるように棒グラフにしてい

るが，白い棒は5年生，黒い棒は6年生の回答を表している。

表 6.20　Can-Do 評価尺度による自己評価の学年差

	レベル1(%)	レベル2(%)	レベル3(%)	レベル4(%)
大文字書き				
5年生	3.6	22.9	57.8	15.7
6年生	0	15.2	50.6	34.2
小文字書き				
5年生	9.5	26.2	48.8	15.5
6年生	0	17.7	53.2	29.1
音－文字読み				
5年生	8.3	31.0	46.4	14.3
6年生	1.3	19.0	49.4	30.4
音－文字書き				
5年生	13.1	36.9	38.1	11.9
6年生	3.8	27.8	46.8	21.5

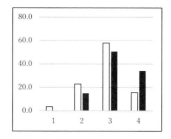

図6.2　大文字書きの自己評価変化

図6.3　小文字書きの自己評価変化

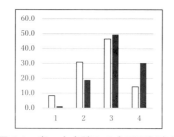

図6.4　音－文字読みの自己評価変化

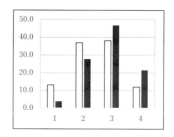

図6.5　音－文字書きの自己評価変化

6年生では名称を聞いて大文字，小文字を書くことに対して一番低いレベル「全然できない」を選んだ児童はいなかった。また，全体的に6年生の自己評

価が高い傾向にあることは，グラフからも一目瞭然である。音を聞いて文字を選んだり，書いたりする力に関しても，6年生の自己評価が高い。このようにCan-Do評価尺度による自己評価からは，児童自身が自分の力が着実に伸びていると評価している姿が見とれる。

まとめ

　Study 1では文字の理解や産出スキルについてリッカート尺度と実際に測定した力，またCan-Do評価尺度と実際に測定した力を比較し，自己評価の正確性について検証した。その結果，名称を聞いて文字を書く力については，大文字，小文字ともにリッカート尺度およびCan-Do評価尺度による自己評価はそれなりに児童の実際の力を示唆し，とくにCan-Do評価尺度ではその正確性が高いことがわかった。一方音を聞いて文字を書く力については能力を測定したテストが異なるため単純に2つの自己評価方法を比較することはできないものの，Can-Do評価尺度による自己評価には十分な正確性があるとは言えなかった。しかし，授業活動を反映して評価文を作成できるCan-Do評価尺度の教育的効果は高いと考え，Can-Do評価尺度を使用した自己評価研究を続けた。

　Study 2ではStudy 1で使用したCan-Do評価尺度の自己評価と文字に関するテストを使い，再現研究を行いその信頼性について再度検証した。また学年の違いで自己評価がどのように変化するのかも調べた。

　その結果，名称を聞いてアルファベットの大文字，小文字を書くスキルに関しては，両学年とも児童が正確に自分の文字に関する知識・スキルを自己評価していることがわかった。つまり，Can-Do評価尺度による自己評価の正確性，また有用性がStudy 1同様に示されたことになる。児童はCan-Do評価尺度の自己評価の記述文を読みながら，学習を振り返り自分の能力をより正確に把握することができたことは学年差を見ても明確であった。

　一方，音と文字との関係については，Study 1とは異なり，音を聞いてその文字を書くというスキルについては，両学年とも自己評価の正確性が示された

が，音を聞いて文字を選ぶテストでは，6年生のデータからはCan-Do評価尺度の信頼性を示すことができなかった。Can-Do評価尺度の記述文，そしてその能力を測定するテスト項目について再考する必要があると分析した。

　また自己評価を学年別に比較した結果，6年生の児童がより高く自分の能力を評価しており，学習の深度が自己評価に適切に表されていることがわかった。年齢が上がるにつれ，児童の自己評価が厳しくなると感じることがあるが，この研究からCan-Do評価の記述文に合わせて参加児童たちは自分の能力を正確に評価していたことがわかった。1学年の差ではあるが，思春期を迎えるこの時期，必要以上に自己評価が低くなる年齢で，しっかり自分の能力を評価できていたことは重要である。

　2つの研究からCan-Do評価尺度の自己評価では児童が自分たちの文字学習に関するスキルを正確に評価していることがわかった。前述したように，自己評価，特に幼児や児童の自己評価は，彼らの本当の能力を表すものではないとする報告が多い。それは往々にして評価項目の曖昧性が評価の正確性を左右していることに起因している。評価項目が漠然としていれば，大人でも内容理解に困り，その解釈には幅がでてくるであろう。しかし，今回の研究から，児童は自分の能力の評価規準が明確に理解できれば，正しく自分の力を評価できることが示唆された。

　自己評価は自律した学習者育成に効果的だと言われている。Butler（2016）は，実際に学習のための自己評価を効果的に行うためには，① 指導しているような方法で評価を行うこと，② 評価する活動を注意深く選ぶこと，③ 評価規準を柔軟に設け，学習目標に合わせて調整すること，④ 自己評価をする際の規準を，学習者がしっかり理解できるように説明すること，などの重要性を指摘している。Can-Do評価尺度による自己評価では授業活動を反映させて記述文を作成することができ，それにより児童に学習目標をより明確に提示できる。今後も学習者の学びを支援する自己評価の在り方について研究を続けていくつもりである。

研究 6.3

リタラシーの基礎スキルに関する児童の自己評価について (3)
リッカート尺度と Can-Do 評価尺度による自己評価

　研究 6.1 ではリッカー尺度による自己評価，また研究 6.2 ではリッカー尺度による自己評価と Can-Do 評価尺度を比較した研究を報告した。本研究では，自己評価の研究を続け，授業活動を反映させた Can-Do 評価尺度による自己評価とリッカー尺度の自己評価を併用する新しい自己評価法を開発した。また本研究では児童のアルファベットの文字と名前また文字と音の知識・技能だけではなく，単語認識およびリーディングの能力も測定し，それらとの関係を研究した結果を報告する。

研究方法

研究参加者：本研究には東京都の公立小学校に通う 6 年生 93 名 (男子 46 名，女子 47 名) が参加した (2022 年度)。児童は系統的，かつ明示的なリタラシーの基礎的指導を毎回の授業で 7 分程度受けていた。2019 年度までの週 1 回 (2017 ～ 2018 年は年間 50 回) の授業では，5 年生から大文字学習を本格的に始め，6 年卒業時には子音と短母音の学習まで進み，多くの児童は dog などの子音＋短母音＋子音の 1 音節の単語は自力で読める (decode) ように成長した。ただ書くこと (encode) は難しく，さらに th, ch のように 2 つの文字で 1 つの子音を表す 2 字 1 音子音や長母音はだいたいのルールを学んだものの，活用するまでの力を育成することはできなかった。

　2020 年以降，**図 6.6** が示すように高学年での授業が週 2 回に増えただけではなく，リタラシー指導の開始が 3 年へと拡張したことから，6 年生の段階ではそれまで定着が難しかった 2 字 1 音子音字，長母音，2 字 1 音母音字の学習が進み，児童はより多くの単語を decode することができ，さらに encode する

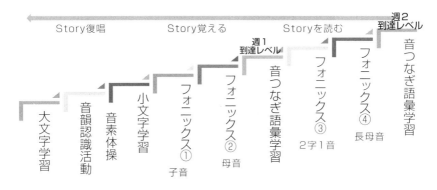

図 6.6　進化したリタラシープログラム

力も身につけている．また，本書では取り扱ってはいないが，図 6.6 で示しているようにリタラシーのトップダウン的アプローチとして，昔話を使い，それを recite する活動を同じく毎回 7 分程度の時間を使って行っている．昔話用に作られた recite 用の英語を全て言えるようになった後，高学年ではその原稿を読むという活動を行っている．

測定道具

参加児童は総括的評価を行うために作成された読み書きの力を測るテストを受け，同時にそれぞれの能力に対して自己評価を行った．文字と名前に関する自己評価には Can-Do 評価尺度を使い，文字と音に関する自己評価にはリッカー尺度を使用した．

文字の認識と産出に関する自己評価

研究 6.2 同様に，参加児童は文字を書く（産出）ことについて下記のような Can-Do 評価文をよみ，4 段階で自分の能力を評価し，適切な番号を丸で囲んだ．

(1)	(2)	(3)	(4)
文字は全然書けない	ゆっくり一文字ずつなら書ける	複数の文字を速く言われても，書ける	複数の文字を速く言われても，正確に書ける

文字を認識し，書くテスト

研究 6.2 同様に，児童は指導者（筆者）が言った複数の大文字もしくは小文字の名前を聞いてそれに相当する文字をテスト用紙に書いた。（大文字，小文字各 26 問）

文字と音に関する知識についての自己評価

研究 6.2 では音と文字との関係について，自己評価とテストの関係が明確ではなかったことから，本研究では下のように 3 段階のリッカー尺度を使い，文字とその音の関係について ① 子音，② 2 字 1 音子音，③ 短母音，④ 長母音についてそれぞれ別々に見ていくことにした。児童はそれぞれの Can-Do 目標にそって「全然わからない」，2「まあわかる」，3「とてもよくわかる」の 3 段階で自分の能力を評価した。

1 2 3	1 2 3	1 2 3	1 2 3
子音 子音（b, c, d, f など）は，音を聞いてどの文字かわかる	2字1音（子音） 2つの文字で1つの音を表す（sh, ch, th など）は，音を聞いてどの文字かわかる。	短母音 短母音（cat dog, pig など）は，音を聞いてどの文字（a, e, i, o, u）かわかる。	長母音 （cake, home, nice peach など）は，音を聞いてどの文字（a, e, i, o, u）の組み合わせかわかる。

文字と音に関する知識を測るテスト（Appendix–9a）

研究 6.2 同様，指導者が発する単音を聞いて，児童はテスト用紙に書かれている 3 つの文字からその音を表す文字を選び丸で囲んだ。例えば試験官が /b/ と発音すると，児童はテスト用紙に書かれている「p, b, s」の中から「b」の文字を選び，文字の周りを丸で囲む（21 問）。

単語読み（decode）についての自己評価

本研究では新たに単語の音声化（decode）に関する Can-Do 評価尺度による自己評価を実施した。児童は図 6.7 に書いてあるようにどのレベルの単語を読むことができるのかを自己判断した。レベル 1 は cat や dog のように（子音＋短母音＋子音）の 1 音節単語，レベル 2 は shop や dish のように 2 字 1 音子音が含まれる 1 音節単語，レベル 3 は frog や clock のように子音連続を含む 1 音

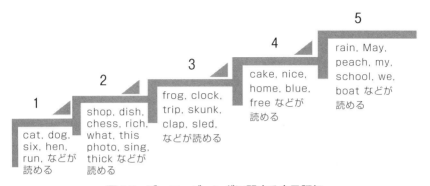

図6.7 ディコーディングに関する自己評価

節単語，レベル4はcakeやniceのようにfinal-eの長母音が含まれる1音節単語，最後のレベルはrain, boatのように2字1音母音を含む1音節単語である。

文字と音に関する技能を測るテスト（Appendix-9b）

研究6.2同様，指導者が発する3つの単語を聞き，児童は共通する最初の音を表す文字をテスト用紙に書き込む。例えば，児童はmonkey, milk, matと3つの単語を聞き，それらの単語に共通する最初の音を表す「m」を用紙に書き込む（20問）。

単語テスト（Appendix-10）

4種類の単語テストを用意した。各テストにおいて児童は，① 英語の音声を聞いてその単語の意味を日本語で書く，② 書かれている英語のスペルを見て日本語で意味を書く，③ 英語の音声を聞いてそのスペルを書く，そして ④ 書かれている日本語を見て英語のスペルを書くことが求められた。

リーディングテスト（Appendix-8a & 8b）

4章で紹介した研究で使用した児童のリーディング能力を測定するための2種類のテストである。Reading 1 では，児童は1文の英文とそれを表す絵をマッチさせるものと，2文を読んでその内容を表す絵を3つのうちから選ぶ問題を用意した。Reading 2 では，① 文の内容がその絵と合っているかを判断する正誤問題，② 3つの単語の中から適切なものを選び，文を完成させる問題，

③ 2 〜 5 文を読んで，それぞれ何を表しているのか考え，日本語で解答する問題，そして ④ 10 文で構成されている文章を読み，その内容を日本語でまとめる問題を用意した。

手続き：これらのテストおよび自己評価アンケートは，授業の一環として2023 年 3 月の授業内で実施された。実施に先立ち校長および担任の教員には本研究の目的と意義を文書と口頭で説明し，さらに通常授業に支障をきたさないこと，結果は正課の成績には影響しないこと，個人情報は匿名化され適切に管理されることを約束して研究参加への同意を得た。

研究目的：本研究においても公立小学校に通う児童の自己評価と実際の知識・スキルの相関を調べることが目的であるが，具体的には次のようなものである。

1. 児童がどのように自分の文字の読み書き能力，また文字と音に関する認識，また単語を読む力を評価しているのか。
2. 児童の文字の読み書き能力，また文字と音に関する認識，語彙知識およびリーディング能力を測った客観的なテストと彼らの自己評価の間にどのような関係があるのか。

結果と考察

最初にそれぞれの自己評価についてであるが，文字と名前の学習，文字と音との関係の学習，そして単語読みについての自己評価についてみていく。その後，各テストで測定した能力と自己評価の関係を見ていくことにする。

文字とその名前の学習に関する自己評価

表 6.21 に各レベルを選んだ児童の割合を示している。図 6.8 にはそれをグラフにしているが，実線は大文字，また点線は小文字の回答を表している。

6章 自己評価からみた児童のリタラシー発達　265

表 6.21　文字と名前の自己評価

	大文字	小文字
全然できない	4%	6%
一文字なら	22%	27%
複数文字	49%	47%
正確に複数文字	25%	20%

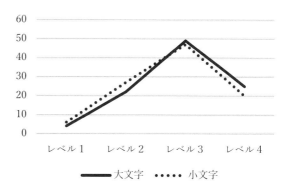

図 6.8　大文字・小文字を書くことに関する自己評価

　大文字で 74 %，小文字で 67 % の児童がレベル 3 以上であると自己評価していた。プログラムでは文字学習に関しては自動化した能力を獲得できるように指導するので，この結果は望ましいものである。

文字と音の学習に関する自己評価

　表 6.22 に各レベルを選んだ児童の割合を示している。**図 6.9** にはそれをグラフにしたものを載せている。濃い実線は子音，薄い実線は 2 字 1 音，小さな点線は短母音，そして大きめの点線は長母音の回答を表している。

　音と文字との関係に関しては「子音・2 字 1 音子音⇒短母音⇒長母音」の順番で難しさを感じていることがわかる。子音と 2 字 1 音の回答については，レ

表 6.22　文字と音の自己評価

	1	2	3
子音	6%	58%	35%
2字1音	10%	47%	43%
短母音	16%	53%	30%
長母音	27%	58%	15%

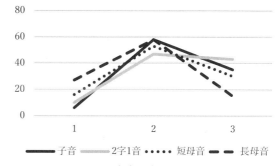

図 6.9　文字と音の自己評価

ベル1，2では子音の回答のほうが高いが，最後のレベル3「よくわかる」になると2字1音のほうが高く，2字1音の子音字に関しては規則性が高いので理解できたと自信をもつ児童が多いと考えられる。子音と比べ母音の理解がまだ十分でないと考える児童が多いのがグラフからも見て取れる。特に長母音では4分の1の児童がレベル1「全然わからない」と答えているので、習得には時間がかかることがわかる。中学校以降でも引き続きの指導が望まれるところである。

単語の読み（decode）についての自己評価

表6.23に各レベルを選んだ児童の割合を示している。図6.10にはそれをグラフにしたものを載せている。

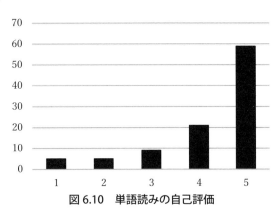

表6.23　単語読みの自己評価

評価	％
1	5％
2	5％
3	9％
4	21％
5	59％

図6.10　単語読みの自己評価

多くの子どもたちが最終レベルである「5」に丸をつけており，短母音を含む単語のみでなく，長母音を含む単語を読めると自己評価していた。通常6年生になると自分の能力を過小評価する傾向にあるが，この回答は興味深い結果であった。

各自己評価の関係

次にそれぞれの自己評価の相関を調べ，その結果を表6.24に報告している。文字に関してはCan-Do評価尺度，音と文字の関係については3段階のリッカー

6 章　自己評価からみた児童のリタラシー発達　　267

表 6.24　それぞれの能力に関する自己評価の相関

評価	大文字	小文字	子音	2 字 1 音	短母音	長母音	DECODE
大文字	1	.914**	.374**	.480**	.393**	.378**	.541**
小文字		1	.475**	.517**	.364**	.361**	.610**
子音			1	.723**	.583**	.539**	.580**
2 字 1 音				1	.592**	.641**	.537**
短母音					1	.720**	.461**
長母音						1	.498**
DECODE							1

ト尺度，単語読み (DECODE) は 5 段階の Can-Do 評価尺度，と異なる尺度で
測定した自己評価である。

　それぞれ異なる尺度での自己評価であったが，文字認識については大文字と
小文字という文字どうしの相関が一番高く ($r = .914$)，とても強い相関であった。
音と文字の知識・技能については，子音と 2 字 1 音子音 ($r = .723$)，そして長
母音と短母音 ($r = .720$) の相関係数が一番高く，強い相関であった。また全て
に中程度の相関係数を示す DECODE は，小文字との相関が一番強かった
($r = .610$)。

　児童は，文字と音との関係を学習し，単語を認識するときにその知識を使う
と想定される。その際，単語の音の構造，つまり onset (頭子音) または coda (尾
子音) である子音と 2 字 1 音子音，音節中核音である短母音，長母音をそれぞ
れ関連させて理解しているのではないかと考えられる。また decode について
は小文字の自己評価と最も高い相関があったのは興味深い。

測定された能力と自己評価の関係

　実際に測定したそれぞれのスキルと自己評価の相関を表 6.25 に報告してい
る。アルファベットの文字知識 (名前を聞いて文字を書く) のテストに最も強く
相関していたのは大文字 ($r = .349$) や小文字 ($r = .455$) の自己評価ではなく，
DECODE の自己評価であった ($r = .555$)。また音と文字との知識と技能 (音を聞
いて文字を選んだり，書いたり) のテストと最も相関が強かったのも子音 ($r = .422$)，

2字1音（$r = .409$），短母音（$r = .300$），長母音（$r = .374$）ではなく，DECODE（$r = .543$）であった。語彙知識のテストでも最も相関が強かったのも DECODE（$r = .610$）であり，リーディングテスト1およびリーディングテスト2と一番相関が強かったのも DECODE であった（リーディングテスト1は $r = .498$，リーディングテスト2は $r = .466$）。したがって全てのテストの合計と最も相関が強かった自己評価は DECODE（$r = .633$）であった。

　Vocabulary や reading のテストと単語読み（decode）の自己評価の相関が強いことは予測がつくが，文字と名前，そして文字と音についての知識・技能を測ったテストともそれぞれの知識・技能の自己評価よりも単語読み（decode）の自己評価との相関が強かったのは興味深いことである。また，DECODE の次に全てのテストと相関が強かったのは子音に対する自己評価であった。

表 6.25　各テストのスコアと自己評価の関係

テスト／自己評価	大文字	小文字	子音	2字1音	短母音	長母音	decode
文字知識	.349**	.455**	.489**	.339**	.250*	.293**	.555**
文字－音知識・技能	.317**	.390**	.422**	.409**	.300**	.374**	.543**
語彙知識	.356**	.472**	.574**	.477**	.360**	.408**	.610**
リーディング1	.214	.201	.432**	.315**	.384**	.388**	.498**
リーディング2	.301*	.351**	.389**	.385**	.268*	.277*	.466**
全てのテストの合計	.380**	.467**	.549**	.465**	.356**	.403**	.633**

　以上のような結果から，DECODE の自己評価が実際に測定した全てのテストと最も強い相関があったことが判明した。文字知識や文字と音の知識・技能は，単語や文を読むため，または書くための基礎知識・技能である。これらの知識・技能が育っていないと単語や文を読むことはできない。そのため単語DECODE に関する自己評価が，基礎的な文字知識や文字と音の学習の習得程度を説明し，語彙知識とリーディング能力を予測するのではないかと考える。

まとめ

　本研究では，週2回の英語の授業を受けていた小学校6年生を対象に彼らの

文字知識，音と文字に関する知識・技能，単語を読む力，リーディング力を測定し，彼らのそれぞれのスキルに関しての自己評価と比較をした。

本研究では「文字と名前に関する知識」と「単語が読めること」についてはCan-Do 評価尺度，「文字と音」については，子音，2字1音子音，短母音，長母音（2字1音母音含む）に分けてそれぞれ3段階のリッカート尺度で，参加児童に自己評価をしてもらった。

まず，自己評価どうしの相関を調べた結果，① 大文字と小文字，② 子音と2字1音子音，③ 短母音と長母音，それぞれの相関が強いことがわかった。またそれぞれの能力を測定したテストと自己評価を比較したところ，単語を読む（decode）に対する自己評価が全てのテストと最も強く関連していた。この結果は興味深く，今回開発した単語読みに関する5段階の Can-Do 評価尺度による自己評価は，児童の単語知識やリーディング力を示唆する尺度として，またリタラシーの基礎知識・技能であるアルファベットの文字知識や文字と音の知識・技能の習得度を測る尺度として十分機能する可能性を示唆している。

ただし，今回開発した DECODE に関する自己評価に使用した Can-Do 文は授業内容を反映させたものであり，参加児童たちは体系的なフォニックスで文字と音の関係を学習した後，単語を読み，書くように指導を受けていた。したがって Can-Do 文が何を意味しているのか十分に理解できていた。このような指導を受けていない児童には理解できない文になっている可能性もある。指導を受けた児童にだけ該当する Can-Do 評価尺度なのか，普遍性のあるものなのか，今後もデータを収集しながら検証を続けていきたい。

6章のまとめ

　2章～5章では小学生がどのようにリタラシーの基礎的な知識や技能を発達させるのかについて客観的なテストを通して検証してきた。本章では彼らのリタラシー発達を彼ら自身がどのように判断しているのか，彼らの自己評価を通して検証した3つの研究を紹介した。評価の一環として行った自己評価の正確性を探ったものである。

　研究6.1（2011～2014年度）では週1回の授業を受けていた6年生（249名）を対象に自己評価の正確性について検証した。児童は文字と名前また文字と音についての知識や技能を測るテストを受け，リッカート尺度による自己評価を行った。分析した結果，参加児童は自分の能力を適切に判断していることが示唆された。その後，リッカート尺度ではなく，もっと授業活動を反映した尺度がないものかを模索し，研究を続けた。

　研究6.2では新たにCan-Do評価尺度での自己評価の正確性を検証した。参加児童はリッカート尺度での自己評価を行ったグループ（6年生58名，2016年度）とCan-Do評価尺度で自己評価を行ったグループ（6年生68名，2020年度）であった。リッカート尺度グループは週1回，授業を受けたが，Can-Do評価尺度グループは週2回，授業を受けていた。測定した英語力と合わせて2つのグループを比較した。その結果，アルファベットの文字知識・技能（名前を聞いて文字を認識したり，書いたりする力）については，Can-Do評価尺度による自己評価のほうが能力をより正確に反映していた。しかし，文字と音についての知識・技能（音を聞いて文字がわかり，書ける力）については測定に使用したテストの違いの影響もあったが，Can-Do評価尺度の正確性は明確に示されなかった。より正確性の高い自己評価の方法を探し，Can-Do評価尺度とリッカート尺度を合わせた新しい自己評価法を開発し，研究6.3で実施した。

　研究6.3（2022年度）では週2回の授業を受けていた小学6年生（93名）を対

象に新たに単語を音声化する力（DECODE）の Can-Do 評価尺度を加え，自己評価を実施した。客観的な能力測定には，研究 6.1 および 6.2 で使用した文字知識・技能と文字と音についての知識・技能を測定するテストに加え，語彙知識とリーディング力を測定するテストを実施した。分析の結果，週 2 時間の授業が定着し英語力が向上していることを表すように，参加児童はそれぞれの能力について高く自己評価しており，特に単語 DECODE については，59 ％の参加児童が一番高いレベルを，また 21 ％の児童が次のレベルを選んだ。つまり 8 割の児童が長母音を含む単語も読めると自己評価していた。またこの DECODE への自己評価が測定した全てのテストと最も高い相関係数を示した。参加児童の英語力を最も正確に表す自己評価が DECODE を問う Can-Do 評価尺度であったことは大変興味深い。

　児童の自己評価は，彼らの本当の能力を表すものではないとする報告が多いが，それは往々にして評価項目の曖昧性が評価の正確性を左右していることに起因している。今回の一連の研究から，児童は自分の能力をどのように評価すればいいのかを理解すれば，正しく自分の力を評価することができることが示唆された。

終　章

　今世紀に入り世界中で早期英語教育への取り組みが大きく促進され，今もその潮流は続いている。グローバル化が進む世界においてより優れた人材を育成するため，各国は早い段階から英語教育を導入している。日本でも現行の学習指導要領（2017 年公示）により公立小学校の高学年児童を対象に教科としての外国語（英語）が導入された。しかし導入の遅さ，授業回数の少なさ，教科としての開始年齢の遅さからして，他の国々と比べ早期英語教育環境が整っているとは言い難い。そしてすでに多くの課題が出ている。その中でも英語の読み書き（リタラシー）教育は喫緊の重要課題である。

　私は大学で教鞭をとりながら 25 年間大学付属の子ども英語教育センターで幼児・児童に英語を教え，その実践より外国語学習環境だからこそ小学生（特に高学年以上）では音声を大切にした読み書き教育を進めることが重要であるとの確信を得た。その体験をもとに博士論文で取り組んだ研究を緒に英語のリタラシー教育についての理論を学習し，日本の幼児・児童を対象にした英語のリタラシー教育の理論を構築し，それに基づきカリキュラム，指導法を確立した。実際に幼児・児童に教えながらデータを蓄積し，分析してきた。英語教育センターから離れ，新たに公立小学校で教え始めて早 20 年以上の年月が経つ。その間，実践経験を基に効果的なリタラシー教育を求め evidence-based な指導法を求め，改良してきた。本書ではこれらの研究をまとめて紹介しているが，早期英語教育におけるリタラシー指導を推進する理論的根拠，および実践方法を提供することがその大きな目的である。

　英語は Deep Language（または opaque language）と呼ばれ，文字と音の関係が複雑で，例外も多い。このような言語的特質から英語のリタラシー獲得は英語を母語とする学習者にとっても簡単ではない。そのため英語圏の研究者たち

は幼児・児童を対象に多くの研究を行ってきた。これらの研究結果は日本人の幼児・児童を対象とした英語教育にも多くの示唆を与えるものであり，本書ではそれらの多くの研究を紹介している。

母語学習者を対象とした研究からは英語の文や単語を読むためには，① 自動化したアルファベットの文字知識を得（2章），② 適切な音韻・音素意識を身につけ（3章），③ 文字と音との関係を知り，文字を解読する力（decode 力）を獲得しなければならない（4，5章）。しかし残念なことに多くの日本の小・中学校では，全くフォニックスを入れないか，入れても十分なものではなく，児童・生徒は文字を音に変換する術を知らない。小学校で音声中心の指導を受けていた児童は単語を読み・書くことができず，中学に入学後，多くの単語を覚える必要性に迫られ，ローマ字方式で読んだり，whole word method（単語を分節しないでそのまま丸ごと覚える）で覚えたりと苦労している。リタラシーの基礎的なスキルの指導は早期に行われるべきであり，小学校で時間をかけて丁寧に指導されるべきだと私は考える。

公立小学校における教科としての外国語（英語）教育は，2020 年度に本格的に始まったばかりである。それ以前は，高学年を対象とした「外国語活動」や，総合的な学習の時間内での英語活動が行われていたが，いずれも基本的に英語の読み書き指導は含まれていなかった。そのため，公立小学校の児童を対象としたリタラシーに関する研究は，ようやく始まったばかりである。本書で紹介するような，長期にわたって多くの幼児・児童からデータを収集した研究は非常に少ない。私は今世紀に入る前から，横断的および縦断的にリタラシー指導に関するデータを本格的に収集し，日本の幼児・児童における読み書き能力の実態や指導前後の変化を調査してきた。これらの研究は，すべて実際の小学校で長期にわたり収集したデータに基づいており，研究のために疑似的に作られた環境や，短期間だけ行われたものではない。本書を通じて，早期英語教育におけるリタラシー指導への理解が深まり，実践に役立てていただき，児童が自律した外国語学習者へと成長する姿を見届けていただければ幸いである。

本書は令和 6 年度研究成果公開促進費（学術図書）課題番号（24HP5046）の助

成を受けた図書であり，ここで紹介している研究は全て下記の科学研究費により支援をいただいたものである。ここに深く感謝の意を表したい。また，加筆・修正を加えているが元になった論文を参考までに記載する。出版にあたり，的確なご助言をいただいた学文社の落合絵理氏に，御礼を申し上げたい。そして，何よりも，これらの研究が実現できたのは，多くの学校の管理職の方々，学級担任の先生方，教育委員会のご理解，そして多くの幼児・児童の協力があったからであり，心より感謝の意を表したい。

2章
研究 2.1　科学研究費研究成果報告書
　　　　　（基盤研究 C—16520348）平成 16 年度～17 年度　代表：アレン玉井光江「小・中学生の英語の音韻識別能力と単語認識能力および読み能力の関連に関する研究」
研究 2.2　科学研究費研究成果報告書
　　　　　（基盤研究 C-18520450）平成 18 年度～19 年度　代表：アレン玉井光江「小学生の英語の単語習得と読み能力に関する研究：ローマ字・国語力との関連から」

3章
研究 3.1　科学研究費研究成果報告書
　　　　　（基盤研究 C—14510163）平成 14 年度～15 年度　代表：アレン玉井光江「幼児・児童の日本語と英語の音韻識別能力の比較と英語の読み能力の発達に関する研究」
研究 3.2　同上
研究 3.3　科学研究費研究成果報告書
　　　　　（基盤研究 C—16520348）平成 16 年度～17 年度　代表：アレン玉井光江「小・中学生の英語の音韻識別能力と単語認識能力および読み能力の関連に関する研究」
研究 3.4　科学研究費研究成果報告書
　　　　　（基盤研究 C—14510163）平成 14 年度～15 年度　代表：アレン玉井光江「幼児・児童の日本語と英語の音韻識別能力の比較と英語の読み能力の発達に関する研究」

終　章　275

4 章
研究 4.1　Phonological awareness and reading development of young Japanese learners of English（Chapter 3）
　　　　学位論文　Temple University（2000 年）
研究 4.2　Phonological awareness and development of word knowledge among young Japanese learenrs of English（2012）The Journal of ASIA TEFL. 1-28.
　　　　（基盤研究 C—16520348）平成 16 年度〜 17 年度　代表：アレン玉井光江「小・中学生の英語の音韻識別能力と単語認識能力および読み能力の関連に関する研究」
研究 4.3　科学研究費研究成果報告書
　　　　（基盤研究 B—23320118）平成 23 年度〜 26 年度　代表：アレン玉井光江「英語の初期学習者を対象としたリタラシー教育に関する研究：小中連携の観点から」

5 章
研究 5.1　「公立小学校における読み書きプログラム検証：文字知識から語彙知識への体系的な指導」（2022）
　　　　『日本児童英語教育学会（JASTEC）研究紀要』41
　　　　（基盤研究 B-16H03453）平成 28 年度〜令和元年　代表：アレン玉井光江「21 世紀型リタラシー獲得を目指した小中連携の英語プログラムの開発と検証」
研究 5.2　科学研究費研究成果報告書
　　　　同上
研究 5.3　同上

6 章
研究 6.1　「小学校英語における文字学習と Can-Do 評価：客観テストと自己評価の関連性について」（2019）
　　　　『日本児童英語教育学会（JASTEC）研究紀要』38
　　　　（基盤研究 B—23320118）平成 23 年度〜 26 年度　代表：アレン玉井光江
研究 6.2　科学研究費研究成果報告書
　　　　（基盤研究 B—23320118）平成 23 年度〜 26 年度　代表：アレン玉井光江
　　　　（基盤研究 B—26284078）平成 26 年度〜 29 年度　代表者：泉惠美子
研究 6.3　（基盤研究 B—23320118）平成 23 年度〜 26 年度　代表：アレン玉井光江
　　　　（基盤研究 B—26284078）平成 26 年度〜 29 年度　代表者：泉美恵子

References

（英語引用文献）

Adams, M. J. (1995). *Beginning to read / thinking and learning about print. (7ᵗʰ Edition)*. Cambridge: The MIT Press.

Allen-Tamai, M. (1998). Phonological awareness of young EFL learners—Can Mother Goose teach sounds? *The Japan Association for the Study of Teaching English to Children Journal 17*, 1-16.

Allen-Tamai, M. (2006). Development of Phonological Awareness in a Foreign Language Among Young Japanese Learners, 『科学研究費研究成果報告』（課題番号 16520348）

Allen-Tamai, M. (2012). Phonological awareness and development of word knowledge among young Japanese learners of English. *The Journal of ASIA TEFL Special Issue*. 1-28.

Amano, K. (1987). Onin bunseki to kodomo no literacy shutoku [Phonological analysis and literacy development of young Japanese children]. *The Annual Report of Educational Psychology in Japan, 27*, 142-164.

Armbruster, B., Lehr, F., Osborn, J., Adler, C. R. (2001). *Put reading first. The research building blocks of reading instruction: Kindergarten through grade 3* (3ʳᵈ ed.). Jessup, MD: National Institute for Literacy.

Ary, D., Jacobs, L. C., & Razavieh, A. (1990). *Introduction to research in education* (4ᵗʰ ed.). TX: Harcourt Brace.

Ball, E., & Blachman, B. (1991). Does phoneme awareness training in kindergarten make a difference in early word recognition and developmental word recognition? *Reading Research Quarterly 26*, 49-66.

Blatchford, P., & Plewis, I. (1990). Pre-school reading related skills and later reading achievement: Further evidence, *British Educational Research Journal, 16*, 425-428.

Bowey, J. A. (1986). Syntactic awareness in relations to reading skill and ongoing reading comprehension monitoring. *Journal of Experimental Child Psyhology, 41*. 253-266

Bohn, O., & Flege, J. E. (1992). The production of new and similar vowels by adult German learners of English. *Studies in Second Language Acquisition, 14*, 131-158.

Bond, G. L., & Dykstra, R. (1967). The cooperative research program in first-grade reading instruction. *Reading Research Quarterly, 2*, 5-142.

Bradely, L. & Bryant, P. (1985). *Rhyme and Reason in Reading and Spelling*. MI: Univ. Michigan Press.

Bruck M., & Genesee, F. (1995). Phonological awareness in young second language learners. *Journal of Child Language, 22*, 307-324.

Bryant, P., & Bradley, L. (1985). Phonetic analysis capacity and learning to read. *Nature*,

313, 73-74.

Brown, H. D. (2007). *Teaching by Principles: An Interactive Approach to Language Pedagogy*. NY: Pearson & Longman.

Bruck M., & Genesee, F. (1995). Phonological awareness in young second language learners. *Journal of Child Language, 22*, 307-324.

Burgess, S. R., & Lonigan, C. J. (1998). Bidirectional relations of phonological sensitivity and pre-reading abilities: Evidence from a preschool sample. *Journal of Experimental Child Psychology, 70*, 117-141.

Burstall, C. (1975). Primary French in the balance. *Educational Research, 17*(3), 193-198.

Butler, Y. G. (2016). Self-assessment of and for young learners' foreign language learning. In Nikolov, M. (Ed.). *Assessing young learners of English: Global and local perspectives* (pp. 291-315). Switzerland, Springer International Publishing.

Byrne, B., & Fielding-Barnsley, R. (1989). Phonemic awareness and letter knowledge in the child's acquisition of the alphabetic principle. *Journal of Educational Psychology, 81*(3), 313-321.

Byrne, B., & Fielding-Barnsley, R. (1990). Acquiring the alphabetic principle: A case for teaching recognition of phoneme identity. *Journal of Educational Psychology, 82*(4), 805-812.

Calfee R. C., Lindamood, P., & Lindamood, C. (1973). Acoustic-phonetic skills and reading —kindergarten through twelfth grade. *Journal of Educational Psychology, 64*, 293-298.

Cameron, L. (2001). *Teaching languages to young learners*. Cambridge: Cambridge University Press.

Cameron, L. (2003) Challenges for ELT from the Expansion in Teaching Children. *ELT Journal 57(2)*. 105-112.

Chall, J. S. (1967). *Learning to read: The great debate*. New York: McGraw-Hill.

Chall, J. (1983). *States of reading development*. New York: McGraw Hill.

Cisero, C. A., & Royer, J. M. (1995). The development and Cross-Language Transfer of Phonological Awareness. *Contemporary Educationa Psychology, 20*, 275-303.

Comeau, L., Cormier, P., Grandmaison, E., & Lacroix, D. (1999). A longitudinal study of phonological processing skills in children learning to read in a second language. *Journal of Education, 91*(1), 39-43.

Dauer, R. M. (1983). Stress-timing and syllable-timing reanalyzed. *Journal of Phonetics, 11*, 51-62.

Deci, E. L, Vallerand, R. J, Pelletier, L.G. and Ryan, R. M. (1991). Motivation and education: The self-determination perspective. *Educational Psychologist, 26*(3-4). 325-346.

Dufva, M., & Voeten, M J. M. (1999). Native language literacy and phonological memory as prerequisites for learning English as a foreign language. *Applied Psycholinguistics, 20*, 329-348.

Durgunoglu, A. Y., Nagy, W. E., & Hancin-Bhatt, B. J. (1993). Cross-language transfer of phonological awareness. *Journal of Educational Psychology, 85*(3), 453-465.

Eckman, F. R. (1977). Markedness and the contrastive analysis hypothesis. *Language Learning, 27*(2), 315-330.

Eckman, F. R. (1981). On predicting phonological difficulty in second language acquisition. *Studies in Second Language Acquisition. 4*(1), 18-30.

Ehri, L. C., Nune, S. R., Willows, D. M., Schuster, B. V., Yaghoub-Zadeh, Z., & Shanahan, T. (2001). Phonemic awareness instruction helps children learn to read: Evidence from the National Reading Panel's meta-analysis. *Reading Research Quarterly, 36*(3), 250-287.

Ehri, L. C. (2000). Learning to read and learning to spell: Two sides of a coin. *Topics in Language Disorders, 20*(3), 19-36.

Ehri, L., (2006). Alphabetics instruction helps students learn to read. In Joshi, R. M & Aaron, P. G. (Eds.). *Handbook of Orthography and Literacy* (pp. 649-677). New York, NY: Routledge.

Fox, B. & Routh, D. K. (1976). Phonemic Analysis and Synthesis as Word-Attack Skills. *Journal of Educational Psychology, 68*(1), 70-74.

Gibson, E. J. & Levin, H. (1975). *The Psychology of Reading*. Cambridge, Mass.: The MIT Press.

Gimson, A. C. (1980). *An Introduction to the Pronunciation of English*. London: Edward Arnold.

Gombert, J. E. (1992). *Metalinguistic development*. Hemel Hempstead, Herts, United Kingdom; Havester Wheatsheaf

Goswami, U. (1991). Learning about spelling sequence: The role of onsets and rimes in analysis in reading. *Child Development, 62*, 1110-1123.

Goswami, U., & East, M. (2000). Rhyme and analogy in beginning reading: Conceptual and methodological issues. *Applied Psycholinguistics, 21*(1), 63-93.

Goswami, U. (2003). Early Phonological Development and the Acquisition of Literacy. In Neuman, S. B. & Dickinson, D. K. (Eds.) *Handbook of Early Literacy Research*. New York: The Guilford Press.

Gottardo, A., Stanovich, K. E., & Siegel, L. S. (1996). The relationships between phonological sensitivity, syntactic processing, and verbal working memeory in the reading performance of third-grade children. *Journal of Experimental Child Psychology, 63*, 563-582.

Halle, M., & Vergnaud, J. (1980). Three dimentional phonology. *Journal of Linguistic Research, 1*, 83-105

Hatch E. & Lazaraton, A. (1991). *The Research Manual/ Design and statistics for applied linguisitcs*. Boston: Heinle & Heinle.

Hatcher, P. J., Hulme, C., & Ellis, A. W. (1994). Ameliorating early reading failure by integrating the teaching of reading and phonological skills: The phonological linkage hypothesis. *Child Development, 65*, 41-57.

Hudleson, S. (1994). Literacy development of second language children. In F. Genesee (ed.), *Educating Second language Children: the whole child, the whole curriculum, the whole community*. Cambridge: Cambridge University Press.

Hu, C. (2003). Phonological memory, phonological awareness, and foreign language word learning. *Language Learning, 53*(3), 429-462.

Kirtley, C., Bryant, P., Maclean, M. & Bradley, L. (1989). Rhyme, rime, and the onset of reading. *Journal of Experimental Child Psychology, 48*, 224-245

Kim, Y. (2007). Phonological awareness and literacy skills in Korean: An examination of the unique role of body-coda units. *Applied Psycholinguistics, 28*, 69-94.

Koda, K. (2008). Impacts of prior literacy experience on second language learning to read. In K. Koda & M. Zehler (Eds.), *Learning to Read Across languages* (pp. 68-96). NY: Routledge.

Kuo, L., Anderson, R. (2008). Conceptual and methodological issues in comparing metalinguistic awareness across language. In K. Koda & M. Zehler (Eds.), *Learning to Read Across languages* (pp. 39-67). NY: Routledge.

Kuo, L., Anderson, R. (2010). Beyond Cross-Language Transfer: Reconceptualizing the Impact of Early Bilingualism on Phonological Awareness. *Scientific Studies of Reading, 14*(4), 365-385.

LaBerge, D. & Samuels, S. (1974). Toward a theory of automatic information processing in reading. *Cognitive Psychology, 6*(2), 293-323.

Liberman, I. Y., Shankweiler, D., Fischer, F. W., & Carter, B. (1974). Reading and the awareness of linguistic segments. *Journal of Experimental Child Psychology, 18*, 201-212.

Loannou-Georgious, S. & Pavlou, P. (2003). *Assessing young learners*. Oxford: Oxford University Press.

Lundberg, L., Olofsson, A., & Wall, S. (1980). Reading and word recognition skills in the first school year predicted from phonemic awareness skills in kindergarten. *The Scandinavian Journal of Psychology, 21*, 159-173.

MacKay, D. (1972). The structure of words and syllables: Evidence from errors in speech. *Cognitive Psychology, 3*, 210-227.

Madrid, D. (2001). A conceptual framework for the teaching of foreign languages in infant education, In Madrid, D., Herrera, F., Mesa M., & Cruz, M. (Eds.), *European Models of Children Integration* (pp. 145-152). Granada: Grupo Editorial Universitario.

Mann, V. A. (1986). Phonological awareness: The role of reading experience. *Cognition, 24*, 65-92.

Mann, V. (1991). Phonological awareness and early reading ability: One perspective. In D. J. Sawyer & B. J. Fox (Eds.), *Phonological awareness in reading* (pp. 191-215). New York: spring-Verlag New York Inc.

Mason, M. (1975). Reading aiblity and letter search time: Effects of orthographic strucrue defined by frequency. *Jounal of Experimental Psychology: General, 104*(2), 146-166.

McBride-Chang, C. (1995). What is phonological awareness? *Journal of Educational Psychology, 87*(2), 179-192.

McKay, S. L. (1996). Literacy and literacies. In S. L. McKay & N. H. Hornberger (Eds.), *Sociolinguistics and language teaching* (pp.421-445). NY: Cambridge University Press.

Muñoz, C. (2006). *Age and the Rate of Foreign Language Learning*. Clevedon, UK: Multilingual Matters.

Nation, I. S. P (2001) *Learning Vocabulary in Another Language*. Cambridge: Cambridge University Press.

Nation, K. & Hulme, C. (1997). Phonemic segmentation, not onset-rime segmentation, predicts early reading and spelling skills. *Reading Research Quarterly, 32*(2), 154-167.

National Early Literacy Panel. (2008). *Developing early literacy: Report of the National Early Literacy Panel*. Washington, DC: National Institute for Literacy.

National Reading Panel. (2000). *Report of the National Reading Panel: Teaching children to read*. Washington, DC: National Academy Press.

Ong, W. J. (2012). *Orality and Literacy (New Accent)*. Routledge.

Perfetti. C. & Hogaboam, T. (1975). Relationship between single word decoding and reading comprehnsion skill. *Journal of Educational Psyhology, 67*(4). 461-469.

Perfetti, C. & Dunlap, S. (2008). Learning to read: general principles and writing system variations. In K. Koda & M. Zehler (eds.), *Learning to Read Across languages*. NY: Routledge.

Ross, S. (1998a) A multiple method approach to language test validation. A paper used in the class at Temple University in Japan in 1998.

Ross, S. (1998b). Self-assessment in second language testing: a meta-analysis and analysis of experiential factors. *Language Testing, 15*(1), 1-20

Sawyer, D. J. & Fox, B. J. (1991). *Phonological awareness in reading*. New York: springer-Verlag New York Inc.

Schumacker, R. E., & Lomax, R. G. (1996). *A Beginner's Guide to Structural Equaiton Modeling*. N. J.: Lawrence Erlbaum Associates.

Share, D., Jorm, A., Maclean, R., & Matthews, R. (1984). Sources of individual differences in reading acquisition. *Journal of Educational Psychology, 76*, 1309-1324.

Shin, J. K. & Crandall, J. (2014). *Teaching young learners English*. Boston: National Geographic Learning.

Smith, E. & Kleiman, M. (1976). Word Recognition: Theoretical Issues and Instructional Hints. (ED155632.pdf, 2023.8.11 アクセス)

Snow, C. E., Burns, M. S. & Griffin, P. (1998). *Preventing Reading Difficulties in Young Children*, National Academy of Sciences-National Research Council.

Soura, A. D. (2014). *How the brain learns to read*. Corwin.

Stage, S. A., & Wagner, R. K. (1992). Development of young children's phonological and orthographic knowledge as revealed by their spellings. *Developmental Psychology, 28*(2), 287-296.

Stahl, S. A., & Murray, B. A. (1994). Defining Phonological awareness and its relationship to early reading. *Journal of Educational Psychology, 86*(2), 221-234.

Stahl, S. A., Duffy-Hester, A. M., & Stahl, K. A. (1998). Everything you wanted to know about phonics (but were afraid to ask). *Reading Research Quarterly, 33*, 338-355.

Stahl, S. A. (1999). Vocabulary Development. MA: Brookline Books.

Stahl, S. A. (2002). Teaching Phonics and Phonological Awareness. In S. Neuman & D. Dickinson (Eds.), *Handbook of Early Literacy Research* (pp. 338-347), New York: The Guilford Press.

Stanback, M. L. (1992). Syllable and Rime Patterns for Teaching Reading: Analysis of a Frequency-Based Vocabulary of 17,602 Words. *Annals of Dyslexia, 42*, 196-221.

Stanovich, K. E. (1991). The psychology of reading: Evolutionary and revolutionary developments. *Annual Review of Applied Linguistics, 12*, 3-30.

Stern, H. (1963). Foreign Languages in Primary Education: The teaching of foreign or second languages to younger children report on an international meeting of experts, 9-14 April, 1962 (https://unesdoc.unesco.org/ark:/48223/pf0000162975 2023.7.30. アクセス).

Stern, H. (1967). *Foreign Languages in Primary Education: The teaching of foreign or second languages to younger children*. Oxford University Press: London.

Tabachnick, B. G. & Fidell, L. S. (1996). *Using multivariate statistics (3rd Ed.)*. New York: Harper Collins College Publishers.

Torneus, M. (1984). Phonological awareness and reading: A chicken and egg problem? *Journal of Educational Psychology, 76*, 1346-1358.

Treiman, R. & Zukowsk, A. (1991). Levels of Phonological Awarness. In S. Brady & D. P. Shankweiler (Eds.), *Phonlogical Process in Literacy* (pp. 67-83). N. J.: Eribaum.

Treiman, R., Tincoff, R., & Richmond-Weltry, E. D. (1997). Beyond zebra: Preschoolers' knowledge about letters. *Applied Psycholinguistics, 18*, 391-409.

Treiman, R., Tincoff, R., Rodriguez, K., Mouzaki, A., & Francis, D. J. (1998). The foundations of literacy: learning the sounds of letters. *Child Development, 69*, 1524-1540.

Treiman, R. (2006). Knowledge about letters as a foundatio for reading and spelling. In R. M. Joshi & P. G. Aaron (Eds.), *Handbook of Orthography and Literacy* (pp. 581-599). NY: Routledge.

Tunmer, W. E. & Nesdale, A. R. (1985). Phonemic segmentation skill and beginning reading. *Journal of Educational Psychology, 77*, 417-427.

Tunmer, W. E., Herriman, M. L., & Nesdale, A. (1988). Metalinguistic abilities and beginning reading. *Reading Research Quarterly, 23*(2), 134-157.

Tunmer, W. E. & Hoover, W. (1992). Cognitive and linguistic factors in learning to read. In P. B. Gough, L. C. Ehri, & R. Treiman (Eds.), *Reading acquisition* (pp. 175-214). Hillsdale, NJ: Erlbaum.

Wagner, R. K., & Torgesen, J. K. (1987). The nature of phonological processing and its causal role in the acquisition of reading skills. Psychological Bulletin, *101*(2), 192-212.

Wagner, R. K., Torgesen, J. K., Laughon, P., Simmons, K., & Rashotte, C. A. (1993). Development of young readers' phonological processing abilities. *Journal of Educational Psychology, 85*(1), 83-103.

Wagner, R. K., Togesen, J. K., & Rashotte, C. A. (1994). Development of reading-related phonological processing abilities: New evidence of bidirectional causality from a latent variable longitudinal study. *Developmental Psychology, 30*(1), 73-87.

Wagner, R. K., Torgesen, J. K, Rashotte, C. A., Hecht, S. A., Barker, T. A., Burgess, S. R., Donahue, J., & Garon, T. (1997). Changing relations between phonological processing abilities and word-level reading as children develop from beginning to skilled readers: A 5-year longitudinal study. *Developmental Psychology, 33*(3), 468-479.

Wells, G. (1985). *The Meaning Makers : Children Learning Language and Using Language to Learn.* London : Hodder and Stoughton.

Whitehurst, G. J. & Lonigan, C. J. (2002). Emergent Literacy: Development from Prereaders to Readers. In S. B. Neuman & D. K. Dickinson (Eds.), *Handbook of Early Literacy Research* (pp. 11-29). New York: The Guilford Press.

Willows, D. M. & Ryan, E. B. (1986). The development of a grammatical sensitivity and its relation to early reading acheivement. *Reading Research Quarterly, 21*, 253-266.

Yopp, H. K. (1988). The validity and reliability of phonemic awareness tests. *Reading Research Quarterly, 23*, 263-284.

（日本語引用文献）

天野清（1986).『子どものかな文字の習得過程』秋山書店.

アレン玉井光江（2010).『小学校英語の教育法―理論と実践』東京：大修館書店.

アレン玉井光江（2013).「公立小学校における Synthetic Phonics の実践―アルファベット知識と音韻認識能力の発達―」『ARCLE REVIEW』7 号，68-78.

アレン玉井光江（2015).「系統的なリタラシー指導が含まれた公立小学校での英語教育カリキュラム」『ARCLE REVIEW』第 9 号，81-92.

アレン玉井光江（2019).『小学校英語の文字指導：リタラシー指導の理論と実践』東京：東京書籍.

アレン玉井光江（2022).「公立小学校における読み書きプログラムの検証―文字知識から語彙知識への体系的な指導―」『日本児童英語教育学会研究紀要』第 41 号，19-38.

池田周（2018).「日本語を母語とする小学生の音韻認識―音素操作タスクに見られるモーラ認識の影響―」『小学校英語教育学会誌』第 18 巻，52-67.

泉惠美子・萬谷隆一・アレン玉井光江・田縁眞弓・長沼君主（編著)(2015).『小学校英語Can-Do 評価尺度活用マニュアル―Hi, friends! 1 & 2 Can-Do リスト試案』.

泉惠美子・長沼君主・島崎貴代・森本レイト敦子（2016).「英語学習者の自己効力と自律性を促進する授業設計と評価―*Hi, friends!* Can-Do リスト試案に基づいて―」*JES Journal*, 16, 50-65.

ウェスクラー D (1969).「児童向けウェスクラー式知能テスト検査」日本文化科学社.

大津由紀雄・鳥飼玖美子（2002).『小学校でなぜ英語？』東京：岩波書店.

垣田直巳（監修)(1983).『早期英語教育』大修館書店.

加藤茂夫・入山満恵子・山下桂世子・渡邊さくら（2020).「ジョリーフォニックス指導効果

検証の試み―新潟県南魚沼市の取り組みから―」『小学校英語教育学会誌』第 20 巻. 272-287.

木戸芳子（2019）.「ヨーロッパにおける外国語教育とその課題」『東京音楽大学研究紀要』42 号，49-71.（http://id.nii.ac.jp/1300/00001292　2023 年 7 月 27 日アクセス）

窪薗晴夫・太田聡（2001）.『音韻構造とアクセント第 2 版』研究社.

窪薗晴夫・本間猛（2002）.『音節とモーラ』研究社.

沓澤糸（編）(2007).『第一回小学校英語教育に関する基本調査（教員調査）報告書』(研究所報) Vol.41.　東京：ベネッセコーポレーション.

沓澤糸（編）(2007).『第一回小学校英語教育に関する基本調査（保護者調査）報告書』(研究所報) Vol.42.　東京：ベネッセコーポレーション.

ベネッセ教育研究開発センター（2011）.『第二回小学校英語教育に関する基本調査（教員調査)』.

村上加代子・宮谷祐史・チェン敦子（2017）.「小学生の英語の音韻意識を育てる試み―ライムと音節に焦点をあてて―」『日本児童英語教育学会研究紀要』第 36 号，1-14.

文部科学省（2001a）.『小学校英語活動実践の手引き』.

文部科学省（2002）.『諸外国の初等中等教育』中央教育審議会初等中等教育分科会教育課程部会外国語専門部会（第 9 回）議事録・配布資料〔参考資料 4 - 2〕(mext.go.jp) 文部科学省.

文部科学省（2001b）.『小学校英語活動の手引き』.

文部科学省（2009）.『小学校外国語活動　研修ガイドブック』.

文部科学省（2013）.『各中・高等学校の外国語教育における「CAN-DO リスト」の形での学習到達目標設定のための手引き』.

文部科学省（2015）.「小学校の新たな外国語教育における補助教材（Hi, friends! Plus）の作成について（第 5・6 学年用）」(https://www.mext.go.jp/a_menu/kokusai/gaikokugo/1355637.htm　2022 年 7 月 3 日アクセス)

文部科学省（2017）.『小学校外国語活動・外国語研修ガイドブック』.

文部科学省（2017）.『小学校学習指導要領（平成 29 年告示）解説　外国語活動・外国語編』.

幼少年教育研究所（編）(1996).『幼児・児童読解力テスト』金子書房.

和田順一・酒井英樹・青山拓実・山本大貴・宮川友梨・大内瑠寧（2021）.「ある小学校における外国語の時間数と，児童の聴解力，自己評価，英語学習に対する意識の変容」『小学校英語教育学会誌』第 21 巻. 127-142.

APPENDIXES

Appendix-1

研究 2.1, 2.2, 4.2 で使用されたアルファベット文字テスト

アルファベットを1文字単位で聞き取るテスト（一部）

1　聞こえてくるアルファベットの番号を下の（　）の中に書いてください。まずはアルファベットが読まれ，次に数字が読まれますので，気をつけてください。

　　　例：エイ　1，ビー　2，シー　3　と聞こえたら下のように書きます。
　　　　　　　A　　B　　C
　　　　　　(1)　(2)　(3)

あ　　B　　　H　　　Z　　　K　　　T
　　（　）　（　）　（　）　（　）　（　）

アルファベットを複数単位で聞き取るテスト（一部）

2　例にならって聞こえてくるアルファベットのかたまりを選び，線で結んで下さい。

アルファベットの書きテスト（一部）

3　聞こえてくるアルファベットを大文字で書いて下さい。

　　　1. _____　　　2. _____　　　3. _____

単語のスペルを問うテスト（6項目）

ipg	dog	atc
pig	god	tac
gip	odg	cat

Appendix-2

研究 2.1 で使用されたアンケート

次の質問について，あてはまる答えを○で囲んでください。
1. 学校以外で，英語や英会話を習っていますか。

   (1) はい（下の質問にも答えてください）
   (2) いいえ

   *「(1) はい」と答えた人だけ，ア）イ）の質問に答えてください。
   ア）どんなことをやりました（やっています）か。
       あてはまる番号ぜんぶを○で囲んでください。
       ①英語や英会話の塾や教室に通っている。
       ②おうちの本やコンピューターで英語や英会話の勉強をしている。
       ③その他（どんなことですか。　　　　　　　　　　）
   イ）いつから始めましたか。
       （　　）才のときから／　ぜんぶで（　　）年間くらい

2. 英語についての，あなたの考えや気持ちを教えてください。

	質　問	答え（どちらか一つをえらんで○を書いてください）			
		とてもそう思う ◎	まあそう思う ○	あまりそう思わない △	ぜんぜんそう思わない ×
1	アルファベットは，ぜんぶ読めるようになりたい。				

（他 4 問）

3. おうちでのことについて，教えてください。

	質　問	答え（どちらか一つをえらんで○を書いてください）			
		よくある ◎	ときどきある ○	あまりない △	ぜんぜんない ×
1	おうちの人に，博物館や美術館に連れて行ってもらう。				

（他 6 問）

4. コンピューターのことについて，あてはまる番号を○で囲んでください。

　(1)　おうちの中に，あなたが使えるコンピューター（パソコン）はありますか。

　　　　① はい　　　　　② いいえ

　(2)　コンピューターでやってみたいことを教えてください。（いくつでも）。

　　　　① 学校の勉強などで調べ学習をしてみたい。

　　　　② ゲームで遊びたい。

　　　　③ しゅ味や興味があることについて調べたい。

　　　　④ その他　（　　　　　　　　　　　　　　　）

5. あなたは，ローマ字を書けますか。あてはまる番号を○で囲んでください。

　　　　① ぜんぶ書ける。

　　　　② だいたい書ける。

　　　　③ あまり書けない。

　　　　④ ほとんど書けない。

Appendix-3

研究 3.1 で使用された音韻・音素意識を測るテスト

(1) 音素結合テスト （一部）

かえるのボブくんがいったとおもうほうのえにまるをつけてください。

1   2

(2) ライムテスト （一部）

せんせいがもっているえとおなじおとでおわるものにまるをつけてください。

1   2

(3) 頭子音テスト （一部）

さいしょのおとがちがうのはどれでしょうか。そのえに✘をつけましょう。

1   2

Appendix-4

研究 3.4 で使用された日本語の音韻意識を測るテスト

(1) モーラ分節テスト （一部）

にほんごのテスト（1）
Mora Counting

なまえ _____

れんしゅう
うえのえはいくつ音があるでしょう。
したのえのなかからおなじかずの
おとがあるものにまるをつけましょう。

1   2

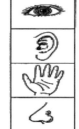   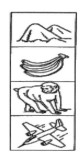

(2) 語頭モーラ （一部）

にほんごのテスト（2）
Initial Mora

なまえ _____

れんしゅう
うえのえとおなじおとではじまる
えをしたのえのなかからえらび
まるをつけましょう。

1   2

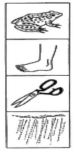   

(3) 語尾モーラ （一部）

にほんごのテスト（3）

Final Mora

1 2

なまえ _____

れんしゅう

うえのえとおなじおとでおわる
えをしたのえのなかからえらび
まるをつけましょう。

 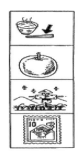

Appendix-5

研究 4.1 で使用されたリーディング能力および単語知識を測るテスト

Reading Test I （一部）

かっこの中の 3 つの単語から適切なものを選び，○で囲んでください。

1. The color of banana is (1 yellow, 2 yes, 3 yatch).
2. The color of rabbits is (1 whale, 2 white, 3 what).
3. The color of the sea is (1 blink, 2 back, 3 blue).

Reading Test II （一部）

I それぞれの絵を表す英語の文を選び，その記号を書きましょう。

1. They are riding their bikes. （　）
2. They are eating. （　）
3. She is singing. （　）

Ⅱ　絵にあっている文には丸印（○），ちがう文にはバツ印（×）をつけましょう。

1. There are two girls and a boy. 　（　　）

2. The two girls are playing in the

   rain. 　（　　）

3. It is snowing here.

   The wind is blowing hard. 　（　　）

Word Recognition Test　（一部）

次の絵をあらわす英語を１～３の中から１つえらびましょう。

㋐　　　　　　　　　　1　pig　　　2　pot　　　3　pan

　　　　　　　　　　　1　lemon　2　lion　　3　leg

㋑

　　　　　　　　　　　1　cat　　　2　cow　　　3　cake

㋒

Appendix-6

研究 4.3，5.1，5.2，5.3 で使用されたアルファベット知識・技能を測るテスト

アルファベット知識を測るテスト　（一部）

1　聞こえてくるアルファベットの番号を下の（　）の中に書いてください。

　まずはアルファベットが読まれ，次に数字が読まれますので，気をつけて

　ください。

　　　　例1：　B　　C　　A　　　　例2：　Z　　J　　Q
　　　　　　　（2）（3）（1）　　　　　　　　（3）（1）（2）

㋑　　　B　　　H　　　Z　　　K　　　T
　　　（　）　（　）　（　）　（　）　（　）

2 例のように聞こえてくるアルファベットの組みを選び，その点を線で結んで下さい。

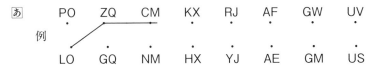

アルファベット技能を測るテスト

3 聞こえてくるアルファベットの文字を書いて下さい。

1. _____   2. _____   3. _____

4. _____   5. _____   6. _____

Appendix-7a

研究 4.2, 4.3, 5.1, 5.2, 5.3 で使用された語彙知識を測るテスト

語彙テスト 1 （一部）

次の絵をあらわす英語をA～Cから選び，例のように丸印（○）をつけましょう。

【例】 Ⓐ

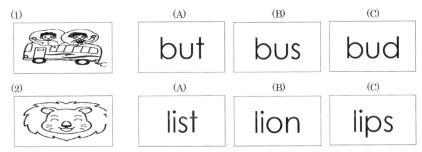

Appendix-7b

研究 4.2, 4.3, 5.1, 5.2, 5.3 で使用されたアルファベット知識・技能を測るテスト

語彙テスト　2　（一部）

右の例にならってそれぞれの単語について、どの程度知っているのか適当なところに丸印をつけてください。

　また3，4に○をつけた人は，下線に単語の意味を書いてください。3と4の違いは，

3は単語を見たことがあり，意味を＿＿＿＿と推測できる程度。

4は単語を知っており，単語を＿＿＿＿と自信をもって答えられる程度，です。

dog

1 (　　) この単語は今まで見たことがない。
2 (　　) この単語を見たことはあるが、意味は知らない。
3 (○) この単語をみたことがあり、意味は＿いぬ＿＿
4 (　　) この単語を知っている。意味は＿＿＿＿＿＿

1.

cat

1 (　　) この単語は今まで見たことがない。
2 (　　) この単語を見たことはあるが、意味は知らない。
3 (　　) この単語をみたことがあり、意味は＿＿＿＿
4 (　　) この単語を知っている。意味は＿＿＿＿

2

book

1 (　　) この単語は今まで見たことがない。
2 (　　) この単語を見たことはあるが、意味は知らない。
3 (　　) この単語をみたことがあり、意味は＿＿＿＿
4 (　　) この単語を知っている。意味は＿＿＿＿

Appendix-8a

研究 4.3, 5.1, 5.2, 5.3, 6.3 で使用されたリーディング力を測るテスト

リーディングテスト　1　（一部）

Ⅰ　絵を表す英語の文を下から選び（　　）にその番号を書きましょう。

　　1. She is singing.　　2. They are reading.　　3. He is swimming.

　　1. He brushes his teeth.　　2. He watches TV.　　3. He does his homework.

Ⅱ　英語の文にあう絵を下からえらび，番号を○でかこみましょう。

　　　　I like an astrich. It can run fast. But it can't fly.

　　　1　　　　　　　　　2　　　　　　　　　3

　　　　There are two boys. They are playing soccer.

　　　1　　　　　　　　　2　　　　　　　　　3

Appendix-8b

研究 4.3, 5.1, 5.2, 5.3, 6.3 で使用されたリーディング力を測るテスト

リーディングテスト 2 （一部）

Ⅰ　絵にあっている文には丸印（○），ちがう文にはバツ印（×）をつけましょう。

1. There are three boys and a woman.
   （　）
2. They are running in the snow. （　）
3. It's winter. It's very cold. 　（　）

Ⅱ　かっこの中にから正しいものを選び，その単語にまるをつけましょう。
  1. Snow is (whale, white, what, when).
  2. Christm ("Thank you," "Sorry," "OK,") when you get a present.

Ⅲ　Who am I?（私はだれでしょう？）　　答えは日本語で書いてください。
　　　　I am big. I am gray. I can stay long in the water.　　答 _____

Ⅳ　次の英文を読んで，質問に日本語で答えてください。

I am Fred. Iam seven. This is my friend, Jim. He is nine. He can swim. This is his bike. It's red and blue. These are my roller skates. They are black and yellow. I can't swim.

Fred についてわかったことをすべて書きなさい。

Jim についてわかったことをすべて書きなさい。

Appendix-9a

研究 6.2, 6.3, 6.4 で使用された文字と音の知識を測るテスト

クイズ　　音を聞いてその文字を選び，○をつけましょう。（例：f　　t　　y）

①　h　　f　　y　　②　b　　p　　s　　③　l　　x　　c

Appendix-9b

研究 6.2, 6.3, 6.4 で使用された文字と音の技能を測るテスト

クイズ　　3つの単語の共通する最初の音の文字を書きましょう。

①　＿＿＿＿＿　　②　＿＿＿＿＿　　③　＿＿＿＿＿　　④　＿＿＿＿＿

296

Appendix-10

研究 6.3 で使用された単語知識を測るテスト

【1】 クイズ （英語を聞いて，日本語でその意味を書きなさい）

①　_____　②　_____　③　_____　④　_____

【2】 クイズ （日本語で意味を書きなさい）

①　__July__　②　__library__　③　__fish__　④　__enjoy__

【3】 クイズ（聞いた単語を英語で書きなさい）

①　_____　②　_____　③　_____　④　_____

【4】 クイズ （英語にしなさい）

①　__犬__　②　__男の子__　③　__ベッド__　④　__歩く__

索　引

A-Z

age effect(s)　78, 124
alphabetic principle　43, 112-113, 184
Analytic Approaches　113
Basal Reading　113
body　44, 67
body-coda　62, 65-67, 77-82, 89-90, 106,
　108-109, 167
Can-Do 評価尺度　3, 229, 245-256, 259-262,
　266-267, 269-270
closed syllable(s)　73, 77, 147
compound phonemic awareness.　69, 92
cross-linguistic transfer　95, 99
Deep Language　15, 272
deletion　92
developmental progression 仮説　46
developmental progression hypothesis　49,
　69, 72, 89
developmental independence 仮説　46
digraph　189
direct route　202
fluency　17, 183
gender effect(s)　86, 90
hatuon　72-73, 97, 147
intra-syllabic structure　68-69, 89
intra-syllabic unit　92
intelligence　41, 91, 93, 95, 101-106, 109, 142
linguistic transfer　100, 145-146
mora　72, 89, 96-97, 100, 102, 104-106,
　120, 138, 147-148, 157
National Early Literacy Panel　17, 183
National Reading Panel　16, 114, 183-184
onset　267
onset-rime awareness　69, 70-71, 94, 106,
　145, 156

onset-rime phonics　186, 246
onset-rime phonics instruction　114
open syllable　73, 77, 147
Phoneme　92
phoneme blending　90, 92, 98
phoneme segmentation　69, 93
phonological route　202
phonological sensitivity　18
Pilot Scheme　7
rime（ライム）ゲーム　188
sight words　141
simple phonemic awareness factor　69, 92
sokuon　72-73, 97, 147
structural equation modeling　93, 99
Synthetic Approaches　113
text comprehension　17
whole word method　273
Wilcoxon 符号付順位検定　33, 35, 167, 169
word knowledge　116, 148-149, 152-154,
　156-157

あ行

アルファベットの学習　19, 25, 38, 40
大文字の知識　38, 159, 165, 173, 175, 187
音韻意識　2, 36-37, 41-43, 49, 55-56, 64,
　108-110, 179
オンセット（頭子音）ゲーム　187
音節内構造　43, 109
音素結合　50, 51, 53-56, 108, 160, 168-169,
　189
音素体操　186, 188, 246
音素分節　160, 169, 189, 232

か行

開音節　44, 65, 167
外国語　3, 11-13, 182, 217, 229-230, 234, 272-273
外国語科　202
外国語活動　9-12, 14, 111, 187, 222, 229, 273
学習指導要領　9-11, 14, 182, 217-218, 222, 230-231, 272
学習動機　8, 21, 24-25, 39, 204
希薄化の修正　53, 55
研究開発学校　9
構造方程式モデリング　35, 38, 41, 109, 180
公立小学校　9, 12
小文字の知識　187

さ行

サイトワード　223
自動化　19, 40, 165-166, 176, 183, 187, 203, 227, 237, 265, 273
初期リーディング　16
シンセティック・フォニックス　184
スペアマンの順位相関係数　53, 61
早期外国語教育　6-8
総合的な学習の時間　10
促音　44, 48-49, 167
小学校の英語活動実践の手引き　12

た行

単語認識　34
頭子音　32, 36, 44-45, 47-48, 50-56, 60, 65-67, 108, 160, 169, 187, 267
トップダウン　185, 225, 228, 261

な行

2字1音　190, 223, 265, 268
2字1音子音　262, 265, 269
2字1音子音字　260
2字1音母音　263
2字1音母音字　260
ノンパラメトリック分析　25-26

は行

パス分析　165, 173-174, 179, 193, 198, 201, 212, 216, 227
撥音　44, 48, 167
フォニックス　112, 114-115, 168, 189-190
複数文字の認識　23, 28
閉音節　44
弁別特徴　18-19, 187
ボトムアップ　185, 218, 224-225, 228

ま行

文字知識　16, 18, 25-26, 34-35
モーラ　42, 44, 48-49, 55, 66, 178, 184

ら行

リタラシープログラム　185
リッカート尺度　3, 21-22, 229, 245-246, 248-250, 258, 266, 269-270
リーディング能力　112
臨界期仮説　6
ローマ字　16, 20, 22-25, 27-29

【著者紹介】

ALLEN 玉井 光江 (アレン タマイ ミツエ)

青山学院大学文学部教授，教育学博士。アメリカの Notre Dame de Namur University 英語学部卒業後，San Francisco State University 修士号，Temple University で博士号を取得。長年現場で幼児・児童英語教育に携わる。主な著書に『小学校英語の文字指導―リタラシー指導の理論と実践』(東京書籍)，『ストーリーと活動を中心にした小学校英語教育』(小学館集英社プロダクション)，『小学校英語の教育法―理論と実践』(大修館書店)，小学校外国語科用文部科学省検定教科書『New Horizon Elementary 5, 6』(東京書籍／編集代表)，中学校外国語科用文部科学省検定教科書『New Horizon 1, 2, 3』(東京書籍／編集代表)。日本児童英語教育学会 (JASTEC) 会長。

幼児・児童を対象とした早期英語教育におけるリタラシー指導
―21世紀型リタラシー獲得を目指した英語プログラムの理論と検証―

2025年 2 月10日　第一版第一刷発行

著　者　アレン玉井　光江

発行者　田中　千津子

発行所　株式会社 学 文 社

〒153-0064　東京都目黒区下目黒3-6-1
電話　03 (3715) 1501 (代)
FAX 03 (3715) 2012
https://www.gakubunsha.com

©Mitsue Allen-Tamai 2025　　Printed in Japan
乱丁・落丁の場合は本社でお取替えします。
定価はカバーに表示。

印刷　新灯印刷㈱

ISBN 978-4-7620-3397-1